Geoffrey Keating

An Explanatory Defence of the Mass

Geoffrey Keating

An Explanatory Defence of the Mass

ISBN/EAN: 9783743309029

Manufactured in Europe, USA, Canada, Australia, Japa

Cover: Foto ©ninafisch / pixelio.de

Manufactured and distributed by brebook publishing software
(www.brebook.com)

Geoffrey Keating

An Explanatory Defence of the Mass

PREFACE.

It cannot at present be ascertained in what year this work was written, but in all probability it was about 1615. This was the first of the three well-known prose works given to the world by Dr. Keating, and it being evidently intended for the instruction of the people in general, the language used is very simple—though at the same time classical—and is perfectly intelligible to any person acquainted with the Irish language as spoken and written at present.

There are a great many copies of the present work scattered about—some in libraries and others in the hands of private individuals. In a letter dated July 27th, 1894, the Rev. Richard Henebry (now the Professor of Irish in the Catholic University at Washington, U.S.A.), states that the oldest copy extant of Eoċair-Sgiaċ an Aifrinn is that in the Library of Maynooth College, written by Pilib O Ceardalbáin in 1674; and the Rev. Michael P. Hickey, D.D., the Professor of Irish in Maynooth College, states in a letter dated May 13th, 1897, that parts of the above-mentioned manuscript are illegible, and parts eaten away with damp, but that there were several other copies in the Library of Maynooth College. I had four manuscript copies of the work to consult while it was being printed. One was written by John O'Connell, in 1760. Another is a manuscript in Trinity College Library, marked H 3. 6, written by one Stephen Ryce in, or previous to, the year 1711, according to a marginal note on the table of contents. This was the copy I accepted as the basis. Mr. David Comyn read the proofs and compared them with two excellent MS. copies in his possession. This was a labour which required much time and patience, and for which I sincerely thank him. Mr. P. Carmody, Mill House, Comeragh, Kilmacthomas, County Waterford, lent me a good MS. copy, which I found very useful. The scribe's name was not given, nor the year in which it was written, but it must be over a hundred and fifty years. Mr. Carmody also read the proofs, and his suggestions on some points were very practical. I have also to express my thankfulness to Mr. R. J. O'Mulrenin, M.A., who read the proofs, and also to Mr. J. H. Lloyd, Mr. T. O'N. Russell, Mr. D. B. Hurley, M.A., of Newcastle, Staffordshire; and Mr. Timothy O'Donoghue, of the Gaelic League, for assistance given me.

Of the prose works of Dr. Keating there now only remains a portion of his Foras Feasa ar Éirinn to be printed. Mr. D. Comyn recently published the Díonbrollaċ, or Introduction to the above work, as a text book for students; and the portion edited by Dr. Joyce, some years ago, immediately follows. O'Reilly, in his "Irish Writers," says—"A new and correct translation of this work, as far as the Christian era, was published in one volume octavo, Dublin, 1811, with the original Irish on opposite pages, by the late Mr. William Halliday. It is to be regretted that a lingering illness and early death prevented this highly talented young gentleman from finishing his translation."

Edward O'Reilly, in his "Chronological Account of Early Irish Writers," under the date 1650, mentions the following as amongst the poetical compositions of Dr. Geoffrey Keating:—A poem in praise of Ireland, written while the author was on the Continent, twenty-four verses, beginning, "Mo ḃeannaċt leat, a sgríḃinn," "My blessing with thee, o writing." A poem in praise of Teige O'Coffey, a celebrated performer on the harp, thirty-six verses, beginning, "Cia an saoi le seinntear an ċruit," "Who is the sage by whom the harp is struck." A poem on the miseries of Ireland, twenty verses, beginning "O'n sgeol do ċráḋ Maġ Fáil ni ċodlaim oiḋċe," "From the news that pains Moy-Fail (Ireland) I sleep not a night."

In the preface to the third edition of Donlevy's Irish Catechism (Dublin, 1848), Dr. Keating's works are referred to in the following terms—"Others of superior merit were never printed, perhaps because they were written in Ireland; such as Eoċair-Sgiaṫ an Aifrinn (The Key to the Defence of the Mass), by Dr. Keating, the historian."

In 1890 Trí Ḃior-ġaoiṫe an Ḃháis was published at the expense of the Royal Irish Academy. The book was edited by Dr. Atkinson, who had the invaluable assistance of the late Mr. John Fleming, then Editor of the *Gaelic Journal*. Mr. Fleming was about that time in his seventy-seventh year, and the greater portion of that long period he had devoted to the study and cultivation of his native tongue. The volume was an excellent production. The printed edition of Trí Ḃior-ġaoiṫe an Ḃháis refers to Eoċair-Sgiaṫ an Aifrinn at page 124.

At first I intended to add a vocabulary to this text, but that would require considerable time, and consequently make the book more expensive. Besides, nearly all the words can be found in O'Reilly's Irish Dictionary, or in the vocabulary to the "Three Shafts of Death." Some words, however, occur that are not to be found in any dictionary (but they are only a few), such as leaṫċomaiġ (a word still used in parts of Munster), special favour, advantage—ní raiḃ aon leaṫċomaiġ aca ar a ċéile, they had no advantage over each other; ai(ṫ)lléiġeaḋ (Coney's Dictionary gives áilliġ), *infinitive*, áilliuġaḋ; *the correct form of the passive past is* do háilligeadh, display, set off, adorn; eisrocalbach, partiuclar, nice, speculative; ionaonaigh, suitable for a fair or festival. In the manuscripts, the scribes made no distinction in the spelling of the words abhlann, *a wafer*, and annlan, *a condiment*, though the former is a *feminine* noun and the latter a *masculine* noun. This was a mistake, as they are two *distinct* words.

Some misprints escaped my notice. Few people are aware of the difficulty of printing a book from old, faded manuscripts, with a number of contractions in every page. However, I have to some extent fulfilled the object I had in view, which was simply to help in rescuing from the desolating hand of time the work of an eminent author, and facilitate the reprinting of the book at some future period.

PATRICK O'BRIEN.

Dublin, November, 1898.

The following biographical sketch of Dr. Keating is taken from William Halliday's edition of Foras Feasa ar Eirinn, referred to above:—

GEOFFREY KEATING was born in the reign of Queen Elizabeth, about the year of Our Lord 1570, near a small village called Burgess, ten miles to the south-west of Clonmel, in the County Tipperary. His ancestors by the father's side were, as he informs us in the preface to his work, of old Norman extraction.

From some written documents of the twelfth century, it is evident that such of the family as accompanied the Anglo-Norman expedition to Ireland were called Keting, Keytinge, or Keating, for so many various ways the name was spelled. Thus we find Halis Keting was one of the subscribing witnesses in the charter granted by Hervey de Montmorency, Lord de Marisco, to the Cistercian monks of Dunbrody Abbey, an edifice whose venerable ruins still arrest the traveller's attention in the County of Wexford, nearly opposite the River Suir's confluence with the united streams of the Nore and the Barrow, between Ross and Duncannon Fort. By this instrument it appears that, among many other immunities conferred by Marisco on the abbey, he granted it also the privilege of being an asylum or sanctuary for the protection of malefactors, etc. It is dated so early as the year 1179, that is about ten years after Marisco's arrival here. This family's chief, in common with other invaders, soon obtained grants of extensive estates. The above Halis or Haley Keting got possession of Baldwinstown, in the County Wexford. Other branches of them, perhaps his descendants, were proprietors of the estates of Kilcowan and

Tulloghbardie in the same county. From these sprang the various septs that afterwards spread themselves over the neighbouring parts of Leinster and Munster.

In the turbulent reigns of Richard III. and Henry VII. some of the family distinguished themselves by their opposition to the English Government. James Keting, Prior of Kilmainham, rendered himself peculiarly obnoxious in this particular. He usurped the Government of Dublin Castle for many years, and, on being accused of alienating the lands and sequestrating the property of his Priory, had one Lumley appointed in his place; but Keating kept possession of Kilmainham, and cast Lumley into prison, notwithstanding his cause being espoused and himself patronised by the then Archbishop of Armagh, by the President of the Order, and by the King of England. Keating, after associating himself with Lords Kildare, Killeen, and others against the Crown, was outlawed, and exempted from the terms of the general amnesty granted in 1482 to Killeen and most of the rest, because "he was the chief incendiary in instigating and abetting Lambert Simnell's rebellion." It was also provided by Act of Parliament that "none but Englishman should be ever after appointed Prior of Kilmainham." Of this stock there were many respectable branches in the County Carlow, at Cloonagh, &c., as also at Ballymullen, in the Queen's County. In this latter shire they must have been formidable opposers to Queen Elizabeth's Government, as in 1591, "the whole sept of the Keatings in that county was attainted." Narraghmore, in the County of Kildare, celebrated for the ceuo mile fáilte, or "hundred thousand welcomes," of Irish hospitality by foreign tourists, this century past, is the family mansion of another branch of the name. It was in the County of Tipperary, however, that the family was most numerous previous to Carew's Presidency over Munster.

From the same sept with those of the Nicholastown family our author, Dr. Keating, was descended. His parents' easy circumstances enabled him to indulge his natural propensity for learning; they therefore sent him to the best schools in the neighbourhood. A grammatical knowledge of his native language was a branch of education then absolutely necessary towards a classical course, as it was in Irish that the schoolmasters of Ireland were then accustomed to explain the poets, philosophers, and orators of Greece and Rome. For the purpose of acquiring an intimate acquaintance with the beauties of the national language there then existed many endowed seminaries over the Provinces of Munster and Connaught, till the era of the unhappy insurrection of 1641, when, as the author of the Dissertation prefixed to Clanricard's Memoirs informs us, the Irish nobility and gentry who supported these useful institutions were, notwithstanding the peace of 1648, and the general pardon sent from Breda by Charles II. before the Restoration, altogether deprived of their hereditary estates, and thus rendered unable to afford any further patronage to Irish literature.

The following account relates to the condition of education in Ireland in the 17th century:—"Our ancestors thought it fitter in order to acquire a practical aptitude in every trade and profession to confine the particular occupation of each art, whether servile or liberal, to the most excellent geniuses of particular families. Thus was the poetic or bardic profession limited to certain families, the most eminently distinguished of which were to have the landed property attached to their several professions. Thus we find in many parts of Ireland and Scotland places denominated baile mac báird Bally vic waird, Tullybhardie, &c., as being the hereditary property of the bardic families. The seminaries were open from Michaelmas to March. The students were generally from remote parts; those from Connaught came to Munster, and contrary-wise, in order that these may be no interruption to their studies by the conversations of relatives or the intervention of friends. A retentive memory, strong intellects, and reading and writing the Irish tongue with facility were indispensable qualifications for the examination of each candidate at entrance. The seminary was always in a retired, solitary recess, adjacent to or environed by a grove, wood, or river, mostly in some cluain or retired place, hence the College of Cluaineaird, Clonard, &c.

"The structures were snug, strong, low edifices, with but few apertures at a distance from each other. Each room had but one table, a form, and a convenient rack for clothes. In order to make the place fit for studious contemplation and to exclude all extraneous objects for rendering the memorative faculties more efficient, there was no window for the admission of light, but a candle was introduced at a seasonable time, as occasion required. The students were discriminated into classes according to the genius and progressive improvement of each. To each class a theme was proposed which was to be ready at a certain hour on the next day, brought in, read, commented on, rectified, and submitted to the rigid examination of each of the higher classes till its merits were finally appreciated by the professors, and another subject of greater difficulty given in return for next night's composition and contemplation. After the completion of these severe exercises the students dined together; here, too, there was a display of youthful talents, as they were to sustain a poetical conversation during meals or be altogether silent.

"On Saturdays and festival eves the students went to the neighbouring gentlemen's seats, where (according to the Dissertation prefixed to Clanrickard's Memoirs) they were cordially received and hospitably entertained till they were summoned back to resume their studies. Besides gratuitously entertaining the students during the vacations, the nobility and gentry considered themselves (such the moral influence of man) particularly obliged to send in all sorts of provisions to the school, so that the professor was abundantly remunerated by perquisites as well as by landed property.

"In the country schools of such parts of Munster and Connaught as have not experienced the ill effects of party, faction, rackrents, and military laws, many vestiges of those customs still exist; thus young men from eighteen to thirty years of age resorted from Connaught, Leinster, and the north-west of Ulster, as well as from the contiguous counties of Munster itself to the classical academy of a Nunan, a Macurten, a Donagh an Chairn, in the County of Clare; a Cantillon, an O'Sullivan, and an O'Mullain, in the County of Cork; as well as to the mathematical schools, equally celebrated, in the same districts. So numerous and so able-bodied, indeed, were the students of these academies that they often contended in hurling matches with whole parishes, and were generally crowned with victory. Though they were usually branded with the appellation of poor scholars, they were by no means such in reality. They were the sons of wealthy and respectable farmers, who, after learning the rudiments of Greek and Latin at home, took their books, shirts, and stockings in their wallets, and, with a sum of money sufficient to pay the professor, and to provide against sickness or casual contingencies, came to some of those literary retreats, where, after advancing the minerval at entrance to the professor, they completed their classical course, not excepting Juvenal, Persius, Tacitus, Thucydides, and Homer himself. Readers, suppose not that the professors of these schools were illiterate grammaticasters; no, their skill in the classics and collateral sciences were subjected to a fiery ordeal. Most of the young peripatetics in their various peregrinations collected a parcel of pocket questions composed of the most abstruse sentences and phrases in the classics. These were artfully submitted to the new professor's consideration. If he was not able to give a suitable explanation, he was soon, however great his fame, altogether deserted, and necessitated to change his destination in life.

"Scanlan of Cloyne, Murray of Waterford, and other professors in the mathematical line, underwent a similar probation, a mode far more efficacious than that adopted in the examination of candidates for filling our diocesan and endowed establishments.

"Previous to the commencement of the summer and winter vacations, it was then and is still [1650] usual to bar out the master; on this occasion the professor was compelled to withdraw at the peril of his life. The school then was barricaded, and, if he dared to oppose it, he was often dangerously wounded or killed. They then sent out a party to bring in sheep, poultry, liquors, &c. The neighbouring gentlemen gratuitously supplied them on these occasions with a superabundance of all kinds of provisions. Such as were anyway refractory or backward were sure to be plundered without redress at law, as this was accounted an immemorial custom, which no doubt emanated from the bardic institution. Such of these scholars as became candidates for the clerical profession, which previous to the partial repeal of the Popery Code was attended with proscription by statute law, were again examined before their bishops, and were obliged to give a specimen of their abilities in translating Irish and latterly English into Latin and Greek; and also to composing some poetical themes in these languages; the lucky candidates were then admitted to the priesthood. As, from the Anglo-Norman invasion till the Reformation, it was the policy of England to establish no colleges in Ireland, the students of this country necessarily resorted to English universities. Nay, the sees here were mostly filled with Englishmen, or such as studied in that country. Since the Reformation it was also the policy, though an University was established here, to exclude all such of the native Irish as conformed not to the established religion, from all classical learning at home. It subjected Greek, Latin, and Hebrew teachers to the rigors of the Penal Laws. In this predicament the young priests of Ireland were necessitated to complete their collegiate studies in the Universities of Spain, France, Italy, or Germany. As from the perils and privations the young clergyman was to undergo for the spiritual edification of his countrymen he was considered as the property of the public, consequently when initiated into orders, he was permitted to celebrate Mass in every part of the diocese, and be his parents ever so well able to afford him pecuniary aid, the various congregations collected a sum of money to enable our young missionary to go abroad and prosecute his theological studies. The reader will feel the necessity of the present digression, as thereby he will be enabled to appreciate many customs still prevailing, which to the superficial tourist will appear barbarous, savage, and inconsistent with civilisation."

After the acquisition of an intimate acquaintance with his native tongue, and perusing the several compositions of our ancient bards and philosophers then existing in Munster, Geoffrey was sent to the Latin schools in the vicinity of Cahir, from whence he travelled to other parts of Munster and Leinster, committed himself to the tuition of the most famous Greek and Latin professors in these provinces, and was soon enabled to undergo a severe examination in his literary acquirements before his bishop, preparatory to his departure to a foreign university.

Thus prepared our young countryman was sent off to a foreign college for completing his education. On the unsupported authority of one Denis McGrath, a peripatetic pilgrim from the County Tipperary, it is asserted, among other equally erroneous particulars respecting our author, in the sketch of a life prefixed to the last Dublin octavo edition of O'Connor's English translation (of Dr. K's. His. of Ire.), published in 1809, that the doctor studied in Salamanca. On McGrath being interrogated by a friend of the author of this memoir whence he derived his information, he candidly acknowledged that it was only from vague heresay. The tradition, however, among aged persons about the place of his nativity is that he studied in France. This is irrefragably ascertained by a contemporary, yet anonymous author, in an octavo volumn written against Dempster, the Scottish kidnapper of Irish saints, and entitled, "Hiberniae sive Antiquioris Scotiae Vindiciae Adversus Immodestam Parechesin Thomae Dempsteri per G. F.," or "A Vindication of more Ancient Scotia or Ireland against the Shameless Fabrication of the Saint-stealing Dempster. [This work was printed in octavo in Antwerp in 1621.] The author of this work, who, "with good reason," according to the learned continuator of Ware, "is supposed to be David Rothe," the Catholic Bishop of Kilkenny, a man, even in Archbishop Ussher's opinion, of uncommon erudition, in enumerating the learned men of Ireland that then flourished, particularly mentions Doctor Keating as an Irishman of singular distinction in literature, and as a Doctor of either Thoulouse or of Bourdeaux. His words are—"Innumeri sunt alii ob singularem doctrinam, in primis academicis enumerandi ex quibus aliquos hic adjiciam quales sunt Robertus Barry, Geoffridus Ketin, Mauritius Daley, Petrus Butler, &c. Burdegalenses et Tholosani Theologiae Doctores. Vid. Hib., page 35, which imports that "there are many other Irishmen equally illustrious for their profound learning, and worthy of being ranked with the first academicians, such as Robert Barry, Geoffry Keting, Maurice Daly, Peter Butler, &c., &c., Doctors of Divinity, who obtained their academic honours at the Universities of Bourdeaux and Thoulouse."

On the Doctor's return to his native country, about the year 1610, he was sent on the mission to the Parish of Knockraffan, between Cashel and Cahir. Here he gave unequivocal proofs of his impartiality and zeal.

Co-extensive with his intellectual acquirements were his persuasive faculties; while his shining virtues charmed the benevolent, and obtained the respect of the neighbouring Protestants, his captivating appearance on the pulpit gained him the admiration of all. His eloquence was of the most persuasive kind; what added to this was that his oratorical abilities were aided by all the energies of the Irish language—a language above all others best calculated to depict the joys of heaven or the terrors of hell, and was at this period the general "vehicle of business and negotiation with the natives, even among the learned."

Of this we have a memorable instance recorded by Carte, in his life of Ormond—"The Duke, when about twenty or twenty-four years of age, learned the Irish language by conversing with such Irish gentlemen as spoke it in London. He understood it perfectly well, and could express himself well enough in familiar conversation, but considered himself not altogether so well qualified as to discourse about serious matters. He afterwards found himself at a great loss, as he had to negotiate business of national importance with gentlemen who were far less intelligent in the English language than he was in the Irish. On such occasions he would use the same methods which he took with the titular Bishop of Clogher, the great favourite of Owen O'Neill, and successor to that general in the command of the Ulster forces. This bishop he brought over to the king's interest, and gained his entire confidence by a conversation carried on between both parties in private. The Duke always spoke in English and the Bishop in Irish, as neither understood the language of the other so as to venture upon communicating his sentiments in it with any degree of accuracy or precision."

To oppression or adversity we are indebted for the most celebrated literary productions of ancient and modern times. Homer's indigence necessitated him to sing his immortal rhapsodies in detached poems; what but the loss of his farm roused the energies of the Mantuan bard? Ovid's exile, Bacon's degradation, and Raleigh's confinement were, in their consequences, beneficial to the literary world. Content wth the temporary applause of a popular preacher, Dr. Keating would have been probably consigned to everlasting oblivion had not a price been set upon his head by the President of Munster whereby he was obliged to relinquish his professional duties, and withdraw for a time from the Catholic mission.

The doctor, instead of wasting his time in the sequestered Glen of Aherlagh, near Tipperary, as has been erroneously stated in the "Life" above alluded to, "changed his garb and name, and in that disguise went, according to the dissertator's account, to the schools and habitations of his favourite bards," to whom he was a welcome guest from his profound knowledge in the ancient language of Ireland, as well as from the celebrity he had already acquired by his Irish elegiacal poem on the death of Lord Decies; his satiric poem of the burlesque kind on his servant Simon, whom he compares with the illustrious heroes of ancient times; and also from his two larger and more serious works in Irish, one partaking of the polemic cast of the times, against the late Reformation in religion, entitled Eoċair-Sgiaċ an Aifrinn, "A Key to the Shield of the Mass," or a Defence of the Catholic Religion, a title seemingly adopted from St. Jerome's preface to the Bible, which he denominates, "Prologus Clypeatus." To these may be added his other moral work on practical piety, entitled, the "Three Winged Shafts of Death" (Tri Bior-Ghaoithe an Bháis), nearly on the model of "The Imitation of Christ," attributed to Thomas a Kempis, all of which the doctor wrote, with some other lighter compositions before the history.

Among the bards and seanachies he began to collect materials for the history; nor was he confined to the bards alone, for some very aged clergymen of his own persuasion informed a friend of the translator's who lived many years in Cashel that during this persecution the doctor found the most unsuspected and safest asylum, even amongst the President's most intimate Protestant friends in and about that city, while employed in perusing and translating from the various records both in their own and in the Catholic libraries then existing there; and that they afterwards generously recommended him to the protection of their literary friends in Dublin, with a request to afford him a similar asylum, and facilitate his admission to the College manuscripts there.

After some stay in Dublin, he travelled through the various other provinces in Ireland, during which tour, "his Anglo-Norman extraction," as Abbé McGeoghegan observes, "was no small obstacle to his undertaking; for, notwithstanding his being a Catholic, and a clergyman of their own communion, yet such were the prejudices entertained against him that many, especially in Ulster and Connaught, refused to aid or communicate with him, or afford him any documents, a privation which has prevented his history from being so complete as it otherwise might have been."

Subsequently to Carew's removal from the Presidency of Munster, the doctor was a coadjutor to Eugene O'Duhy, vicar of Tubrid, adjacent to the place of his nativity, between Cahir and Ballyporeen, as is ascertained from an inscription over the door of the Parish Church, which imports that "Eugene O'Duhy, vicar of Tybrid, and Doctor Geoffry Keating built that chapel in 1644," and that with the permission of Parliament, as is mentioned in a letter from the Rev. John Hearon, P.P., of that place, with a fac-similie of the inscription, in 1801. This singular indulgence from a parliament, then after the insurrection of 1641, busily employed in imposing pains and penalties on the Irish Catholics, must have been without doubt obtained through the interference of some of the doctor's friends high in power. Perhaps the permission may have been granted by the Irish Parliament, or Supreme Council, then sitting in Kilkenny. Of Tubrid he afterwards became parish priest. The life of a Catholic clergyman on the country mission in Ireland, however laboriously spent and incessantly employed, in ushering infants into the Church, instructing the growing youth, marrying the adult, hearing confessions, administering the Sacraments, officiating on Sundays and holidays, imparting spiritual comfort to dying persons, and reading his breviary at stated hours, is necessarily attended with such a similar round of duties as can neither interest the biographer, nor entertain the reader. Even in these respects we have no further particulars respecting the doctor.

The time of the doctor's death is equally uncertain with that of his birth. The Rev. Peter Walsh, author of the Irish Remonstrance, who lived near his time, says the doctor finished his history in his old age, and died a little after Charles I. had been proclaimed king, which happened in 1625. This, however, is a mistake, as the inscription in Tubrid shows he was alive in 1644. Collier, in his Biographical Dictionary, says he finished his work in 1640, and died in 1650. With him nearly agrees the author of the Dissertation, who says "that he might live till 1650."

The Rev. Mr. Hearn, Parish Priest of Tubrid, in his communication of 1801, says—"The doctor's remains were buried in Tybrid Church, but after the most minute inquiries, of his sepulchre he could find no trace."

The following is the Latin inscription on the ruins of the old church at Tubrid—"Orate pro animabus Patris Eugenii Duhy, Vicarii de Tubrid, et D. Doctoris G. Keating, hujus sacelli fundatorum; nec non et pro omnibus aliis, tam sacerdotibus quam laicis, quorum corpora in eodem jacent sacellum. A.D. 1644."

The Latin inscription over the door of the Church of Tubrid, translated into English, runs as follows:—

"Pray for the souls of Father Eugene Duhy, Vicar of Tybrid, and the learned Doctor Geoffrey Keating, of this chapel the founders; and also for all others, as well clergy as laymen, whose bodies in this chapel lie interred. 1644."

In Dr. Keating's Réaṁċoṁꞃáḋ, or preface to this work, at page 17, he refers to the injustice and cruelty of the laws which then existed in Ireland—imposing heavy penalties on the Catholic clergy. The following extract, from the Annals of the Four Masters, dealing with that period, fully bears out the statement of Dr. Keating :—

"The age of Christ, 1611.—Conor O'Duibheannaigh [O'Devany], Bishop of Down and Conor, who had been at first a friar of the Order of St. Francis, of the Convent of Donegal, but who was afterwards, for his good qualifications, elected to the episcopal dignity, was taken prisoner by the English ; and he was detained by them a long time in bondage and punishment ; and they offered him riches and many rewards if he would turn over to their heresy, but he refused to accept of them, for he despised transitory riches for an everlasting kingdom. God released him from the English on that occasion ; but he was taken again. Sir Arthur Chichester being at this time Lord Justice of Ireland, he was put to death. He was first beheaded, and then his members were cut in quarters, and his flesh mangled, at Dublin, on the 1st of February. There was not a Christian in the land of Ireland whose heart did not shudder within him at the horror of the martyrdom which this chaste, wise divine, and perfect and truly meek, righteous man suffered for the reward of his soul. The Christians who were then in Dublin contended with each other, to see which of them should have one of his limbs ; and not only his limbs, but they had fine linen in readiness to prevent his blood from falling to the ground ; for they were convinced that he was one of the holy martyrs of the Lord."

AG SO CLÁR AN LEABAIR SO.

EOCAIR SGIAṪ AN AIFRINN.

AN REIṀĊIONSGNAIṀ.

Chum an Leightheora.

Is ann san aimsir so an dithċreidiṁ agus aindiúide Chailbin ċolluiḋe agus a ċloinne, agus Luther loitḃeartaiġ agus a lorgairiḋe dearḃṫar fírinne na fairtinne do rinne Isaias ann san seiseaḋ caibidil mar a n-abair sé ris an bpobal Eabraċ—"Eistiġ (ar sé), agus ná tuigiḋ; feuċaiḋ tairbeánaḋ agus ná tabraiḋ aiṫne air." Agus má tá, do réir litre an Scrioptúra gurab ris an gcineaḋ Iudaiġeaċ adubraḋ na briaṫra so, maiseaḋ go fáit-ċiallaċ, is i nEiricib na h-aimsire so do fíoraḋ ruim na fairtine; óir do ċluinid an fírinne go froiṁta d'á fáisnéis ag searmóntaiḃ soisgeulta na hEagluise Catoilice, agus fós d'á ruiḋeaṁ le briaṫraiḃ barántaṁla an Bhíobla agus d'aiṫeasgaiḃ úgdarásaċa na naiṫreaċ Naoṁṫa, agus de réasúnaiḃ réiḋe, ró-soillseaċa, agus ní ṫuigid siad í. Chídid ioma miorḃal agus tairbeántaḋ eile, agus ní ṫiubraid aiṫne orra gurab ó Dhia ṫigid; agus do dallaḋ a gcroiḋṫe an méid sin ionnus go rugadar bárr aindḃfeasa ar gaċ droing d'Eiricib d'á dtáinig ann sna rae míle agus cúig ceud bliaḋan, mar gur ċuireadar rómpa an t-Aifrionn do bí ar bun an feaḋ sin do ċur ar gcúl contrárḋa d'órduġaḋ aonta na hEagluise, dárab ainm, do réir Phóil, 'san tsreas ċaibidil de'n ċéad Epistil do sgríoḃaḋ ċum Timotheus—colaṁuin agus fundaimeint na fírinne, d'ár ġeall Dia fanṁuin in a foċair go fóirċeann an beaṫa, do réir Maṫa 'san gcaibidil deiġionaċ, agus Eoin 'san 14 Caib. A deir fós Tertullianus, do ṁair de ṫaoiḃ istiġ de dá ċeud bliaḋan andiaiġ Chríost, naċ féidir leis an Eagluis Chatoilice dul ar earáid ná ar seaċrán, agus fós is é sin ráḋ coitċeann na naiṫreaċ is eagnuiḋe agus is tromḋa d'á dtáinig ó aimsir Chríost go soiċe so. Agus dá n-abraḋ Luther nó Calvin, nó a lorgairiḋe gurab aca féin atá an Eaglais Chatoilice sin, is follus naċ fíor dóiḃ é; óir is ionann Catoilice agus coitċeann, agus is neaṁ-ċoitċeann an Eaglais atá aca-san ar connluġaḋ i gcúlaiḃ cuṁanga de'n roinn ḃeag so na hEorpa, agus is lúġaḋ de ċeiṫre rannaiḃ na talṁan. Ni hionann agus ár nEaglais-ne ġaḃas leis an aifrionn atá anois ag a ġnáṫuġaḋ i n-armór na hEorpa go h-iomlán cian de ḃliaḋnaiḃ, agus i mórán d'ionadaiḃ de Ríoġaċtaiḃ na hAsia, agus na hAffrica, agus 'san India Shoir, agus i mórán d'oileánaiḃ eile ar ceadna.

Is iomḋa fós coṁarṫa dilear d'á ḋearḃaḋ gurab í ár nEaglais-ne an Naoṁ-Eaglais Chatoilice; agus is maiṫ an coṁarṫa ar sin naoṁaċt ár n-úġdar agus ár naiṫreaċ, agus mar ṫigid siad le céile ar aon tuigse 'sa i uile niḋ buaineas le n-ár gcreideaṁ. Ni h-ionann agus Luther agus Calvin ḃíos go minic bun os cionn le céile, mar is follus de ṫaoiḃ na h-aḃlainne coisreagṫa, mar a mbí, do réir Luther, substaint ċuirp Chríost mar aon re substaint an aráin, agus mar naċ féidir a ḃeiṫ de ċuṁaċtaiḃ Dé féin, do réir Chailḃin.

Is maiṫ fós an coṁarṫa ar ár nEaglais-ne gurab í is Naoṁ-Eaglais ann, .i. a ṁionca doġníṫear agus do rinneaḋ míorḃuiliġe móra maille ria. aṁail is follus as stáraiḃ ineirḋe na n-úġdar is eagnuiḋe ṫáinig riaṁ 'san Eaglais, mar atá Ambrosius, Aubistin, Hieronymus, Gréagóir, agus iliomad eile ó soin amaċ.

Is maiṫ fós mar an gcéadna an dearḃuġaḋ gurab í ár nEaglais-ne aṁáin is Eaglais fírinneaċ ann, méid na cosṁulaċta atá idir ḃeaṫa Chríost (ar mbeiṫ 'san saoġal so dó) agus na naiṫreaċ fírinnearḋa d'á ngéileann an Eaglais Chatoilice, mar atáid na Pápaiḋe do ḃí ann i bḟíor-ṫosaċ na hEaglaise, agus gaċ úġdar naoṁṫa d'ár ġaḃ léi ó soin i leiṫ. Óir is le h-úṁlaċt agus ni le h-uaḃar, le fulang agus ni le fóiréigean, le h-eagna agus ni le h-arṁaiḃ, le craḃaḋ agus ni le cloiḋeaṁaiḃ, le naoṁṫaċt agus ni le neart sluaiġ do plannduiġeaḋ go príoṁaṁuil an Naoṁ-Eaglais Chatoilice le Críost. Is ar an mód gcéadna sin do craoḃsgaoileaḋ an creideaṁ Catoilice leis na pápaḋaiḃ reaṁráiḋte, agus go h-áiriġṫe na trí Pápaiḋe deug ar ḟiċid do ḃí andiaiġ Chríost ag ulluṁuġaḋ na hEaglaise. Ni ḃfuair neaċ díoḃ bás le haḋairt aċt iad uile do ṁarḃaḋ, agus d'fulang martra ag cosnaṁ an ċreidiṁ Chatoilice. Ni mar sin do na hEiriciḃ, is le h-uaḃar agus le h-ainneart, le cloiḋeaṁ agus le cogaḋ, le brod agus le bás d'imirt ar ḋaoiniḃ eile, mar is follus as mórán de stáraiḃ nuaiḋe in a dtráċtar ar na h-áraiḃ agus ar na h-uirearḃaḋaiḃ móra ṫáinig de Luther agus d'a lorgairiḋiḃ do ṫaḃairt in ionadaiḃ iomḋa 'san Ghearmáin, ag impirt fóirneart agus fóir-éigean ar na Catoilicib ċum gabála leis an reaċtán do bí aca féin d'á foillsiu agus d'á seanmóruġaḋ, agus fácóra gan aonta do ṫabairt dóib. Ni [illegible] an tsíl do cuirṫaoi leo, mar atá cogal an ċraoiḃ le ar [illegible] an [illegible] ar gcúl; siréan na póite le ar múċaḋ an m[illegible] [illegible] sa fada na ḋráire le ar cuireaḋ an ġeanmnuiḋeaċt [illegible] mar is follus ar na ċeiṫre sleaċtaiḃ do lean Luther agus a luċt leanaṁna, ṫug iad féin go h-iomlán do ċraos-ól agus do [illegible], mar atáid íoċtaiġ na halban, rúmairiḋe na Saxon, agus pótairiḋe na bPleimeanaċ, agus glugairiḋe na nGearmáine; agus más fíor an soisgeul mar a n-abair Mata 'san seaċtṁaḋ caibidil gurab ar toraḋ an ċrainn aiṫniġṫear an maiṫ nó olc é; agus fós mar a n-abair nać tiubrair droċ-ċrann toraḋ maiṫ uaiḋ ná crann maiṫ droċ-ṫoraḋ uaiḋ; is dearḃ d'á réir sin gur droċ-ċrainn Luther agus Calvin agus a lorgairiḋe, do bríġ gurab droċ-ṫoraḋ ṫugadar uaṫa, amail adubramar ṫuas, mar gur síolċuireadar craos i n-áit an troisgṫe, [illegible] do'n tSearmóin; drúis i n-ionad na geanmnuiġeaċta, agus craos-ól i n-ionad an ṁeasarrḋaċta.

Is mór fós an dearbaḋ gurab againn-ne atá an Eaglais fírinneaċ, mar atámuid in a seilb ó aimsir Ċríost diaiġ i ndiaiġ; óir ní ṫáinig lá ná mí ná bliaḋain ó aimsir Ċríost go soiċe so naċ faġṫar i leabraiḃ na hEaglaise cia an pápa, glún ar ġlún do bí i gcomarbus Pheadair i n-árdflaiṫeas na hEaglaise do ṡíor, gan cur ar gcúl, claonaḋ ná claoċlóḋ. Agus dá n-abraḋ Luther nó Calvin gur claonaḋ creideaṁ na gcéad bpápaḋ le Pápa éigin d'á dtáinig in a ndiaiġ, a ṡlán fúṫa ainm nó sloinne an Ṗápa sin do ṫabairt uaṫa go fírinneaċ; nó dá n-abradaois go breugaċ gurab le linn an treas Pápa, air a raiḃ Innocentius d'ainm, ṫáinig claoċluḋ an ċreidiṁ, a ṡlán fúṫa a beag nó a mór d'éiriceaċt ná d'earáid d'ḟáġail i laoiḋ nó i litir d'ár sgríoḃ an fear sin riaṁ, agus fós buḋ duine naoṁṫa ro-ḟoġluimṫa é.

Aṫáid trí comṫarṫa ar an bfíor Eaglais, mar atá aondaċt, coitċinne, agus naoṁṫaċt. An ċéad níḋ atá innte aondaċt—eaḋon, beiṫ in a h-aon Eaglais aṁáin, do réir Ṗóil 'san 4 caib. ċum Ephesianum—"Aon ċreideaṁ aṁáin (ar sé) atá ann." Agus is ionann sin re a ráḋ agus gurab aon Eaglais aṁáin atá ann; óir ní hEaglais gan ċreideaṁ, agus ní creideaṁ gan Eaglais. Tig S. Aibstín leis so 'san dara caib. de'n dara leabar do sgríoḃ ar aondaċt na hEaglaise—'Aon Eaglais aṁáin (ar sé) d'ár ngoireadar ár sinnsir Catoilice atá ann, ionnus ó'n ainm sin féin go bfoillsiġeoċadaois go bfuil 'san uile áit. Adeir Críost féin 'san 10 caib. ag Eoin, ag tairngire ar aondaċt na hEaglaise—"Biaḋ (ar sé) aon ċró agus aon aoḋaire aṁáin ann." Giḋeaḋ ní h-aon ċreideaṁ aṁáin atá ag na heiricib; óir ní mór gurab lia ceann aca ioná creideaṁ. Ní h-ionann agus ár nEaglais-ne ċreideas do réir an aoin-ċinn. D'ḟágaḋ Peadar aice—eaḋon, an Pápa d'ḟág Sé in a h-árd-ḟlaiṫeas ós a cionn go fóirċeann na saoġal, aṁail do ḟágaḋ Críost é féin, do réir mar léiġtear 'san 21 caib. ag Eoin—"A Shíomoin Pheadair (ar Sé), an ionṁuin leat me? Sásaiḋ m'uana féin; sásaiḋ mo ċaoiriġ féin," d'á ċur i gcéill gurab do Pheadar ṫug Sé uaċtaránaċt agus coiméad an tréada go h-uile; agus do ċuir Peadar an uaċtaranaċt so i ngníoṁ an tan d'éiriġ in a ṡeasaṁ ameasg na coda eile de na habstalaib, agus do labair leo mar árd-aḋaire coitċeann, do réir mar léiġtear 'san dara caib. de ġníoṁarṫaib na nAbstal, agus fós mar d'órduiġ go barántaṁuil dliġe 'san gcéad ċoṁairle ċoitċinn do bí ag na habstalaib i Ierusalem, d'á ċur i gcéill gurab é féin buḋ h-árdaaḋaire dóib, do réir mar léiġtear 'san 15 caib. de ġníoṁarṫaib na nAbstal. Agus fós is do Pheadar do ġeall Críost eoċraċa an ḟlaiṫis naoṁṫa, agus is air fós do ġeall Sé a Eaglais féin d'áitiuġaḋ, do réir Eoin 'san 6 caib.—"Is tusa Peadar (ar sé), agus is ar an gcarraig so áiteoċaḋ Mo Eaglais féin," agus is dó ḃear eoċraċa an ḟlaiṫis naoṁṫa. Is ionann an ċarraig ar i n-áiteoċaḋ an Eaglais agus Peadar, agus is ionann na h-eoċraċa úd an ḟlaiṫis naoṁṫa agus an cumas sgaoilte nó ceangailte ṫug Críost do Pheadar mar árd-ċoṁarba in a ionad féin ós cionn na h-Eaglaise go coitċeann. Do ġeall fós Críost do Pheadar naċ raċaḋ claonaḋ ná claoċlóḋ in a ċreideaṁ go bráṫ, agus aduḃairt ris (ar mbeiṫ daingean dó féin in a ċreideaṁ) a ḋearḃráiṫreaċa—eaḋon, na Críostuiġṫe i gcoitċinne, do ḋaingniuġaḋ in a gcreideaṁ, d'á ċur i gcéil gurab de do riġne Sé ceann feaḋma agus baránta buiḋne in gaċ niḋ do ḃuainfeaḋ re na gcreideaṁ. Ag so mar aduḃairt, ag labairt le Peadar (do réir mar léiġtear 'san 22 caib. ag Lúcás)—"Do ġuiḋe-sa (ar sé) ar do ṡon ionnus naċ raċaḋ do ċreideaṁ i n-easguiḃ. Agus ar ḃfilleaḋ duit daingniḋ in a gcreideaṁ do ḋearḃráiṫreaċa féin." Tuig, a léiġṫeoir, gurab iontuigṫe duit as an uaċtaránaċt so d'ḟág Críost ag Peadar re h-uċt dulta ar neaṁ Dhó, mar go ndearnaḋ Sé biocáire de ar an dtalaṁ, nó coṁarba coitċeann ós cionn na hEaglaise go h-uile; gurab í toil Chríost an rim céadna sin do ċoiméad i bflaiṫeas na hEaglaise maille re h-aon ċoṁarba do ḃeiṫ i n-árd ḟlaiṫeas na hEaglaise go h-uiliḋe. Agus fós is córaiḋe dúinn a ṫuigsin mar so—gurab í an Eaglais bean Chríost, agus d'á réir sin gurab í an aiceaċt d'ḟág Sé aice dliġṫear sí do ċoiméad do ṡíor; agus is í an aiceaċt sin aon ċeann aṁáin feaḋma do beiṫ ag a follamnuġaḋ agus ag a stiúraḋ go hiomlán. Is móide is ionnċuiġṫe gaċ níḋ díoḃ so méid an ġráḋa do ḃí ag Críost do'n Eaglais, do réir mar léiġtear 'san 4 caib. de na Cainticiḃ, agus fós mar do ḋearḃaiḋ Sé féin méid an ġráḋa céadna, mar gur ḟulaing Sé bás ar son na hEaglaise sin, do réir Ṗóil 'san 5 caib. ad Ephesians. Is córaide fós an aiceaċt so do ċoiméad go ḃfuil sé d'á ċur i ngníoṁ ag prionnsaḋaiḃ na hEaglaise, agus go n-abair Tertullian annsan 22 caib. de'n leabar do sgríoḃ ar an teiṫeaḋ dleaġṫar do ḋéanaṁ le linn ingreama do ḃeiṫ ar ḋuine tré n-a ċreideaṁ. "Ní raċaiḋ (ar sé) creideaṁ Ṗeadair ar gcúl go bráṫ." Agus neartuiġ sé fírinne na neiṫe so i mbriaṫraiḃ Lúcáis 'san 22 caib. mar aduḃairt Críost gur ġuiḋ Sé a aṫair ar son Ṗeadair, ionnus naċ raċaḋ a ċreideaṁ i mbáṫaḋ. Admuid na heiriciḋ féin do ḟocair na guiḋe so, go raiḃ an creideaṁ gan loċt gan leónaḋ ag a coiméad ag luċt ionaid Ṗeadair—eaḋon, ag na Pápaḋaiḃ do ḃí 'san Róiṁ ar feaḋ ceiṫre ċéad bliaḋan, agus ní féaduid a áitiuġaḋ nó a ċruṫuġaḋ truailleaḋ an ċreidiṁ so i n-aon Ṗápa d'á dtáinig ó ṡoin i leiṫ. Dá ḃríġ sin caiṫfid a aḋṁáil go ḃfuil an creideaṁ so gan truailleaḋ ag an bPápa, agus d'á réir sin gurab é an teagasg do ḃeir uaiḋ is ionċoiméadta annsna neiṫiḃ ḃuaineas re creideaṁ, óir is é is aon-stiúrṫóir ar an Eaglais agus fós ní ḃfuil gné uaċtaránṫaċta 'san mbiṫ is mó soċar agus onóir ioná an t-árd-ḟlaiṫeas d'árab ainm Monarchia—eaḋon, aon árd-ḟlaiṫeas aṁáin ós cionn na flaiṫeasaiḃ. Ar dtús is follus naċ ḃfuil uaċtaránṫaċt ann is mó onóir ioná so. Is dearḃ fós gurab í is soċaruiḋe ann, óir is móide do ḃeirtear na cineaḋaċa ċum creidiṁ cumas do ḃeiṫ ag aon duine aṁáin ar na Críostaiġṫiḃ i gcoitċinne. Is luġaide fós ḃeiḋeas imreasán ná easaontaċt idir na Críostuiġṫiḃ aon aoḋaire aṁáin do ḃeiṫ ós a gcionn ag a mbeiḋeaḋ ar a ċumas smaċt do ḋeunaṁ orra. Agus is móide soċar coitċeann na hEaglaise é, ionnus dá mbeiḋeaḋ aon ṗunc creidiṁ nó malairt caileandair, nó a ionaṁuil eile sin d'imreasán eadtorra go mbeiḋeaḋ aon duine aṁáin d'á ngéilfidis leaṫ ar leaṫ. Ní fuláir fós aon ċeann aṁáin do ḃeiṫ ann do ġairm na gcoṁairleaḋ i gcoitċinne in a ndeuntar críoċnuġaḋ dliġṫeaṁuil ar na neiṫiḃ ḃuaineas re ḃeusaiḃ nó re creideaṁ na gCríostuiġṫeaḋ. Ní fuláir fós aon ċeann aṁáin do ḃeiṫ ar an Eaglais, ionnus go mbeiḋeaḋ corp misticte na hEaglaise ar aon ḃeusaiḃ aṁáin go h-iomlán.

Is uaisle gan imreasán an soisgeulta so againn-ne ioná Eaglais an tsean-reaċta; maiseaḋ is ar aon árd-ḟlaiṫ aṁáin do ḃíodar ag stiúraḋ do ġnáṫ—eaḋon, árd-easbog Ierusalem. Is ionnṫuiġṫe dúinn gurab córa aon árd-ḟlaiṫ aṁáin do ḃeiṫ ag riaġluġaḋ na hEaglaise soi-sgeulta ioná sin — eaḋon, Pápa na Róṁe, ag a bfuil diaiġ in diaiġ sealḃ caṫaoireaċ Pheadair; óir d'ḟág Peadar féin Linus Pápa i n-a ṡeilḃ ṫar éis, mar a raiḃ Peadar cúig bliaḋna fiċead, nó gur croċaḋ ann é, do réir mar adeirid na sean-ugdair do ḃí i bfíor-ṫosaċ na hEaglaise ann, mar atá St. Dionysius 'san eipistil do sgríoḃ ċum Timotheus agus Hieronymus, mar a sgríoḃann ar na daoiniḃ oirḋearcaċa, agus St. Ambrosius 'san seiseaḋ seanmóir, agus Eusebius 'san leaḃar do sgríoḃ ar na h-aimsearaiḃ, agus Irenaeus 'san treas ċaibidil de'n treas leaḃar agus St. Aibistín 'san dara caibidil de na ċeiṫre sean-móiriḋe fiċead do sgríoḃ ar na naoṁaiḃ, gurab i bPeadar aṁáin do fíoraḋ aondaċt na h-uile aoḋaireaḋ. Adeir Cyprianus 'san 45 eipistil ċum Cornelius gurab í an Eaglais Róṁánaċ is máṫair agus is préaṁ do'n Eaglais Chatoilice. Adeir St. Ambrosius ag sgríoḃaḋ ar an dtreas ċaibidil de'n ċéad Eipistil do sgríoḃ Pól ċum na gCoirinnteaċ, niḋ ar a dtuigtear gurab ag an bPápa atá uaċtaránaċt ar an Eaglais go h-iomlán. "Aċt giḋeaḋ gur le Dia (ar sé) an uile go h-iomlán, goirtear teaċ Dé de'n Eaglais d'ár stiúrtóir an Pápa Damasus." Tig Isodorus leis an niḋ céadna so 'san Eipistil deiġionaiġ do sgríoḃ ċum Eugenius, Easbog Toledo. "Aċt giḋeaḋ atá (ar sé) digniṫ agus coṁaċt na hEaglaise ar n-a ḋáil do'n uile Easbog Catoilice, maiseaḋ atá an n-a ṫoirḃeirt go leiṫleaċtas d'Easbog na Róṁe go prinnséideaċ, aṁail ceann ós cionn na mball, ar maireaċtain go síoruiḋe." Tig S. Bearnárd leis an niḋ céadna 'san t-oċtṁaḋ caibidil de'n dara leaḃar do sgríoḃ ċum Eugenius. "Is é an Pápa (ar sé) prionnsa na nEasbog agus Peadar i gcoṁaċtaiḃ; agus ní h-é aṁáin is árd-aoḋaire ar a ċaoiriḃ, aċt fós is árd-aoḋaire ar an uile aoḋairiḃ." Adeir S. Aibistín 'san t-oċtṁaḋ caibidil de'n dara leaḃar do sgríoḃ ar ġrásaiḃ Chríost agus ar peacaḋ an tsinnsir naċ féidir an Eaglais Róṁánaċ do ṁeallaḋ. Adeir fós Eusebius, 'san ċéad eipistil, ag labairt ar an Eaglais Róṁánaiġ: "Ag so (ar sé) an Eaglais gan truailleaḋ in ar coiṁéadaḋ riaṁ an creideaṁ Catoilice."

Is follus do réir na n-ugdar so, agus iomad úgdar eile naċ luaiḋtear linn do'n ċor so, gurab í ár nEaglais-ne an aon Eaglais fírinneaċ, agus gurab ag na Pápaḋaiḃ diaiġ i ndiaiġ atá sealḃ árd-ḟlaiṫis na hEaglaise céadna; agus is uime tugaḋ na h-eoċraċa do Pheadar ionnus go mbiaḋ cur agus cumas aige féin agus ag a ċoṁarbuiḃ ar an Eaglais i gcoitċinne. Is córaide dúinn a ṫuigsin mar so, mar adubairt Críost 'san 28 caib. ag Mata, go dtugaḋ na h-uile ċoṁaċta ar neaṁ agus ar talaṁ dó, an tan adubairt, ag labairt ris na habstalaiḃ—"Do dáileaḋ (ar sé) na h-uile ċoṁaċta ḋamsa ar neaṁ agus ar talaṁ; agus mar adubairt arís ag Eoin 'san 20 caib.—"Aṁuil do ċuir m'aṫair mise (ar sé), mar an gceudna cuirim-se sibse"; agus ar na ráḋ sin, do séid fúṫa, agus adubairt riú—"Glacaiḋ an Spiorad Naoṁ. An dream ag a maiṫfiḋe a bpeacaiḋe ḋóiḃ atáid maiṫte aca." 7c. Is iontuigṫe as an dá áit so go bfuil árd-flaiṫeas 'san uile niḋ ḃuaineas le creideaṁ, agus go prionsapálta ag an bPápa; óir is maille re coṁaċtaiḃ ar talaṁ agus ar neaṁ do cuireaḋ Críost. mar adubairt Sé féin ṫuas 'san 23 caib. ag Maṫa, agus gurab ar an gcriċ gcéadna sin do ċuir seirsion Peadar. agus các uile ó soin anuas. Ni féidir a ṁeas naċ maille re coṁaċtaiḃ ar talaṁ agus ar neaṁ do ċuir iad; agus créad is iontuigṫe as sin aċt go bfuil árd-flaiṫeas aca aṁuil a dubramar, agus gurab é Pápa na Róṁe atá i seilḃ an árd-flaiṫis sin. Is córaide so do ċreideaṁuin, go n-adṁuid drong ṁór de na heiriciḃ go rabadar Pápaiḋe i seilḃ an árd-flaiṫis ud Pheadair, agus naċ feudaid áiṫugaḋ go ndeaċaiḋ aon Phápa d'á raiḃ ann ó aimsir Pheadair aleiṫ ċum éiriceaċta.

Ag so fós mar adeir Luther, ag adṁáil uaċtaránṫaċt do ḃeiṫ ag Pápaḋaiḃ na Róṁe ós cionn na hEaglaise go h-iomlán, do réir mar léiġtear 'san 60 Conclúid do sgríoḃ ċum an Pḣápa d'ár b'ainm Leo. "Is cóir (ar sé), maille re caḋus nó reverence, géille 'san uile niḋ do'n uaċtaránṫaċt Pápaṁuil." Adeir sé fós in eipistil d'áiriġṫe niḋ ṫig leis an niḋ gcéadna. "Adṁuim (ar sé) go bfuil an iomad de Ċhríostaṁlaċt maiṫ; agus fós adṁuim go bfuil an Scriopṫúir agus na h-eoċraċa firinneaċa re maiṫeaṁ na bpeacaiḋe ag an bPápaṁlaċt.

Ag so síos sompla as a dtuigfiṫear gurab le Peadar do ḃuain stioḃardaċt coitċeann do ḋeunaṁ ar an Eaglais. agus mar an gceudna le luċd a ionaid. Óir is é Peadar do ċuir Martialis do'n Ghasgúinn, agus is é Clement, an dara Pápaḋ andiaiġ Pheadair, do ċuir St. Denys go Páris na Frainnce; agus Stiaḃna, an ceaṫramaḋ Pápaḋ ar fiċid, do ċuir Bonifacius Moguntinensis do'n Ghearmáin; agus Celestinus, an 44 pápa, do ċuir Pádraig go hEirinn; agus Gréagóir Mór, an 65 pápa, do ċuir S. Aoistín Manaċ go Saċsaiḃ; agus mar sin do ṁórán de pápaḋaiḃ eile do ċuir oiliomad de ḋoċtúiriḃ eagnuiḋe fá ċríoċaiḃ éagsaṁla na cruinne naċ áirṁiġṫear linn de'n ċor so; agus is follus do réir a ndubramar naċ bfuil ann aċt aon Eaglais aṁáin, agus gurab'é coṁarba Pheadair stiúras an flaiṫeas sin.

Do labramar ar aondaċt na hEaglaise go soiċe so.

An dara coinġeal, an Eaglais do ḃeiṫ coitċeann, do réir mar adeir

Daibí Rí 'san 18 Sailm, ag tairngire na n-Abstal agus na hEaglaise. "Do ċuaiḋ (ar sé) foġar na druinge úd 'san uile talṁain." Ionann an focal úd "do ċuaiḋ," do réir na nEabraċ, agus atá ċum teaċta. Adeir fós Daibí Rí, 'san 71 Sailm, ag tairngire go mbiaḋ árdḟlaiṫeas coitċeann ag an Eaglais ar feaḋ na talṁan. "Biaḋ sí i bḟlaiṫeas (ar sé) ó ṁuir go muir, agus ó'n abainn go teórannaiḃ cruinne na talṁan." Adeir Isaias 'san tréas ċaibidil—"Biaḋ aiṫne orrsa (ar sé) ag an uile ḋuine ó ḃeag go mór." Tig Eoin leis an niḋ so 'san seiseaḋ caibidil, agus Pól 'san ċéad ċaibidil ad Colossianos, agus 'san deaċṁaḋ caibidil ċum na Rómánaċ. Agus dá n-abraḋ Luther nó Calvin naċ ḃfuil an creideaṁ so againn-ne, aca féin, ná ag na Turcaċaiḃ, agus dá réir sin naċ creideaṁ coitċeann é, bíoḋ a ḟios aca naċ é aḋḃar fá ngoirtear coitċeann de go mbí sé anaoinfeaċt agus in aon uair i gcríoċaiḃ an doṁain: aċt is uime adeirtear coitċeann ris, do ḃriġ naċ ḃfuil críoċ annsa gcruinne aċt críoċ in a ḃfuil, in a raiḃ, nó in a mbiaḋ sé. Agus fós ní ḃfuil aon ríoġaċt de ṫrí rannaiḃ an doṁain naċ raiḃ sé ann, mar is follus as imṫeaċtaiḃ na nAbstal, do réir Abdias; ór do craobsgaoileaḋ an creideaṁ le Peadar agus le n-a ḋeisgiobalaiḃ 'san Iodáill agus 'san ḃFrainc agus 'san Ġearmáin: le S. Seam do'n Easbáin; le S. Aindrias do'n Thracia; le Philip do'n Scythia; le Maitias do'n Æthiopia; le Simon agus le Marcus do'n Egypt; le Partalán do'n India Ṡoir, agus mar sin do ċáċ annsa ríoġaċtaiḃ eile ó soin amaċ. Agus dá mbiaḋ in a ċeist ag Luther nó ag Calḃin cia an creideaṁ do craobsgaoileaḋ leó-san, bíoḋ a ḟios aca gurab é an creideaṁ do ġabas leis an Aifrionn do craobsgaoileaḋ leó ann, do réir Ireneus naoṁṫa, do ṁair go gród andiaiġ na nAbstol, agus do ḃí go minic i gcaidreaṁ na muinntire do ḃí ag éisteaċt re seanmóiriḃ na nAbstol. Ag so iomorro mar adeir 'san tréas ċaibidil de'n tréas leaḃar, ag labairt ar an aimsir úd na nAbstal. "Do ḃí (ar sé) ioḋbairt an Aifrinn an tan sin d'á ofrálaġaḋ 'san uile áit." Agus dá n-abraḋ Luther nó Calvin naċ cóir Eaglais coitċeann do ráḋ le n-ár nEaglais-ne, do ḃriġ go ḃfuil sí ar n-a ciorbaḋ, bíoḋ a ḟios aca naċ luġaide is córaide bile do ṫabairt ar an gcrann mór ḃíos ar an máġ go dteasgṫaiḋe a dó nó a ṫrí de na foiġeugaiḃ do ḃiaḋ ar ḋe, mar an gcéudna ní luġaide dleaġṫar Eaglais ċoitċeann do ġairm de'n Eaglais Rómánaiġ go ḃfuilid a dó nó a trí d'ḟoiġeugaiḃ ar na dteasgaḋ ḋí, mar atáid Múraiġe, Turcaiġe, agus Eiriciḋe. Is córaide fós a ṫuigsin naċ é an creideaṁ do craobsgaoileaḋ leis na hAbstalaiḃ an creideaṁ d'á ngéilleann Luther agus Calvin: óir adeirid so naċ é naoiṁ ná ó abstal, ná ó duine 'san mbiṫ fuaradar féin creideaṁ, aċt gurab'é an Spiorad Naoiṁ do ṡeol dóib é; agus go raib daillċiaċ agus dorċadus ar an ḃfírinne nó gur ṫoil le Dia iad féin do ṫoġaḋ ċum soluis an ċreidiṁ do ṫabairt do na cineaḋaċaib. Is uime sin fós adeir Luther 'san leaḃar do sgríoḃ ar ċur an aifrinn ar gcúl. "Admuiḋim ar dtús (ar sé) do'n droing atá ar tí ḃeiṫ ag creimeaḋ orm gurab contrárḋa d'órduġaḋ na hEaglaise atáim ag teagasg an aifrinn do ċur ar gcúl. Agus adeir 'san dara h-airteagal do'n leaḃar do sgríoḃ anaġaiḋ Rí na Sacson naċ ḃfuil suim aige féin dá mbiaḋ mile S. Aibistin agus mile St. Cyprianus in a aġaiḋ. Adeir fós 'san leaḃar do sgríoḃ ar an aifrionn bpríoṁáideaċ naċ ḃfuil suim aige féin annsna Pápaḋaib tré ḃeiṫ ag bagairt na hEaglaise agus na n-aiṫreaċ air, do ḃríġ naċar ḃ'iongnaḋ leis é féin do ḃeiṫ in a ḃreiṫeaṁ orra, agus fós ar na faiḋib agus ar na habstalaib agus ar na hainġealaib le bréiṫir Ċhríost. Tig Calvin leis so 'san 18 caib do'n 4 leaḃar d'á Institute. Adeir fós Luther annsa an gcaibidil do sgríoḃ ar na haiṫreaċaib 'san dara leaḃar Comaġallaṁa do sgríoḃ: agus Calvin 'san dara caibidil agus 'san ceaṫraṁaḋ leaḃar d'á Institute go ndeaċaiḋ an Eaglais go léir i mbáṫaḋ agus ar seaċrán no go dtángadar féin. Giḋeaḋ adeir Cyprian 'san 76 epistoil bráṫar fá n-a ḃ'iontuigṫe naċ cóir géille do'n ṁuinntir so ṫréigeas úgdarás na hEaglaise agus barántus na naiṫreaċ. "Ní féidir a gabáil mar easpog (ar sé) an té do ḃeir táir agus tarcuisne ar seanċuiṁne soisgealda abstalda, agus naċ leanann lorg aon duine eile aċt ṫionnsgnas uaiḋ féin. Is follus fós gur contrárḋa d'á ċéile do ḃí an craobsgaoileaḋ do rinneaḋ leis na habstalaib agus creideaṁ Lúṫair agus Ċhailḃin. Oir adeir S. Seam [Epistoil Ċhatoilice Abstail Sheumais], 'san dara caibidil, gur marḃ an creideaṁ gan deaġoibreaċaib; agus adeir Pól 'san 13 caib. do'n ċéad Epistoil ċum na gCoirinnteaċ naċ foġnann sé gan an grád mar aon ris. Giḋeaḋ adeir Calvin gur leór an creideam aṁáin in a aonar. Léiġtear arís ag Mata 'san 19 caib. agus 'san 20 caib. gur cóir aiṫeanta Dé do ċoiméad. Adeir Luther naċ cóir a gcoiméad, agus naċ féidir a gcoiméad. Adeir S. Seam 'san 20 caibidil gur leor do ḋuine ċum Eiriceaċta do ḋeanaṁ dul ar seaċrán i n-aon ṗunc aṁáin de'n reaċt. "Giḋ b'é (ar sé) ċoiméadas an reaċt go h-iomlán go h-aon ṗunc, agus ċaillfeas an t-aon ṗunc sin de, atá ciontaċ 'san iomlán." Adeir Chrysostomus, ag cur gluaise ar an gcéad ċaibidil ċum Galatas, briaṫra ṫig leis an níḋ céadna. "Giḋ b'é ar biṫ (ar sé) ċuireas bun-os-cionn aon ṗunc d'á laiġead de'n ċreideaṁ follán truailliġ-

ċeap an t-iomlán leis." D'á ḃríġ sin is follus gurab Eiriciḋe an ḋrong adubramar, agus gaċ n-aon do ġníḋ lorguireaċt nó leanṁuin orra, tré ḃeiṫ bun-os-cionn do'n Scrioptúir, aṁuil do h-aiṫrisead linn ċuas.

Is follus as na h-ionadaiḃ so, agus as mórán d'ionadaiḃ eile, naċ ionann an creideaṁ do craoḃsgaoileaḋ leis na habstalaiḃ agus leis na soisgeulaiḃ agus na seaċráin do síol-ċuireaḋ leis na saoḃ-ugdaraiḃ le a ḃfuil ár gcointinn de'n ċor so. Measaim fós gurb'é an connluġaḋ atá ag a ḋéanaṁ anois ar an Eaglais Rómánaiġ do ṫarrngair Eoin 'san seiseaḋ caibidil de Leaḃar na Tairbeantaḋ, mar a n-abar—" I ḃfóir-ċeann na h-aimsear (ar sé) connlóċfar na flaiṫis i gcosaṁlaċt leabar druidte." Ionann sin re a ráḋ agus go mbiaḋ an Eaglais ar n-a connluġaḋ i saṁuil leabair iata. Ná measaḋ an t-Eiriceaċ gurab ionann dáil do ċonnluġaḋ na hEaglaise againn-ne agus d'á Eaglais féin: óir do ḃí ár nEaglais-ne craoḃsgaoilte ar feaḋ na cruinne, mar is follus as stáraiḋiḃ inċreidte; agus fós is iomḋa comarṫaḋ ar sin mar atáid cealla agus ceolán teampull agus mainistreaċa, agus iomad de ḟéadaiḃ uaisle éagsaṁla i gcríoċaiḃ eile an doṁain. Agus dá n-abraḋ Luther nó Calvin naċ luġde is maiṫ a nEaglais féin go mbiaḋ sí ar n-a connluġaḋ i gclúid nó i gcúlaise de'n ċruinne, éisteaḋ sé ris an ngeallaḋ ṫug Dia do Abraham 'san 22 caib. de Genesis—" Beannóċad (ar sé) ad' ṡíol uile treaba na talṁan, agus biaḋ líonmar ar ṁuir agus ar tír, agus ann san árd-ṫuaiḋ agus ann san árd-ṡoir, agus ann san aiffric, agus biaḋ do ṡíol mar ġaiṁiṁ na talṁan. Beannóċad ionnad-sa agus ad' ṡíol uile treaba na talṁan." Agus d'eagla go measaḋ Luther nó Calvin gurab i nEaglais an tsean-reaċta do ḃí coiṁ-líonaḋ na ngeallaṁ so, bíoḋ a ḟios aca naċar craoḃsgaoileaḋ creideaṁ an ċinid Iuḋaiġ, agus d'á réir sin naċ é creideaṁ an tseanreaċta do geallaḋ do ċraoḃsgaoileaḋ ann. Agus is córaide a ṫuigsin mar so, go n-abair Pól 'san gcúigeaḋ caibidil ċum Galatas, ag míniuġaḋ an ḃoill úd 'san tsean-reaċt, gurab'é an mó ċiallaiġeas an síol úd do ḃeannóċaḋ na h-uile treaba—eaḋon, Críost.

Ag sin do'n ċreideaṁ Caṫoilice do ḃeiṫ coitċeann nó Catoilice.

An treas ċoṁġeal atá ag an Eaglais mar atá ḃeiṫ naoṁṫa.

Is fíor gurab í ár nEaglais-ne atá naoṁṫa, mar is follus as gcriaḋar cráḃaiḋ ár nOrd Riaġalta, le a gcoiṁéadtar an reaċd soisgeulda, agus i maiġdeanas na n-óg, agus i ḃfuil na mártíreaċ atá d'ár nEaglais-ne. Ní mar sin d'Eaglais na nEiriceaḋ agus ní féidir a ḃeiṫ naoṁṫa, ar a ṁionca ḃeirid mionna móra, do ġníd méirdreaċus, craos, agus droiċ-ḃearta eile. Atáid fós dá ṗríoṁ-loċt ann sna hEiricíḃ as naċ féidir dóiḃ ḃeiṫ naoṁṫa. An ċéad loċt díoḃ, méid an aindlige do ġníd ar na sinnsearaiḃ ṫáinig rómpa an méid go mbreaṫnuiḋid naċ raiḃ an ċreideaṁ aca, agus d'á réir sin gur damnuiġeaḋ iad uile; óir adeir Pól 'san gcúigeaḋ caibidil ċum na nEabraċ naċ féidir toil Dé do ḋeanaṁ gan ċreideaṁ; agus adeir sé 'san gceaṫramaḋ caibidil ċum Cresus naċ ḃfuil ann aċt aon ċreideaṁ aṁáin. Adeir Luther agus Calvin gurab iad féin fuair an ċreideaṁ sin ó'n Spiorad Naoṁ, agus naċ raiḃ sé ag aon neaċ d'á sinnsearaiḃ. Créad is iontuigṫe as so aċt gurb'é a mbreaṫnugaḋ ar a sinnsearaiḃ gurab Eiriciḋe iad agus go ndeaċadar go hIfrionn. Giḋeaḋ is é adeir Dia do ḋéanaṁ ris an droing so ṁalluiġeas d'á sinnsearaiḃ go ndligid bás d'fáġail, aṁluiḋ leiġtear 'san 20 caib. in Exodus. "Giḋ b'é do ḋeunfaiḋ (ar sé) mallugaḋ ar a aṫair nó ar a ṁáṫair cuirtear ċum báis é." D'á réir so dliġṫear bás do ṫabairt do na hEiricib an méid go ndéanuid mallugaḋ ar na sinnsearaiḃ ó'r far-adar. An dara loċt, méid na maslugaḋ do beirid do Ḋia, an méid go ndéanuid breugaċ é; óir adeirid gurab aca féin atá an ċreideaṁ, agus naċar fiuoṫ fios na fírinne le droing ar biṫ d'á dtáinig ó aimsir Ċhríost. Giḋeaḋ atá sin contrárḋa do'n ġeallaḋ ṫug Dia do'n ċine-daona, do réir mar léiġtear 'san 31 caib. ag Jeremias fáiġ. "Biaḋ m'aiṫne-se (ar sé) ag an uile ḋuine ó beag go mór." Tuig má's fíor an niḋ adeir Luther agus Calvin naċ fíor an niḋ adeir Dia ag labairt i mbeul an faiḋe; giḋeaḋ fágaim fá breaṫnuġaḋ an leiġṫeora cia cúra a ṁeas an fírinne do ḃeiṫ ag Jeremias nó ag Luther nó ag Calvin. Do ġeall Críost ag Eoin 'san 14 caib. go gcuirfeaḋ an Spiorad Naoṁ ċum na nabstol. "Seolfad dóiḃ an uile fírinne (ar sé), agus fanfad in a ḃfoċair go síorruiḋe. Adeir Críost 'san 28 caib. ag Mata—"Biaḋ mise (ar sé) mar aon liḃ go síorruiḋe nó go fóirċeann an tsaoġail."

Is follus as na compáráidiḃ so go raiḃ an Spiorad Naoṁ ag deunaṁ treoraḋ do'n Eaglais agus d'á stiúraḋ i ḃfírinne an ċreidiṁ: go ḃfuil agus go mbiaḋ go deire an doṁain gan cead do ḃreugaiḃ Luther ná Calvin. Adeirid fós gurab cruaḋálaċ leaṫrannaċ Críost mar naċar ṫoil leis foċair a páise ná solus an ċreidiṁ fírinniġ do ḃeiṫ ag aon duine ó aimsir na nabstal nó go dtángadar féin. Adeirid gurab aindliġṫeaċ Críost an méid gur ċeil sé solus an ċreidiṁ fírinniġ ar na máirtíreaċaiḃ do ḋoirt a ḃfuil d'á ġráḋ, agus na maiġdeana do ċoiméad a n-óiġeaċt in a onóir, agus ar na coinfeasóiriḃ d'fulaing go minic bruid agus braiġdeanas ar a son, an méid gur ċeil sé fírinne an ċreidiṁ orra, do réir Liútair agus Ċhailbín.

Is leor a ndubramar de na trí coinġiollaiḃ úd na hEaglaise. Giḋeaḋ dá n-abraḋ Calvin naċ ḃfuil Eaglais so-faicsiona ann ag a mbiaḋ aon árdḟlaiṫ aṁáin ós a cionn. aċt gurab Eaglais do-ḟaicsiona i neulaiḃ neiṁe atá ann, cionnas do ḃearaḋ freagraḋ ar Ċhríost mar a n-abair 'san 18 caib. ag Mata—"Dá ndeárnaḋ do ḃráṫair aindliġe ort (ar sé), cionntaiġ é idir ṫú féin agus é, agus muna ngabaḋ sin greim de, tabair duine nó dias do láṫair, agus muna n-éisteaḋ siú sin, innis do'n Eaglais é, agus muna n-eisteaḋ sis an Eaglais, bíoḋ meas págánaiġ nó poibliocánaiġ agat air." Fiafraiġim annso de Ċhailḃin, dá mbaḋ Eaglais do-ḟaicsiona i neulaiḃ neiṁe do ḃiaḋ ann, créad an toisg fá n-aibeoraḋ Críost casaoid do ḋéanaṁ ria; óir dob díoṁaoin Dó a ráḋ re duine casaoid do ḋéanaṁ ris an Eaglais naċ tiubraḋ freagraḋ, naċ faicfeaḋ, agus naċ cluinfeaḋ; agus do ḃríġ go gcaiṫfeam a ráḋ gurab díoṁaoin an ċoṁairle ṫug Críost, nó gurab breugaċ an níḋ adeir Calvin. Is córaide dúinn a ráḋ gur breugaċ an níḋ adeir Calvin ioná gur díoṁaoin coṁairle Ċhríost. Tig leis so an tairngire do rigne Solaṁ i bpearsain na hEaglaise, aṁail léiġtear 'san ċéad ċaibidil de na Cainticiḃ, mar a n-abair "Atáim dub (ar sé), giḋeaḋ atáim álainn." Ionann sin re a ráḋ agus go mbeidís peacaiġ agus fíréin 'san Eaglais. Má táid peacaiġ agus fíréin innte is follus go ḃfuil so-ḟaicsiona; óir ní do'n Eaglais an dream atá i n-ifrionn, agus ní ḃfuilid peacaiġ i ḃflaiṫeas Dé. Ní adṁann Luther ná Calvin purgadóir do ḃeiṫ ann: ar an adḃar sin caiṫfid a adṁáil go ḃfuil Eaglais eile ann in a ḃfuilid peacaiġ mar aon le fíreunaiḃ agus is í sin cruinniuġaḋ na gCríostuiġṫeaḋ atá so-ḟaicsiona ionnta féin; agus ar an adḃar sin, gan ċead do Luther ná do Calvin, atá an Eaglais so ḟaicsiona ann.

Ag so síos suiḋioṁ ar a n-áiteoċam anaġaiḋ Ċhailḃin go ḃfuilid fíréin agus peacaiġ 'san Eaglais. Léiġtear 'san 25 caib. ag Mata fáiṫsgeul ar na ċúig ṁaiġdeanaiḃ leaṁa agus ar na ċúig ṁaiġdeanaiḃ ċríonna, as a dtuigṫear linn go ḃfuilid peacaiġ agus fíréin anns an Eaglais, gan ċead do Ċhailḃin, adeir naċ ḃfuil duine ar mbiṫ de'n Eaglais aċt fíreun, agus dá mionca doġníḋ duine peacaḋ marḃṫaċ, go múċtar solus an creidiṁ ann, agus dá ḃríġ sin go mbí in a ġeug ar n-a ṫeasgaḋ de ċorp na hEaglaise. Is follus anns an gcúigeaḋ caibidil ag Mata go ḃfuil an Eaglais so-ḟaicsiona, mar go saṁluiġeann sé í re caṫair do ḃí ar n-a suiḋeaġaḋ ar sliaḃ; óir is furas an ċaṫair sin d'ḟaicsin, mar sin is furasda an Eaglais saṁluiġṫear léi d'ḟaicsin. Is follus fós, i mbriaṫraiḃ Ṗhóil, go ḃfuil an Eaglais so-ḟaicsiona, mar a n-abair 'san gceaṫraṁaḋ caibidil ad Ephesus, "Do ċuir Dia (ar sé) abstail agus faiḋe, aoḋaireaḋa agus teaċtairiḋe agus stiúrṫóiriḋe do ċríoċnaiġṫe an obair tim.

rireaċta d'áitiuġaḋ ċuirp Chríost." Is follus ar na briaṫraiḃ so go ndeárna Dia baill agus geuga de'n Eagluis de'n droing úd do ḃí sofaic-siona ionnta féin, agus d'á réir sin go bfuil an Eaglais dárab geuga iad so-faicsiona innte féin. Adeir Pól 'san 15 caib. ċum Titus niḋ ar a dtuigfeam go bfuil órduġaḋ sofaicsiona 'san Eaglais, mar go ndubairt re Titus—"Orduiġ (ar sé) ar feaḋ na caṫraċ sagairt agus easbuig," d'á ċur i gcéill gurab iad na heasbuig fa huaċtaráin ós cionn na hEagluise—eaḋon, na Críostuiġṫe do ḃí sofaicsiona ionnta féin. Thug Peadar an fuagraḋ céadna do'n ċléir go huile, mar leiġtear 'san gcúigeaḋ caibidil de ġníoṁarṫaiḃ na n-abstal. Is follas i mbriaṫ-raiḃ S. Aibistin, 'san 36 caib. de'n dara leabar ro sgríoḃ anaġaiḋ Chrysogonus go bfuil an Eaglais so-faicsiona. "Atá (ar sé) deall-raiġṫeaċ a solus do'n uile ḋuine." Tig Chrysostomus leis so 'san gceaṫ-raṁaḋ Homilia ro sgríoḃ ar an seiseaḋ caibidil ag Isaias. "Is fusa (ar sé) an ġrian do ṁúċaḋ ioná an Eaglais do ḋorċuġaḋ." Is follus ar na h-ionadaiḃ so gur breugaċ an dá niḋ adeir Calvin—an ċéad niḋ go mbiaḋ an Eaglais do-faicsiona idir neullaiḃ; an dara niḋ go dtréigfeaḋ an duine a ċreideaṁ gaċ uair do ḋéanaḋ peacaḋ marḃ-ṫaċ, agus dá réir sin naċ biaḋ aon duine 'san Eaglais aċt fíreun. Dá nabraḋ Luther no Calvin naċ bfuil an focal so "Aifrionn" 'san mBíobla, agus d'á réir sin naċ ceart cion do ḃeiṫ air, mo ḟreagraḋ orra ar dtús naċ bfuil an focal so "Trionóid" 'san mBíobla; aċt giḋeaḋ atá an niḋ ċialluiġṫear leis ann; mar an gcéadna gion go bfuil an focal so "Aifrionn" 'san mBíobla, atá an niḋ ċialluiġṫear leis ann, do réir mar leiġtear ag Lucas 'san 22 caib. de ḋáil an tsuipéir do na habstalaiḃ; agus muna gcreideann Luther agus Calvin an focal so "Trionóid," agus gan é 'san mBíobla aċt an niḋ ċial-luiġṫear leis, is iongnaḋ ḋóiḃ naċ creidid an focal so "Aifrionn," tré gan a ḃeiṫ 'san mBíobla aċt an niḋ ċialluiġṫear leis, do réir mar a gcruiṫeoċam 'san ċéad ċaibidil de'n tráċtaḋ so.

An dara freagraḋ beirim ar an droing gcéadna, gurab leór sean-ċuiṁne sinnsearḋa agus ugdarás na hEagluise, d'árab ainm—do réir Phóil, 'san treas ċaibidil de'n ċéad epistil ċum Timotheus—fundai-meint na fírinne—d'á ḋíon gurab iongabṫa an t-Aifrionn. Agus dá n-abraḋ eiriceaċ 'san mbiṫ d'ár lean an droing úd naċ cóir aon niḋ do ċreideaṁuin aċt an niḋ atá 'san Scrioptúir, mo ḟreagraḋ air naċ cóir aon niḋ do ċreideaṁuin ar aon ċor aċt an niḋ atá 'san Scriop-túir sgríoḃṫa nó na neiṫe tuigṫear as an Scrioptúir, mar atá sean-ċuiṁne sinnsear, d'árb ainm traditio, ar a bfuil an oiread measta ag Pól agus atá ar an Scrioptúir sgríoḃṫa, do réir mar léiġtear 'san dara caibidil de'n dara Epistil do sgríoḃ sé ċum Thessalonicenses, mar a n-abair—"A ḃráiṫreaċa (ar sé) déanaiḋ seasaṁ agus congḃaiḋ an tsean-ċuiṁne ṁúinsear d'ḟoġluim siḃ maille re coṁráḋ agus maille re sgríḃinn." Créad is iontuigṫe as an ionad so Ṗóil aċt go raiḃ an oiread measa aige ar sean-ċuiṁne do geiḃtear de ċoṁráḋ béil agus do ḃí ar an Scrioptúir sgríoḃṫa. Adeir Pól 'san tsreas ċaibidil de'n dara Epistil ċum na gCorinnteaċ gurab iad an pobal sa h-epistil do Ċhríosd, agus naċ le duḃ do sgríoḃ í aċt le Spiorad Dé ḃeó, agus naċ i leacaiḃ cloċ do sgríoḃ í aċt i gclársaiḃ colluiḋe an ċroiḋe. Adeir Pól 'san t-oċtṁaḋ caibidil ċum na n-Eabraċ, niḋ as a dtuigṫear gurab mór de'n Scrioptúir do dáileaḋ do na daoiniḃ in a mbeulaiḃ. "Do ḃ'ḟeárr (ar sé) mo ḋliġe in a n-inntinniḃ dóiḃ, agus sgríḃeoċad in a gcroiḋṫiḃ iad. Tig leis so an niḋ adeir Pól 'san dara caibidil do sgríoḃ sé ċum Timotheus. "Na neiṫe (ar sé) do ċualaiḋ tú uaim-se, maille re h-iomad a ḃfiaḋan, aiṫin do na daoiniḃ dílse iad, ḃíos iontaṁuil ċum a dteagasg do ċáċ." Adeir Críosd 'san 16 caib. ċum Eoin go raiḃ mórán aige féin le ráḋ naċ feudfadaois do ḃreiṫ leó de'n ċor sin, d'á ċur i gcéill go seolfaḋ an Spiorad Naoṁ dóiḃ féin agus do'n Eaglais in a ndiaiġ. gaċ niḋ éigeantaċ do ḃuainfeaḋ le creideaṁ na gCríostuiġṫeaḋ, agus fós is uime sin adeir Críosd féin 'san 13 caib. ag Marcus, ag gealladh na neiṫe gcéadna, an tan do ḃeartaoi na gCríostuiġṫe ċum ceisde tré na gcreideaṁ, naċ laiḃeorsaid, aċt gurab' é an Spiorad Naoṁ laiḃeorfaiḋ ionnta. Tig leis so fós an niḋ adeirid na habstail 'san 15 caib. d'á ngníoṁartaiḃ, ag a ṁaoiḋeaṁ gurab ó'n Spiorad Naoṁ fuaradar na dliġṫe do h-órduiġeaḋ leó. "Do ċonnarcus (ar siad) do'n Spiorad Naoṁ, agus d'órduiġ dúinne gan ualaċ ar biṫ do ċur orraiḃ aċt na neiṫe éigeantaċa so." Ḃeiriḋ Pól buiḋeaċas 'san gcúigeaḋ caibidil de'n ċéad Epistil ro sgríoḃ ċum na gCorinnteaċ, tré mar do ċoiméadadar na h-aiṫeanta ṫug sé féin dóiḃ; giḋeaḋ ní léiġtear gur sgríoḃ aon focal ċúca riaṁ roiṁ an Epistil so, ná fós gur ḟág sé aon focal sgríoḃṫa aca; ar an aḋḃar sin is follus gurab de ċoṁráḋ béil d'ḟág sé na haiṫeanta sin aca, agus d'á réir sin go dtugadaois fógarṫa agus aiṫeanta Dé i gcoiméad do na Críostaiġṫiḃ de ċoṁráḋ béil. Ní ḃfuil fós anns an Scrioptúir aon áit d'á ráḋ go follus gurab d'ḟuil Ṁhuire go cinnte do ġaḃ Críosd daonaċt, aċt aṁáin adeir gurab ó Ṁhuire do ġaḃ Sé daonaċt, agus ní innsean cia aca ó síol Ṁhuire nó ó n-a fuil; giḋeaḋ creidid na hEiriciḋ féin gurab d'ḟuil ró-ġlain Ṁhuire do ġaḃ an ṁórdaonaċt. Is iontuigṫe as so go gcreidid na hEiriciḋ féin niḋ naċ ḃfuil 'san Scrioptúir. Ní ḃfuil 'san Scrioptúir aon áit adeir go follus sinn gurab aon pearsa aṁáin atá ag Críost in a ḃfuilid dá nádúir, mar atá nádúir diaḋa agus nádúir ḋaonda, in a ḃfuilid dá ṫoil—eaḋon, toil diaḋa agus toil ḋaonda; giḋeaḋ adeirid na heiricid (nid nać iongnaḋ) go ḃfuil siad ag Críost; agus ar an aḋbar sin creidid siad nid nać ḃfuil annsan Scriptúir. Creidid siad baiste leinḃ, creidid siad go ḃfuil trí pearsanna annsan Trionóid, agus nać ḃfuil ionnta aćt aon sub-staint aṁáin, giḋeaḋ ní ḃfuilid briaṫra soillseaċa annsan mBiobla ar a dtuigṫear na neiṫe úd, ná mórán de neiṫiḃ eile nó go gcuireann an Eaglais gluais orra. Ó's léi féin do ḃuaineas dliġe Dé do ṁiniuġaḋ; agus atá fioġair ró-ġlórṁar do so ag Maṫa annsan 21 caib. mar a leiġtear—an tan do ḃí Críost go caiṫréimeaċ ag dul go Ierusalem Doṁnaċ na Phailme, ar ṁuin asail, go dtug sé deara ar na habs-dalaiḃ a matalaiḋe do ċur faoi ar an asal sul do raċaḋ d'á mar-cuiġeaċt, d'á ċur i gcéill nać dliġṫear do na tuataiḃ dul do ṁar-cuiġeaċt ná do ṁiniuġaḋ an Biobla nó go gcuirid préaláidiḋe agus príoṁ-úġdair na hEaglaise cuiṁdaċ air dóiḃ. Adeir fós Daiḃid rí, annsan 18 Sailm, d'á ṫairrngaire, go sioltróċaiḋe an creideaṁ leis na habsdalaiḃ agus leis an Eaglais in a ndiaiġ. "Raċaiḋ (ar sé) a ḃfoġair annsan uile ṫalaṁ, agus raċaiḋ a mbriaṫra i gcríoċaiḃ cruinne na talṁan.

Tuig, a léiġṫeoir, gurab' é ṫairrngair Daiḃid annso go raċaiḋ briaṫra na droinge adubramar go cuiṁsaiḃ cruinne na talṁan, agus nać é adubairt go raċaiḋ a sgríḃinn, d'á ċur i gcéill nać le Scriptúir aṁáin do ġniḋtear craoḃsgaoileaḋ ar an gcreideaṁ, aċt fós de ċoṁráḋ béil d'á ngoirtear sean-ċuiṁne sinnsear.

Adeir Eoin annsan treas Eipistil Chanonda nid as a dtuigṫear go mbí cion aige ar an teagasg do ḃuainfeaḋ le creideaṁ do ḃeireaḋ uaiḋ de ċoṁráḋ béil. Ag so mar adeir—"Ar mbeiṫ do ṁórán agam re a sgríoḃaḋ, níor ḃ'áil liom a ċur i bpáipeur ná i ndub ċugaiḃ, óir atá dúiġ agam (ar sé) teaċt mar a ḃfuiltí, ag labairt liḃ beul ar ḃeul, ionnus go mbiaḋ siḃ lán de ġáirdeaċus." As na hionadaiḃ so, agus as mórán d'áitiḃ eile annsan Scriptúir agus annsna haiṫ-reaċaiḃ, is iontuigṫe gurab ionġabṫa sean-ċuiṁne sinnsear mar an Scriptúir annsna neiṫiḃ ḃuaineas re creideaṁ. Agus fós caiṫfid Lorgairiḋe Lúṫair agus Chailḃin fiaḋnaise do ḋeanaṁ leis so d'á n-aiṁḋeoin, de ḃríġ go ḃfuilid puinc d'á gcreideaṁ ris nać ḃfuil Scriptúir sgríoḃṫa aca, mar atá saoire do ḋéanaṁ Diadoṁnaiġ, comaoin do ġlacaḋ uair annsan mbliaḋain, Soisgeul Lúcáis do ḃeiṫ in a Sgriopṫúir, agus gan Soisgeul Nicodemus, Mhaṫeus ná Thomáis do ḃeiṫ in a Soisgeul, Lá Cásga do ḃeiṫ ar an Doṁnaċ, agus saoire do ḋéanaṁ Lá Ṅollag, Lá Féile Coille (nó Lá Ċinn an Dá La Ḋeug), agus Féile na nAbstal; agus fós is punc de ċreideaṁ na Protestants gurab' é rí gaca críċe is ceann ar Eaglais na críċe sin, giḋeaḋ a ḟlán fúṫa aon áit do ṫaḃairt ar an Scrioptúir le a n-áiteoċaid aon niḋ díoḃ so ṫuas, agus go háiriġṫe ris an niḋ ndeiġionaċ so. Is fíor nó is follus go bfuil an Soisgeul contrárḋa ḋó, mar tugaḋ an monaḋ do ċum Críost, agus mar a ndeárnaḋ Sé eidirḋealluġaḋ idir uaċtaránṫaċt cille agus tuaite, an tan adubairt—"Tabair do Cæzar a ċuid féin (ar sé), agus do Ḋhia an niḋ is leis féin," d'á ċur i gcéill naċ leis na ríoġ-ṫaib saoġalta aċt cuid cuirp agus maoin na n-íoċtarán, agus gur le Dia a gcoguais agus a n-anmna, agus d'á réir sin a gcreideaṁ; nó má ṫéiḋ an rí i mbarántaċt nó i seilb ċoguas ná creideaṁ na n-íoċtrán. ni ṫuigim créad an ċuid de ḋuine, do réir ṫeagaisg Ċhríost, do bearaiḋ uaiḋ féin do Ḋhia. Is cóṁaide so do ṫuigsin mar so—an niḋ léiġtear anns an 19 caib. de'n dara leabar de Pharalipomenon, mar a gcur-ṫear i gcéill eidirḋealuġaḋ do ḃeiṫ eidir uaċtarán cille agus tuaite; agus so an niḋ léiġtear in Amarsus—"Bhúr sagairt agus búr n-easboig biaid in a n-uaċtaránaib anns na neiṫib ḃuaineas re Dia. Biaiḋ fos Sabadias mac Ismael, atá in a ḋuic ar ṫeaċ Judah, in a uaċtarán ar na neiṫib, nó na hoibreaċaib ḃuaineas le hoifig an ríoġ." Is tuigṫe ḋuit, a léiġṫeoir, as na háitib reaṁráiḋte go bfuilid cuṁaċta speisialta ag na prélaidib Eaglaise ris na neiṫib ḃuaineas re coġús nó re creideaṁ, gan buain, gan barántaċt ag na ríoġaib riú. Is iontuigṫe ḋuit fós as na neiṫib reaṁráiḋte de ċreideaṁ na Protestants ris naċ bfuil Scrioptúir aca sgríobṫa, agus fós atá go follus bonn os cionn do'n Scrioptúir; ar an aḋbar sin ní dliġṫear aiṫris do ḃeiṫ orainn-ne fá neiṫib d'ár gcreideaṁ do ḃeiṫ ris naċ bfuil Scrioptúir sgríobṫa againn, agus fós naċ bfuil aon punc d'ár gcreideaṁ contrárḋa d'aon áit de'n Scrioptúir sgríobṫa; aċt ċeana is saoḃ an ċiall ó'n droing úd, mar ċuirid rómpa aiṫeaċ go n-iomad ceann do ḋéanaṁ de'n Naoṁ Eaglais Ċhatoilice is bean pósda do Ċhríost, an méid go gcuirid rómpa ceann do ċur uirṫe anaġaiḋ gaċ críċe anns an doṁan ṁór. Is líonṁar fós do líon olc agus urċóid anns na Protestants, an méid go gcuirid rómpa dliġṫe d'órduġaḋ in a mbiaḋ gairm méirliġ nó créatúra do ṫabairt ar Ḋhia Uile-ċoṁaċtaċ. Agus dá mbiaḋ in a iongnaḋ ar aon cionnus, ag so an móḋ—do ċuireadar rómpa créatúir-eaċt do ḋéanaṁ do'n aifrionn dárab substaint Críost, do réir mar ċruiṫeoċam anns an tráċtaḋ so síos, agus is Dia Críost, do réir na Protestants; ar an aḋbar sin do ġníd créatúir do Ḋhia an méid go ndéinid créatúir do'n aifrionn.

Measaim, a léiġṫeóir, naċ ḃfuil aċt aigne iarnuiḋe, nó meanmna marmuir, nó inntinn adamaint, nó croiḋe cloiċe, naċ geaḃaḋ cailge ó goin an ġlóir so (níḋ naċ iongnaḋ): óir níor frīṫ i gceart ná i gcroinic, i litir nó i leaḃar, ó ċúr an doṁain riaṁ sgeul is truaiġe agus is diombaiḋe 'ná a ráḋ go nḋéantaiḋe dliġṫe in a n-órdóċaiḋe fógraḋ méirliġ, nó créatúra, do ḃeiṫ andiaiġ Íosa Críost, d'a ḋíbirt agus d'a ḋíoṫċur i ndiaṁraiḃ agus i ndroiċ-ḃeilġiḃ, aṁail ceiṫearnaċ coille, agus broid agus bás d'imirt ar gaċ n-aon d'á ngeaḃaḋ sin. Aċt, ċeana, giḋ atáid raiḋte na Protastúin coṁ follus soin in a mbréig, ionnus naċ riú iad freagra do ṫaḃairt orra: ṫairis sin, ó do ċuadar ṫar ċuiṁsiḃ na córa, agus ṫar fóir na firinne, do ṁeas mé freagra soirse follán do ṫaḃairt orra, do ċosnaṁ agus do ċoiṁéad cirt agus córa an Ċreidiṁ Ċatoilice, agus go h-áiriġṫe annsan bpuinc prionsabálta in a ḃfuil ar n-imreasán ris—eadon, i dtaoiḃ an Aifrinn, ionnus (tar éis mar ċruiṫeóċas mé de sean-ċuiṁne sinnsear, agus de ḃriaṫraiḃ an Ḃíobla, gurab maiṫ an t-Aifrionn) go mbuḋ follus as sin gaċ aon naċ gaḃann leis an Aifrionn gurab eiriceaċ é.

Ag sin do reiṁċionnsgnaṁ an tráċtaḋ sin; agus aitċim ar gaċ léiġṫeóir léiġfeas é, fá Dia do guiḋe fá'n dtráċtaḋ so do ḋul i nglóire Dé agus i soċar do na gCríostaiġṫiḃ. Agus is móide atá féidm againn Dia do guiḋe, a ċruinne ḟearas Sé a ḟearg orrainn, do réir mar ċuireas aindliġṫe na haimsire so i gcéill dúinn é, mar go gcuirid dealḃóiriḋe an dliġe an manaċ agus an méirleaċ, an bráṫair agus an biṫeaṁnaċ, an sagart agus an sladuiġe, an cléireaċ Catoilice agus an ceiṫearnaċ coille i gcóiṁmeas agus i gcóiṁċlann a ċéile, agus aon smaċt aṁáin orduiġṫear do ḋéanaṁ orra leaṫ ar leaṫ. Giḋeaḋ má's cúis broid nó báis ar ḋuine beiṫ in a ṡagart nó in a ḃráṫair, nó cuing ċráḃaiḋ do ġaḃáil, is éagcóir méad an ṁolta ṫug Críost d'Eoin Baisde; nó má's locd ar ḋuine beiṫ in a ṡagart, is éagcóir do ḃí cion ag Dia ar Ṁaoise agus ar Aarón agus ar Ṁeilcisedec do ḃí in a ṡagart annsan Sean Reaċt, agus Críost féin, do réir Ḋáiḃiḋ annsan 109 Sailm.

SEAṪRUN CÉATUIN, Sagart agus Doċtúir Diaḋa.
Ugdar na hoibre so; agus má tá níḋ ar biṫ mbéime ann, gaḃaḋ gaċ léaġṫóir mo leiṫsgeul, do ḃríġ naċ tré ṁailís aċt tré ḋearmad atá ann.

COĊAIR SGIAĊ AN AIFRINN.

An Chead Chaibidil.

In a dtráċtar ar an Aifrionn, agus in a ruiġtear an tAifrionn do ḃeiṫ ar bun ó aimsir na nAbstal, agus ó soin anuas.

Adeir Pól ann san 13 caib. de'n Eipistil do sgríoḃ ċum na nEabraċ, níḋ as a dtuigtear an tAifrionn do ḃeiṫ ar ġnáṫuġaḋ ann san Eaglais re n-a linn féin—"Atá againn (ar sé) altóir ar naċ feudaid an dream ar a ndeuntar timċill-ṫeasgaḋ níḋ d'iṫe." Agus is é ainm ġoireas sé de'n altóir sin, "Thusiasterion"—eaḋon, "íoḋbairt cláir;" agus do ḃríġ naċ raiḃ íoḋbairt cláir eile ann, aċt altóir an Aifrinn, is uirre do laḃair sé. Adeir fós go follusaċ S. Deinis, do ḃeannaiġ 'san ḃFrainc, agus baḋ deisgiobal do Phól Abstal, 'san dtreas ċaibidil de'n leaḃar do sgríoḃ ar árd-ḟlaiṫeas na hEaglaise níḋ as a dtuigtear go follus go raiḃ an tAifrionn re n-a linn ann. "An tan (ar sé) d'órdaiġ ár bPrionnsaiḋ-ne an tAifrionn do ráḋ os árd, ní le céadfaiḋiḃ osgailte do noċtaḋ, aċt le comarṫaḃaiḃ nó óirḋearca do ḋáileadar iad." Adeir mar an gceudna Aurelianus naomṫa, fa ċoiṁ-ḋeisgiobal do Martialis, do ḃí in a ḋeisgiobal ag Peadar, i mbeaṫa an Martialis so, na briaṫra so—"Ar mbeiṫ (ar sé) do'n duine ró naoṁṫa so ag ráḋ Aifrinn, tárlaiḋ go hobann go ndeaċaiḋ an Diaḃal i gcorp iarla óig d'ár b'ainm Arneus, ó ċaṫraiġ Taronic, agus in a ṁnaoi d'ár b'ainm Christiana." Is iontuigṫe as mbriaṫraiḃ an fir so go raiḃ an tAifrionn d'á ráḋ agus ar bun re n-a linn féin. Adeir Abdias, do ḃí in a ḋeisgiobal ag Pilib Abstal, 'san seaċtṁaḋ leaḃar do sgríoḃ ar ċaṫuġaḋ na nAbstal, mar a dtráċtann ar ḃeaṫaiḋ Mhaṫa Soisgeulaiḋe.—"Le linn (ar sé) na huile eaglaise do ġaḃáil leis an Aifrionn, do ċongaiḃ Maṫa é féin láiṁ ris an altóir ar a ndeárnaḋ sé Corp Chríost d'ofrálugaḋ, agus d'ḟulaing sé go luaṫġáireaċ martra abstalda ann." Is follus i mbriaṫraiḃ an fir so go n-abraḋ Maṫa Aifrionn óir do ċonnairc sé féin Maṫa. Adeir Clemens, an treas Phápa andiaiġ Pheadair, 'san 11 Canóin—"Gan amrus (ar sé) ná habraḋ sagart ar biṫ Aifrionn in a ṗorróisde féin gan furáileaḋ an easbuig." Oċt mbliaḋna agus trí ficid andiaiġ Chríost do ṁair an fear so.

Adeir Telesphorus, an t-oċtṁaḋ Pápa andiaiġ Pheadair, 'san ċeaṫramaḋ canóin de Chanónaċaiḃ na nAbstal—"Ní cneasta (ar sé) na hAifrinn do ráḋ roiṁ an tréas uair de'n ló"; 127 bliaḋna andiaiġ Chríost do'n ḟear so.

Adeir Higinus, an deaċṁaḋ Pápa andiaiġ Pheadair, gurab de ḋruim na nAifrionn dliġṫear na teampoill do ċoisreagaḋ.

Adeir Ignatius 'san eipistil do sgríoḃ sé ċum an ċiniḋ d'ár b'ainm Sinormenses—"Ní dliġṫear (ar sé) osráil do ḋéanaṁ gan easbog, ná íoḋḃairt do ṫoirḃirt, nó Aifrionn do ráḋ"; 103 bliaḋna andiaiġ Chríost do'n ḟear so.

Adeir S. Ambrós, 'san leaḃar do sgríoḃ ar na Sacraimeintiḃ, ainm an Aifrinn go minic; agus do ċuir sé foirm an Aifrinn go follus síos 'san leaḃar so; 380 bliaḋan andiaiġ Chríost do ḃí an fear so ann.

Adeir Eusebius, 'san dara leaḃar do sgríoḃ de Stáir na hEaglaise, gurab é Peadar adubairt an ċéad Aifrionn in Antiochia, 'san Syria, agus gurab é S. Seamus adubairt an ċéad Aifrionn in Jerusalem, ann san Asia mBig, agus gurab é Marcus adubairt an ċéad Aifrionn in Alexandria, ann san Africa: 330 bliaḋan andiaiġ Chríost do ḃí an t-úġdar so Eusebius ann.

Adeir Hugo de Sancto Victore, 'san dara leaḃar de na Sacraimeintiḃ gurab é Peadar adubairt an ċéad Aifrionn ann san Antiochia; 1130 bliaḋan andiaiġ Chríost do'n ḟear so.

Do ċuir S. Aibistin, 'san 59 Eipistil do sgríoḃ ċum Paulinus, gaċ níḋ ḃuaineas le hord an Aifrinn síos go soiléir: 400 bliaḋan andiaiġ Chríost do'n ḟear so.

Do ḃeir Leó, an ċéad Pápa de'n ainm sin, "íoḋḃairt" ar an Aifrionn ann san oċtṁaḋ Eipistil; 450 bliaḋan andiaiġ Chríost do'n ḟear so.

Adeir Gréagóir, do réir mar léiġtear 'san leaḃar d'árab ainm Decretales—"Guiḋeaḋ an sagart (ar sé) go mbiaiḋ Corp Chríost, glacṫar anois fá ġnéiṫiḃ aráin agus fíona, uair eile d'á glacaḋ go follus, mar atá sé féin—eaḋon, beiṫ ag silleaḋ air in a ġlóir féin i bFlaiṫeas;" 600 bliaḋan andiaiġ Chríost do'n ḟear so.

Adeir Beda, ag cur minuġaḋ nó gluaise ar an dara caibidil de'n ċéad eipistil do sgríoḃ Pól ċum na gCorinnteaċ—"Fá ṫoil leis an Spiorad Naoṁ (ar sé) onóir ċoiṁ mór-sa do ṫaḃairt do'n tSacraimeint gurab túisge do raċaḋ Corp Chríost i mbeul an Chríostuiḋe 'ná biaḋa fóirimealaċa." Is follus as briaṫraiḃ an fir so go raiḃ Corp Chríost ag na Críostaiḋṫiḃ d'á ċaiṫeaṁ ar céadlongaḋ le na linn féin; 720 bliaḋan andiaiġ Chríost do'n ḟear so.

Adeir Haymo, easbog, ag cur gluaise ar an 10 caibidil de'n ċéad eipistil do sgríob Póil ċum na gCoirinnteaċ—"Coisreagṫar (ar sé) ar dtús an t-arán, agus beannuiġṫear leis an sagart agus leis an Spiorad Naoṁ é, agus bristear in a ḋiaiġ sin é; agus annsin, bíoḋ gurab arán do ċíḋtear ann, go fírinneaċ is é fíor-Chorp Chríost bíos ann"; 830 bliaḋan andiaiġ Chríost do'n ḟear so ann.

Adeir Anselmus, ag cur gluaise ar an níḋ céadna 'san eipistil céadna—"Ní h-iongnaḋ (ar sé) go ndeárnaiḋ Críost a ḟuil agus a ḟeoil féin d'arán agus d'ḟíon; óir do ġníoḋ Sé go laeṫeaṁuil 'san uile ḋuine feoil agus fuil d'arán agus d'ḟíon; óir an t-arán iṫeas duine do ġníḋṫear a iompóġ ċum feola; agus an fíon ibṫear leis do ċlaoċloḋ, maille re h-oibriuġaḋ an Chruṫuiġṫeóra, i bfuil." Is follus i mbriaṫraib an ḟir so, anaġaiḋ Chailbin, naċ é aṁáin samuil Chuirp Chríost, no ċuiṁne air, bíos 'san abluinn ċoisreagṫa, aċt go mbí Corp Chríost dá rírib idir ḟuil agus ḟeoil ann, do réir mar ċruiṫeoċam 'san tráċtaḋ so in áit eile é; 1080 bliaḋan andiaiġ Chríost do'n ḟear so.

Is iomḋa teist barántaṁuil eile d'ḟéudfamaois do ṫabairt anuas do neartuġaḋ linn, aċt naċ riġṫear a leas linn ar ḋá aḋbar; an ċéad aḋbar díob go n-adṁuid na h-éiricíḋe féin go bfuil an t-Aifrionn d'á ġnáṫuġaḋ ag an Eaglais Rómánaiġ re míle agus dá ċéud bliaḋan; an dara aḋbar, go n-adṁuid anns na gceiṫre ceud bliaḋan roiṁe sin buḋ foisge do Chríost go raib an Eaglais ċéudna sin glan gan truailleaḋ, ionnus gaċ níḋ ar a dtángadar na haiṫreaċa d'aon inntinn ar feaḋ na haimsire sin do ḃuainfeaḋ re h-aon ponc de'n ċreideaṁ, go mbíoḋ ionġabṫa mar an Scrioptúir, do réir mar léiġṫear i meaḋoin an leabair ḋiḋeanta—eaḋon, Apologia, do sgríob i n-ainm Ríġ Sacson—.i. an Chéad Shéamus, i gcoinne Charṫanóir Bellarmin, mar a n-abair gurab ionġabṫa mar an Scrioptúir gaċ níḋ air ar ċinneadar na haiṫreaċa Naoṁṫa do bí ar feaḋ na 400 bliaḋan úd ann. Agus is follus i dtús na caibidile so, go dtángadar d'aon ṁéin ar an Aifrionn do ḃeiṫ ag a ġnáṫuġaḋ agus do ḃeiṫ ionṁolṫa 'san Eaglais; agus, d'á ḃríġ sin, ó ṫángadar d'aoin ṁéin ar a ḃeiṫ ionġabṫa, agus go n-abraid na h-éiricíḋe gaċ níḋ ar a dtángadar na haiṫreaċa Naoṁṫa d'aontoil do ḃeiṫ ionġabṫa mar an Scrioptúir, is inċreidte dóib, d'á ḃríġ sin, go bfuil an t-Aifrionn ionġabṫa, do ḃríġ go dtángadar na haiṫreaċa reaṁráiḋte ar aon inntinn agus d'aon toil ar a ḃeiṫ ionġabṫa. Agus dá n-abraḋ Luther nó Calvin, nó a lorgairiḋe, naċ dtángadar na haiṫreaċa úd d'aon ṁéin ar a ḃeiṫ ionġabṫa, a slán suṫa, ainm nó sloinneaḋ, laoiḋ nó litir, aon aṫar d'á raib ar feaḋ na h-aimsire úd ann do ṫabairt anuas d'á ḋíoṁolaḋ nó d'á ċur ar gcúl.

Is follus gur ab foġluim diaḃluiḋe an t-aifrionn do ċlóḋ agus do ċur ar gcúl; ar dtús cleas na n-úġdar le ar tionnsgnaṁ a ṁúċaḋ—eaḋon, Luther, millteóir manaiġ do ḃloḋ a ċuing ċráḃaiḋ le h-uaḃar agus le antoil, d'ar ċuir sé suas de ċeann na hEaglaise tré formad agus aiṁṁian, agus tré n-a dtug sé Caitriona, an bean riaġalta, go h-aindliġṫeaċ as mainistir, d'á ḃeiṫ in a leanán leapṫa aige féin, contrárṫa d'á móid araon agus do'n ġeallaḋ ṫugadar do Dhia.

Calvin, ċeana, do ḃuḋ duine annasal é, tugaḋ suas ar déirc in a sgoláire, agus, ar mbeiṫ in a ḋiaiġ sin dó in a ċanánaċ i dteampoll ċaiṫeadralta, 'san bPicárdie, 'san bFrainc, ṫug é féin ċoṁ mór sin d'antoil na colna, ionnus an tráṫ naċ fuiġeaḋ mná ċum peacaiḋ riú, do ḃíoḋ buaċaill aige ré a ndéunaḋ peacaḋ truailliġṫe Sodomaic. Agus, ar n-a ḟionnaċtain sin d'easbog na h-áite, do gabaḋ agus do cuireaḋ i bpriosún leis é, nó go dtugaḋ peannaid dó: agus, ar ndéunaṁ aiṫriġe dó, do leig an t-easbog amaċ é; agus ar mbuain díograise mionn de gan teagṁáil annsa an ċoir ċeudna arís. Dála Chailbín, iomorro, níor ċian do ḃí amuiġ an tan ṫárlaiġ 'san ċoir ċéadna arís é; agus, an tráṫ do ḃraiṫ daoine é ar tí sgeula do ḋéunaṁ air do'n easbog do gaiḃ eagla an smaċta céadna é, agus d'éulaiġ sé gan ḟios; agus ní ḋeárnaiḋ sé cóṁnuiḋe nó go ráinig sé an ċaṫair d'arab ainm Geneva, do ḃí ró ḃuaiḋearṫa re n-a bprionnsa féin; agus annsin do ṫionnsgain sé ar ḃeiṫ in a eiriceaċ agus an t-aifrionn do ċur ar gcúl. Mar sin do gaċ millteóir eile do lean Luther agus Calvin do na barántaiḃ breugaḋ do sgríoḃaḋ go sgigeaṁuil ar an Eaglais Rómánaiġ, ní ḃfuil ionnta aċt cliar ċuirpe ċollaiċ, do ċlaon a gcuing ċráḃaiḋ, agus do ċuir druim re Dia, agus uċt ar imreas, agus mar díḃfeirg ċum na hEaglaise tré ḃeiṫ ag a smaċtuġaḋ in a n-olcaiḃ aimhianaċa féin.

An dara feaċt, is follus as foġluim Luther gurab ó'n Diaḃal ṫáinig dó an t-aifrionn do ċur ar gcúl; óir do ḋeonaiġ Dia dó a sgríoḃaḋ d'á láiṁ féin 'san gceaṫraṁaḋ caibidil de'n leaḃar do sgríoḃ sé ar an aifrionn do ċur ar gcúl, mar do ḃí sé cúig bliaḋna deug ag díospóireaċt ris an Diaḃal, d'á ċoṫuġaḋ air gur ṁaiṫ an gnás an t-aifrionn; agus i bfóirċeann na haimsire sin, mar do ċlaoiḋeaḋ ris an Diaḃal é; agus mar do ċruṫuiġ de réasúnaiḃ air naċar b'ionġabṫa an t-aifrionn. Créad is iontuigṫe as an adṁáil so Luther aċt gurab foġluim diaḃlaiḋe do ḃí aige, agus gurab ó'n Diaḃal ṫáinig an t-aifrionn do ċur ar gcúl agus do ċloḋ. Dá bfiafraiġeaḋ Luther nó Calvin cia an áit 'san Scriptúir ionar órduiġ Dia an t-aifrionn, léiġtear leó 'san 22 caib. ag Lúcás, mar d'órduiġ Críost Sacraimeint na haltórach do ḋéunaṁ fá ġnéiṫiḃ aráin agus fíona an tan adubairt, "Déanaiḋ so mar ċuiṁniuġaḋ orm-sa." Agus is é níḋ ċialluiġeas Sé annso an níḋ do rigne Sé féin do ḋéanaṁ; agus is é an níḋ do rigne seisean an taifrionn do ráḋ, do réir substainte an aifrinn; óir trí neiṫe atá de ṡubstaint anns an aifrionn. An céad níḋ díoḃ, an aḃlann agus an fíon do coisreagaḋ. An dara níḋ, iad araon d'offráluġaḋ suas ċum an Aṫar uile-ċoṁaċtaiġ. An treas níḋ, caiṫeaṁ fola agus ċuirp Críost fá ġnéiṫiḃ an fíona agus an aráin. Agus do réir Lúcáis, 'san gcaibidil céadna, do rigne Críost gaċ níḋ díoḃ so. Ag so briaṫra Lúcáis ag labairt ar Ċhríost—"Do ġlac an t-arán (ar sé), do ruġ buiḋeaċas, do ḃeannuiġ, do ḃris, agus ṫug d'á ḋeisgioblaiḃ é, ag ráḋ—"Glacaiḋ agus iṫiḋ, ag so mo ċorp féin; glacaiḋ agus iḃiḋ, ag so m'ḟuil féin; déanaiḋ so mar cuiṁniuġaḋ orm-sa."

Tabair dod' aire, a léiġṫeóir eagnuiḋe, mar aduḃairt Sé—"Déanaiḋ so," ag ciallugaḋ an aifrinn aduḃairt Críost an tan sin, do réir na dtrí niṫeaḋ so aduḃramar ḃuaineas re substaint an aifrinn—eaḋon, an t-arán agus fíon do coisreagaḋ, d'offráluġaḋ agus do ċaiṫeaṁ; agus naċ é aduḃairt, mar adeir Calvin—"Ag so samuil nó siogar mo ċuirp agus m'ḟeola-sa." Atáid, ceana, neiṫe eile diaḋa so-ṁolta 'san aifrionn, ḃuaineas re n-a onóir naċ ḃfuil d'á substaint. Do ċuireadar an Eagluis do ḃun craḃaiḋ agus caondúṫraċta ann, téid in onóir do Ḋhia agus i soi-leas do ḃeoḋaiḃ agus do ṁarḃaiḃ; mar atáid orṫanna, solás, eipisteleaċa, soisgéil, preasaiḋe, agus gaċ níḋ eile d'á ḃfuil anns an aifrionn, leaṫ amuiġ de na trí neiṫiḃ úd ḃuaineas re n-a ṡubstaint. Is iontuigṫe mar an gceudna as na briaṫraiḃ reaṁráiḋṫe gurab ris na sagartaiḃ aṁáin, agus naċ ris an bpobal gcoitċeann, ḃuaineas an taifrionn do ráḋ; aṁuil is follus 'san 22 caibidil ag Lúcás, mar a n-abair sé gurab do na deisgioblaiḃ, do ḃí in a sagartaiḃ an tan sin, d'órduiġ Críost an taifrionn do ráḋ ag cuiṁniuġaḋ a ṗáise. Tig Chrysostomus leis so 'san 30 Homilia do ċum pobail Antiochia—"Tusa, a ṫuaṫa (ar sé), an tan do ċíḋfir an sagart ag offráluġaḋ, ná mear gurab é an sagart aṁáin atá ag a ḋéanaṁ, aċt gurab í láṁ Ċhríost go do-ḟaicsiona atá ag a ḋéanaṁ."

AN DARA CAIBIDIL.

In a dtráċtar anaġaidh na nEiriceaċ, agus in a suiḋtear gurab sacrafaic nó íoḋbairt an tAifrionn.

Adeir Malachias annsan gcéad ċaibidil—"O ṫurgabháil gréine go fuineaḋ is mór m'ainm-se idir na cineaḋaċaiḃ; agus íoḋbarfuiḋear agus offálfuiḋear annsan uile áit am' ainm-se íoḋbairt glan." Adeir Damascenus, 'san 14 caib. de'n 4 leabhar do sgríoḃ ar an gcreideaṁ gcoitċionn, gurab ar íoḋbairt an Aifrinn do labhair Malachias go fáiḋeaṁail ann so. Ag so briaṫra Damascenus—"Is í so an íoḋbairt glan, neaṁ-ḟolaṁail, adubhairt an Tiġearna, i mbeul an fáiḋ, do déantaoi do offálugaḋ dó féin ó ṫurgabháil gréine go fuineaḋ." Agus dá n-abraḋ Luther nó Calvin gurab í íoḋbairt na Páise do ṫarrngair an fáiḋ, ní fíor dóiḃ é, óir níor hoffálaḋ íoḋbairt na Páise aċt ar Sliabh Calvary aṁáin; agus do b'í a ḃfaisdine an íoḋbairt úd d'offálugaḋ ó ṫurgabháil gréine go fuineaḋ. Mar an gcéadna, is íoḋbairt glan do ṫarrngair ann, agus níor b'íoḋbairt glan íoḋbairt na Páise, ó ḋoirteaḋ fola, giḋeaḋ do bí glan i dtaoiḃ a substainte: ar an aḋbhar sin, ní ar Páis Ċhríost do labhair an fáiḋ; agus ó naċ ḃfuil íoḋbairt eile ann aċt an tAifrionn is éigean adṁáil gurab ar an Aifrionn do labhair an fáiḋ: agus d'eagla go gcuirfeaḋ aon duine in iongnaḋ créad as a n-abramaoid íoḋbairt neaṁġlan re Páis Ċhríost, ní hé is ionṫuigṫe as go mbiaḋ íoḋbairt na Páise caiḋeaċ nó salaċ, aċt do ḋéanaṁ deifridheaċ idir í féin agus an íoḋbairt annsna ndeárnaḋ doirteaḋ fola, mar do rigneaḋ innti-se annsan Sean-Reaċt. Ní raiḃ íoḋbairt glan ar biṫ ag na cineaḋaċaiḃ roiṁ Pháis Ċhríost, aċt iad ag aḋraḋ do ḋéiṫiḃ bodhra balbha, do réir mar adubhairt Dáiḃiḋ Rí annsan 95 Sailm—"Do bí deaṁain (ar sé) in uile ḋée na gcineaḋaċ;" nó dá n-abraḋ Luther nó Calvin gur fíoruiġeaḋ an ḟaisdine leis an droing de'n ċineaḋ Iudaiġeaċ do sgaipeaḋ agus do sgannraḋ fá ṫrí rannaiḃ an doṁain, do ġaḃ díbirt tré ċogaḋ na nIudaiġeaċ re cineaḋaiḃ eile do bí ag déanaṁ fóirneirt nó fóirégin orra, ní fíor dóiḃ é, óir do ṫugsad an dream díbearṫa sin iad féin ar aḋraḋ do ḋéiṫiḃ bodhra balbha do nós na gcineaḋ eile, do réir mar adeir Dáiḃiḋ annsan 105 Sailm, ag labhairt ar an droing sin—"Atáid (ar sé) ar n-a gcoṁċumsguġaḋ idir na cineaḋaċaiḃ, agus d'ḟoġluim siad a n-oibreaċa: agus do rigneadar óglaċas d'á mbréig-deallbhaiḃ." Do ṫarrngair fós Dáiḃiḋ annsan 49 Sailm, ag labhairt i bpearsain Dé—"Cuirfiḋear íoḋbairt an tSean-Reaċta ar gcúl, agus beiḋ aon íoḋbairt aṁáin ann do ṫaiṫneoṁaiḋ le Dia. Ní glacfad (ar sé) ar do ṫig-se laoiġ náid pocáin dod' ṫréadaib. aċt toirbir do Dhia íoḋbairt ṁolta"—eaḋon. íoḋbairt an aifrinn. Agus is é do ṫairngair Soṗonias 'san dtreas ċaibidil—" An tráṫ úd (ar sé) do ḃéar beul toġṫa do na poibleaċaib: ionnus go nguiḋfidís go léir ainm an Tiġearna, agus go ndéanfaidís óglaċus dó le h-aon ġualainn, no le h-aon ċuing"; agus measaim gurab'é níḋ ċiallaiġeas an aon ċuing so. aon ċuing íoḋbarṫa an aifrinn. Léiġtear fós 'san dara caibidil de'n ċéad leabar de leabraib na Ríoġ. tairngaire ar ṡagartaċt soisgeulta an aifrinn, d'á ċur i gcéill go mbiaḋ comaċta aige. agus go raċaḋ báṫaḋ ar ṡagartaċt an tSean-Reaċta. an tan aduḃairt—" Feacaiḋ (ar sé) tiocfaiḋ laete in a sgairrfaiḋ mé do láṁ agus láṁ d'aṫar, agus dúisceóċaiḋ mé sagart dílear ḋam féin. do ḋéanas do réir mo ċroiḋe agus m'anma féin. agus siubalóċas do láṫair mo ċuirp féin ó ló go ló." Tuig gurab ionann "Láṁ" annso agus comaċta; óir cuirṫear go minic an focal so "láṁ" 'san Scrioptúir ar son ċomaċta; amail adeir Dáibiḋ 'san 118 Sailm—"Atá m'anam féin (ar sé) am' láiṁ féin do ṡíor." Ionnan sin agus "ar mo ċomaċtaib féin." D'á ḃríġ sin is é ċiallaiġeas an :ext úd ṫuas go raiḃ Dia ar ti comaċta na sagart n-Iudaiġeaċ do ċur ar gcúl. agus ar ti na sagart soisgeulta do ċur i gcomaċtaib; agus ó naċ féidir sagartaċt do ḃeiṫ gan sacrifice nó íoḋbairt. agus gurab follus gur cuireaḋ íoḋbairt an tSein-Reaċta ar g-cúl, do réir Phóil. mar a n-abair sé naċ le fuil tarḃ nó pocán do fuasglaḋ sinn. aċt le fuil luaċṁar an Uain neaṁ-urċóidiġ, ní fuláir íoḋbairt soisgeulta do ḃeiṫ ann: agus, ó naċ ḃfuil íoḋbairt soisgeulta ann aċt an tAifrionn, is air do labair Pól. Agus d'á n-abraḋ Luther nó Calvin naċ fuil sagartaċt fíor-inmealaċ soisgéalta ann, aċt sagartaċt folaiġṫeaċ sprioradálta. agus 'san gcéill sin gurab sagart go coitċeann an uile ḋuine. idir fear agus ḃnaoi. éistid re Pól 'san gcúigeaḋ caibidil ċum na nEabraċ, mar a ndéarnaiḋ sé eidir-ḋealuġaḋ idir na tuataḃaib agus na sagartaib. an tan aduḃairt—" An uile easbog (ar sé) tóġḃaṫar as na tuataḃaib, nó as na daoinib eile. oirdeaḋṫar é ar son na ndaoineaḋ annsa na neiṫib in a mbíonn roinn againn re Dia; ionnus go n-offrálaḋ sé tioḋlaicṫe agus íoḋbarṫa ar son ár bpeacaiḋ. agus ar ár son féin. agus ar son an ṗobail." Is iontuiġṫe as na briaṫraib so gurab í an oifig is tairbiġe, tabaċtaiġe. bíos ag an sagart nó ag an easbog (óir is ionann iad) íoḋbairt d'offrálugaḋ ar son a bpeacaiḋ. do réir Phóil. Agus. ó naċ raiḃ le linn Phóil, ná ó soin i leiṫ, íoḋbairt ann aċt an tAifrionn, ní fuláir do Chailbin a adṁáil gurab íoḋbairt an tAifrionn, nó abraḋ dúinn ainm íoḋbarṫa eile do ḃí ann an uair sin nó ó soin i leiṫ. Agus dá n-abraḋ

Luther nó Calvin naċ cóir íoḋbairt do ḃeiṫ ann aċt íoḋbairt in a ndéantar dortaḋ fola, ní fíor dúiḃ é; óir léigtear 'san 14 caibidil i Genesis go ndéarnaiḋ Meilcisidec íoḋbairt aráin agus fíona; agus adeir Lúcás 'san 22 caibidil, go ndéarnaiḋ Críost íoḋbairt d'á Ċorp agus d'á Ḟuil féin, fá ġnéiṫiḃ aráin agus fíona, ann sa suipéar; giḋeaḋ níor doirt aon ḃraon d'á Ḟuil an tan sin. Léigtear 'san dara caibidil de'n ċéad leaḃar de leaḃraiḃ na Ríoġ, go ndéarnaiḋ bean d'ár ḃ'ainm Anna a mac féin, eaḋon, Samuel, d'ofrálugaḋ do Ḋia, agus níor doirteaḋ braon d'á fuil an tan sin. Léigtear ar Ṁuire Ṁáṫair gur offráil sí a Mac féin 'san Teampoll do Ḋia tré láṁaiḃ Shimeoin, sagart. Léigtear fós 'san 12 caib. de'n Epistil do sgrioḃ Pól ċum na Róṁánaċ, gur ġuiḋ sé an pobal Róṁánaċ, d'á iarraiḋ orra a gcuirp féin do ṫaḃairt mar íoḋbairt do Ḋia; giḋ, ní ṫáinig tar ḋortaḋ fola. D'á ḃríġ sin, gan ċead do Luther nó do Ċhailḃin, ní h-éigean dortaḋ fola do ḃeiṫ 'san íoḋbairt.

Fá h-ionaṁail, iomorro, do ṡagartaċt Ṁheilcisidec sagartaċt Ċhríost, do réir Ḋáiḃiḋ 'san 109 Sailm—"Do ṫearḃaiḋ an Tiġearna (ar sé), agus ní ḃuḋ aiṫreaċ leis é, is sagart tu-sa go síorruiḋe, do réir uird Ṁheilcisidec." As so is iontuigṫe, ó's do réir uird Ṁheilcisidec atá Críost, gurab íoḋbairt do réir an uird ċéadna dliġeas Sé do ḋéanaṁ; agus, ó's íoḋbairt aráin agus fíona, gan dortaḋ fola, do riġne Meilcisidec, a ṁacsaṁuil sin dliġeas Críost do gaċ sagart eile d'á ord do ḋéanaṁ. Is cóṁarda so do ċreideaṁuin an geallaḋ úd tug Dáiḃiḋ do Ċhríost, naċar ḃ'féidir a ḃeiṫ sírṁanaċ i sagartaċt Aaron, in a ndéantaoi dortaḋ fola 'san íoḋbairt; óir is follus gur críoċnuiġeaḋ an sagartaċt sin i mbás Ċhríost an tan aduḃairt Consummatum est, agus is éigean an t-sagartaċt do ṫarngair Dáiḃiḋ do ḃeiṫ sírṁanaċ síorruiḋe ann ċum na sairḋine do ḃeiṫ sírṁanaċ.

Níorḃ' éagcosaṁuil Críost agus Meilcisidec do ṡaṁlugaḋ re ċéile, óir fa ríġ agus sagart Meilcisidec, agus mar an gceudna do Ċhríost. Ionann, fós, Meilcisideċ agus "ríġ an ċirt," agus fa h-é Críost, dáiríriḃ "Ríġ an Ċhirt." Adeir fós Pól go raiḃ Meilcisidec gan aṫair gan ṁáṫair; ní h-é naċ raiḃ aṫair agus máṫair aige; aċt níor ḃ'ḟeas annsan Scriopṫúir cia fa h-aṫair nó fa ṁáṫair dó; mar an gceudna do Ċhríost, ní raiḃ aṫair ag a Ḋhaonaċt ar talṁain, ná máṫair ag a Ḋhiaḋaċt ar Neaṁ. Do rinne Meilcisidec íoḋbairt aráin agus fíona an méid gur sagart é; óir d'eagla go measfaiḋe gurab roinn ċoitċeann tug sé d'Abraham do ṡásuġaḋ a ċuirp aṁáin, adeir an Scriopṫúir, d'á ċur i gcéill gur ḃ'feiḋm sagairt do rinne—eaḋon, íoḋbairt do ḋéanaṁ aṁail cuirṫear síos 'san 14 caib. in Genesis, an tan adeirṫear, "óir fa hé sagart an Dé ró árd é"; ionnus dá mbudh biadh coitċeann do ḃí sé do ṫabairt uaidh go mbudh furasda do ḋuine mar é—do ḃí sé 'n a ríġ—a ṁalairt féin d'fáġáil cum bidh ċoitċinn do ḋáil d'Abraham. As gaċ niḋ díoḃ so is inṁeasta gurab fioġair cosṁail do Ċhríost Melcisidec, agus, mar an gcéudna, go raiḃ íoḋbairt Ṁhelcisidec 'n a fioġair ag tuar an Aifrinn.

Atáid trí neiṫe 'n a dtigid íoḋbairt an Aifrinn agus íoḋbairt na Páise le ċéile; ar dtús is ionann an niḋ íoḋbartar 'san Aifrionn agus do híoḋbaireaḋ anns an bPáis, do réir mar adeir Lúcás 'san 22 caibidil—"Ag so (ar sé) mo ċorp féin tioḋlaicfiḋear ar bhur son; ag so m'ḟuil féin doirtfiḋear ar bhur son 'san gCrois. An dara niḋ, amail do ḃí an Pháis i dtairngaire do Ċhríost do ḃí an tAifrionn i dtairngaire do Ṁhelcisidec, do réir Malachias 'san gcéad ċaibidil. An treas niḋ 'n a dtigid le céile go rabadar fíoġraċa agus furḟógarṫa na Páise.

Aċt ċeana, atá eidirḋealuġaḋ eatorra i neiṫiḃ eile. Ar dtús, gur fá ġnéiṫiḃ coiṁiġṫeaċa do íoḋbair Críost é féin 'san suipéir, agus gurab 'n a ċruṫ dílios féin do íoḋbair Sé é féin 'san Pháis; an dara deifir atá eatorra, gurab é fá ċúis do íoḋbairt na Páise le bás agus le doirteaḋ fola Ċhríost, grása, fíor-aontaċt, naoṁṫaċt, agus sláinte ṁarṫanaċ do ġreamuġaḋ dúinn-ne; peacaiḋe an doṁain do ċur ar gcúl; ár dtinneas-na d'iomċar; an diabal do ċlaoiḋ; an bás síorraiḋe do ruagaḋ; an beaṫa ṁarṫanaċ do ḋáil dúinn; dóirse an ḟlaiṫis neaṁḋa d'fosgladh róṁainn, d'ár bhfuasglaḋ, agus leorġníoṁ folláin do ḋéanaṁ 'san bfolṁaċ éagcóraċ do rigne an céad aṫair ó'r ṡáraman i bParaṫas.

Íoḋbairt an Aifrinn, ċeana, is é is feiḋm di ḃeiṫ 'n a cuiṁniuġaḋ ar an bPáis, 'n a sgoidsine agus 'n a coṁarṫa cumainn againn, d'ár dtaṫuġaḋ le toċar na Páise agus 'n a sásuġaḋ spioradálta d'ár n-anamnaiḃ, agus do ḃeir meuduġaḋ grása do na fíreunaċaiḃ, amail do ḃeir beaṫa corporḋa, sás agus meuduġaḋ ar fuil agus ar feoil an tí ċaiṫtear é; is mar sin do ġníḋ íoḋbairt an Aifrinn, atá 'n a biaḋ spioradálta, do ḃeir sé sásuġaḋ agus meuduġaḋ do na grásaiḃ bíos i n-anam an fíréin. Tig de fós giorraḋ do ċur ar ṗiantaiḃ na n-anam i bpurgadóir. Feudaim a ráḋ gur híoḋbaraḋ Críost ar trí moḋaiḃ freagras do na trí reaċtaiḃ, mar atá Reaċt na Nádúire, Reaċt Ṁhaoise, agus Reaċt an tSoisgéil. An ċéad moḋ díoḃ, 'san gcéad reaċt, do híoḋbaireaḋ Críost go fioġarṫa i mbás Abel do marḃaḋ le Cáin, do réir mar adeir Eoin 'san 13 caibidil in Apocalypsis—"Atá an t-Uan ar n-a ṁarḃaḋ (ar sé) ó ṫús an doṁain." Ag ciallúġaḋ báis Abel do marḃaḋ i dtús an doṁain, do furḟógraḋ go reaṁ-ḟáiḋḟiosaċ íoḋbairt na Páise. Mar an gcéudna do híoḋbaireaḋ go fáṫaċ, fioġarṫa, é 'san reiṫe do ṫaisbéan an t-aingeal do Abraham ċum ioḋbarṫa tar ċeann Isaac, aṁuil léigtear 'san 22 caibidil in Genesis. An dara moḋ in a n-ioḋbairṫear é, do réir an dara reaċta, ar úrlár na Croiċe in a pháis, aṁail adeir Pól 'san gcúigeaḋ caibidil ċum Ephesians, "Tug Críost (ar sé) annsaċt dúinn, agus do ṫioḋlaic Sé é féin mar offráil ar ár son agus mar ioḋbairt do Dhia." Is ris an niḋ gcéadna buaineas an niḋ adeir Isaias 'san 35 caibidil, an tan adubairt, ag labairt go fáiḋeaṁuil ar Ċríost—"Do hioḋbaireaḋ é do ḃríġ gur b'í sin a ṫoil féin." An treas moḋ in a n-ioḋbarṫar Críost, do réir an treas reaċda, go sacramainteaṁuil, nó go fáṫ-rúnda, folaiġṫeaċ, fá ġnéiṫib coiṁiġṫeaċa, mar atá fá ġnéiṫib aráin agus fíona 'san Aifrionn, do réir mar do ṡuiḋeoċam, agus mar do suiḋeaḋ linn go soiċe so. Agus is ar an moḋ ndeiġionaċ so ġnáṫuiġear an Eaglais Críost d'ioḋbairt, agus ní ar an dara moḋ; ní hionann agus mar adeirid na h-éiriciḋe. Is gnáṫaċ, iomorro, leis na hEiriciḋib an tan do ċíḋid aon niḋ somholta ag an Eaglais Chatoilice d'á ḋéanaṁ, naċ feudaid do ċur ar gcúl do Scrioptúir nó d'ughdarás, gabaid ag foċmuid agus ag fonomaid faoi, do ċeilt a nEiriceaċta agus a n-aimbfiosa féin, do ṁeallaḋ agus do ḃreugaḋ tuataḋ leanas d'á sliġtib seaċránaċa féin.

Is fíor gurab le linn a ioḋbarṫa féin, agus ar dtús ar an dtreas moḋ so 'san Suipéir, do ṫionsgain Sé an nuaḋ-fiaḋnuise—eaḋon, an treas reaċt, dárab ainm Reaċt Soisgéalta, agus gurab í sin an dara gné in ar hioḋbaireaḋ é—eaḋon, 'san ḃráis do ċríoċnuġaḋ an tSean Reaċta aṁail adubramar ṫuas. Dá n-abraḋ Luther nó Calvin naċ maiṫ tuigtear linn an tarngaire do rinne Dáiḃiḋ do ṡagartaċt ríoġḋaiḋe Mheilcisideic tré na ráḋ dúinn gurab re Críost buaineas sí, éistear leo le portaḋaib foirtille na fírinne, mar atáid aiṫreaċa eagnaiḋe úghdarásaċa na hEaglaise, agus do ċluinfid uaṫa go follus gurab é Críost fa ċursóir comhráiḋ do Dháiḃiḋ 'san rann reaṁráiḋte úd ṫuas do haiṫléiġeaḋ linn. Ag so ċeana, mar adeir Cyprianus 'san treas Episteil de'n dara leaḃar—"Do hioḋbaireaḋ (ar sé) le Críost an niḋ do hioḋbaireaḋ le Meilcisideic"—eaḋon, arán agus fíon: ionann sin re a ráḋ—agus a ḟuil agus a ḟeoil féin. Adeir Damascenus 'san 14 caibidil de'n ċeaṫramhaḋ leaḃar—"Le harán agus le fíon (ar sé) do ġlac Meilcisideic (fa sagart do'n Dia ró árd) Abraham ar ḃfilleaḋ dó iar marḃaḋ na n-eaċtrannaċ." Fa roiṁ-ḟioġair an ḃórd úd Mheilcisideic do'n ḃórd ġlanrúnda so againn-ne, aṁail fa ioṁáiġ agus fa fíoġair an tsagartaċt úd Mheilcisideic do Ċhríost, an fíor-ṡagart ríoġḋaiḋe aṁáin. Adeir Epiphanius, ag sgríoḃaḋ anaġaiḋ Eiriciḋe Melchidianus—"Ciallaiḋ (ar sé) ioḋbairt Mheilcisideic an té úd a dubairt, 'Mise an t-arán beó'; agus ciallaiġ fós an fhuil do buaineaḋ ar a ṫaoḃ 'san gCrois." Adeir Ieronimus, 'san eipistil do sgrioḃ ċum Marcella—"Do iodbair (ar sé) Meilcisidec arán agus fíon i gcruṫ nó i bfioġair Chríost." Adeir Ambrós, 'san dtreas ċaibidil de'n ċéad leabar do sgríoḃ do'n tSacramaint go na h-altórać—"An tan ṫarlaiḋ an sagart Meil-cisidec ar Abraham, iar mbreiṫ mbuaḋa, agus do h-iodbaireaḋ leis arán agus fíon dó." Adeir S. Aibistín, 'san 17 caibidil de'n 17 leabar do sgrioḃ sé ar Fhlaiṫeas Dé—"Anois (ar sé) ní ḃfuil sagartaċt ná iodbairt in aon áit 'san doṁan do réir uird Aaron, agus iodbarṫar fá'n sagart Críost 'san uile áit an nós do ḋáil Meilcisidec."

Adeir an fear céadna, ag sgrioḃaḋ ar an 33 Salm—"D'ordaiġ Críost (ar sé) iodbairt d'á Ċorp agus d'á Fhuil féin do réir uird Mheilcisidec." Adeir Arnobius, do ṁair i gcionn 300 bliaḋan andiaiġ Chríost, ag sgrioḃaḋ ar an 109 Salm—"Maille ré fáṫrún arán agus fíona (ar sé) do rinneaḋ sagart de Chríost go síorruiḋe, do réir Mheilcisidec do rinne iodbairt arain agus fíona." Ar ráiḋtiḃ na druinge adubramar is follus (gan ċead do Luther no do Chailbin) gurab ar sagartaċt Chríost do labair an ráiḋ; agus do ḃriġ gur ġeall sé a beiṫ síorruiḋe, is increidte go mbeiḋ sí ar bun go deireaḋ an doṁain. Agus, ó naċ ḃfuil sagartaċt ann gan iodbairt, agus naċ raiḃ riaṁ, ní fuláir iodbairt do beiṫ ann do réir sagartaċta Chríost agus Mheilcisidec; agus ní ḃfuil iodbairt eile ann aċt an tAifrionn: nó, má tá, innseaḋ Luther nó Calvin nó a lorgairiḋe é—agus, ar an aḋbar sin, is iodbairt an tAifrionn. Adeir, ċeana, Theophilactus, ag cur gluaise ar an gcúigeaḋ caibidil de'n Eipistil do sgrioḃ Pól ċum na nEabraċ—"Is uime (ar sé) a deirṫear gur sagart Críost go síor-ruiḋe, do ḃriġ go n-iodbarṫar é go laeṫeaṁuil, agus go n-ofrálṫar é go síorruiḋe mar iodbairt le sagartaiḃ Dé, iar mbeiṫ do Chríost i n-aoinfeaċt in a easbog agus in a sagart aca"; 880 bliaḋan andiaiġ Chríost do'n fear so.

AN TREAS CHAIBIDIL.

In a Suiḋtear an Niḋ Céadna.

Ag so áiṫiuġaḋ na naiṫreaċ is barántaṁla táinig andiaiġ Chriost annsan Eaglais, leaṫ-amuiġ do na h-Abstalaiḃ agus do na Deisgiobalaiḃ; agus sgriobṫa in a ndiaiġ féin cia an saoġal andiaiġ Chriost in a raiḃ gaċ aon aca.

Ag so mar adeir Martialis annsan eipistil do sgrioḃ ċum pobuil Bárdaise — "Tiodlaicṫear (ar sé) iodḃairt do Dhia an Cruṫuiġṫeóir ar an altóir, agus ní do ḋuine ná do aingeal offráltar í." Is follus i mbriaṫraiḃ an fir so go raiḃ iodḃairt altóra ann le n-a linn féin. Aċt giḋ adeir Luther agus Cailḃin naċ raiḃ iodḃairt ar biṫ ann ó do cuireaḋ Críost ċum báis; giḋeaḋ fágḃaim fá ḃreaṫnuġaḋ an léiġṫeóra cia córa sgeul an fir so do ċreideaṁuin, do ḃí in a ḋuine naoṁṫa, agus fa deisgiobal do Pheadar, agus do ċonnairc Críost go minic, ná Luther agus Cailḃin do ḃí mar do ċualaḃar féin.

Adeir Tertullian, annsan leaḃar do sgrioḃ ag suráileaṁ na geanmnuiḋeaċta do ċoiṁéad — "Cuiriḋ (ar sé) úġdarás na h-Eaglaise eidirḋealuġaḋ idir an luċt uird agus an pobal, óir do ġníoḋṫear iodḃairt agus baisde ris an sagart." Agus dá n-abraḋ Luther nó Calvin gur ab idir uaisle agus anuaisle an pobail do ġniḋ sé eidirḋealuġaḋ annso, agus idir fear agus ṁnaoi; naċ idir sagartaiḃ agus tuataḃaiḃ, agus go mbuḋ sagart gaċ aon duine; aṁail a deir sinn, éisteaḋ leis an uġdar gceudna, 'san leaḃar do sgrioḃ sé ar na maiġdeanaiḃ — "Ní fuilingṫear (ar sé) do ṁnaoi annsan Eaglais laḃairt ná múnaḋ ná baisdeaḋ ná iodḃairt do ḋéanaṁ." Is follus i mbriaṫraiḃ an fir so go raiḃ iodḃairt agus sagartaċt speisialta ann le n-a linn féin; agus naċ raiḃ coitċeann ag an uile ḋuine: 160 bliaḋan andiaiġ Chriost do ḃí an fear so ann.

Adeir Origenes, 'san 20 Homilia, ag cur gluaise ar Leviticus — "Atáid anois (ar sé) an Eaglais ag iodḃairt Chriost, an iodḃairt fírinneaċ do ḃí ar na fioġaruġaḋ annsan tSean Reaċt"; 230 bliaḋan andiaiġ Chriost do'n fear so ann.

Adeir Cyprianus naoṁṫa 'san eipistil do sgrioḃ ċum Cecilius — "Ní h-iodḃarṫar (ar sé) iodḃairt an Tiġearna maille re naoṁṫaċt ḋlisdineaċ muna bfreagraiḋ ár n-offráil agus ár n-iodḃairt-ne do'n páis; agus muna raiḃ sí cosaṁuil ris i gcásaiḃ d'áiriġṫe;" 250 bliaḋan andiaiġ Chriost do'n fear so.

Adeir Athanasius, ag cur gluaise ar an eipistil ro sgríoḃ Pól ċum na n-Eabraċ—"Is follus (ar sé) go ḃfuil aon íoḋbairt aṁáin againn anois; aċt ġiḋ, do ḃí iomad 'san tSean Reaċt." Is follus i mbriaṫraiḃ an ḟir so go raiḃ íoḋbairt in a aimsir féin ann; 330 bliaḋan andiaiġ Chríost do'n ḟear so.

Adeir Hieronimus 'san dara ceist do sgríoḃ sé ċum Hebedia—"Ioḋbarṫar linn (ar sé) a ḟuil rúd go laeṫeaṁuil in a ioḋbartaiḃ de ġeugaiḃ fíneaṁna ḟíre"; 400 bliaḋan andiaiġ Chríost do'n ḟear so, agus fa gabal de ceiṫre ġablaiḃ na hEaglaise é.

Adeir S. Aibistín 'san deaċṁaḋ leabar ro sgríoḃ ar flaiṫeas Dé—"Do coisgeaḋ (ar sé) na hioḋbarṫa bréige do'n ḟíor-ioḋbairt ró-ṁór so." Agus dá n-abraḋ Luther nó Calvin gurab ar ioḋbairt na Páise ṫug sé "an ioḋbairt ró-ṁór so," éisdidís ris an ḃfear gcéadna 'san 23 eipistil do sgríoḃ ċum Bonifacius, agus tuigfid as sin gurab ar ioḋbairt an Aifrinn labras—"Naċ an aoinḟeaċt aṁáin (ar sé) do ioḋbarṫar Críost ann féin, maiseaḋ ṫairis sin, ní heaḋ aṁáin ioḋbarṫar é an uile ḟéasda na Cásga 'san tsacraimeint, aċt ioḋbarṫar é gaċ aon lá do na poibleaċaiḃ; agus ní ḋéanaḋ breug an tí dá ḃfiafróċaiḋe an ndéantaoi dó ioḋbairt, dá ḃfreagraḋ ag ráḋ go ndéantar."

Léiġtear i mbeaṫa S. Ambréas go ndubairt sé na briaṫra so, ag ráḋ—"Ioḋbarṫar do Dhia Uile-ċoṁaċtaċ an t-uan neaṁ-ċaiḋeaċ gaċ aon lá." Agus dá n-abraḋ Luther nó Calvin naċ ḃfuil annso aċt ráḋ na hEaglaise, agus d'á ḃríġ sin naċ cóir creideaṁuin do, éisdidís ris an ḃpríoṁ-ugdar ḃaránṫaṁuil, S. Aibistín, agus tuigfid as a ḃriaṫraiḃ go ndleaġṫar teist n-a hEaglaise do ġabáil. Ag so, ċeana, mar adeir sé 'san eipistil do sgríoḃ sé ċum Hieronimus—"Ná déanaḋ (ar sé) aon duine breaṫnuġaḋ anaġaiḋ ġnáṫaḋ ró-ḃeannuiġṫe na hEaglaise; óir atá a húgdarás ċoṁ mór sin, ionnus naċ féidir le haon duine leanfas di dul amuġaḋ ná ar caráid"; 400 bliaḋan andiaiġ Chríost do'n ḟear so.

Rabbi Apprensas, ugdar Eabraċ, ag tarrngaire ar ioḋbairt an Aifrinn—"I n-aimsir na tarrngaire tiocfaiḋ duine darab ainm Messiah (ar sé) coisgfiḋ na huile ioḋbarṫa, giḋeaḋ ní ċoisgfiḋ ioḋbairt an aráin agus an ḟíona go bráṫ."

Adeir Alexander, Pápa agus mairtíreaċ, an seaċtṁaḋ pápa andiaiġ Pheadair, 'san ceaṫraṁaḋ canóin—"Ní féidir (ar sé) aon niḋ ḃeiṫ anns na hioḋbarṫaiḃ is mó ioná Corp Chríost agus a ḟuil; agus ní féidir ioḋbairt is uaisle ioná í d'ḟáġail; aċt do sáruiġ sí an uile ioḋbairt."

Adeir Isidorus, 'san ċéad leabar do ṁúnaḋ na gCríostuiġṫeaḋ—"Creidim (ar sé) gurab ó na hAbstalaiḃ féin do ḟriṫ ioḋbairt d'ofráluġaḋ ar son na marḃ, do ḃríġ go ḃfaicim d'á ċoiméad mar nós é ar feaḋ na talṁan."

Léiġtear 'san seiseaḋ agus 'san seaċtṁaḋ caibidil ag Leviticus, go raḃadar cúig gnéiṫe íoḋbarṫaḋ ann: an ċéad ġné ar a dtaḃradaois íoloscaḋ, nó uile loscaḋ, mar i ndéantaoi an beaṫaḋaċ uile do loscaḋ ann; an dara gné hioḋbarṫa, íoḋbairt aráin tsliṁ ar a gcraiċti ola; an treas íoḋbairt, íoḋbairt na síṫeólaċta; an ceaṫramaḋ hioḋbairt, an peacaḋ gníoṁaċ, nó an peacaḋ do ġníḋ duine re faill; an cúigeaḋ íoḋbairt, íoḋbairt an ġlanta. Tigid, iomorro, na cúig gnéiṫe íoḋbarṫaḋ so re ċéile i n-íoḋbairt Chríost; óir ar dtús sa huile loscaḋ é, do ḃríġ go raiḃ ar lasaḋ de ṫeine an ġráḋa 'san gcrann ċéasda agus d'ofráil sé é féin go huile ċum an duine d'ḟuasglaḋ go hiomlán; an dara feaċt, sa hioḋbairt an aráin tsliṁ é, mar is follus anns an aḃlainn ar a gcuirtear ola gáirdeaċais na ngrás. An treas feaċt, is íoḋbairt síṫeólaċta é: óir re linn Pháise níor laḃair aon focal garg, agus do ṫarraing síoṫċáin agus síṫeólṫaċt ar neaṁ agus ar talaṁ. An ceaṫramaḋ feaċt, sa íoḋbairt peacaḋ—eaḋon, ar son peacaċ—é; do réir mar adeir Pól 'san 5 ċaibidil de'n dara eipis. ċum na gCoirinnteac—"Óir. gion go ndearnaḋ sé peacaḋ (ar sé, ag laḃairt ar Chríost), do rinneaḋ ar ár son-ne na peacaċ"—eaḋon, díolungeaċt ar son peacaċ Dé.

An cúigeaḋ feaċt, sa íoḋbairt ġlanta é; óir do ġlan sé sinn go léir ó n-ár bpeacaḋaiḃ, do réir mar adeir Eoin 'san ċéad ċaibidil de'n ċéad eipistil ċanónta—"Glantar sinn (ar sé) le fuil Íosa, a ṁac féin ó'n uile peacaḋ." Agus dá n-abraḋ Luther nó Calvin gurab'é adubairt Críost—"Déantar so liḃ," agus naċ é adubairt—"Íoḋbarṫar so liḃ." Ḃíoḋ a ḟios aca, de ṁoḋ laḃarṫa na n-Eabraċ, go n-abarṫar go minic an focal so "déantar," ar son an ḟocail so "íoḋbarṫar," mar is follus ar na hionadaiḃ so síos an Sgrioptúra. Adeir Dáiḃid 'san 65 Sailm—"Do ḋéan duit (ar sé) baṫ mar aon le pocánaiḃ." Ionann sin re a ráḋ agus—"Do ḋéan íoḋbairt de ḃuaiḃ agus de ṗocánaiḃ duit." Léiġtear fós 'san 9 caibidil de'n treas leaḃar de leaḃraiḃ na Ríoġ, mar a n-abair—"Do rigne Solaṁ uile loscaḋ." Léiġtear arís 'san 18 caib. de'n leaḃar ceudna mar a n-abair Elias—"Do ḋéan (ar sé) bó eile." Mar an gcéadna 'san 13 caib. de'n leaḃar na mḃreiṫeaṁan—"Má's áil leat uile loscaḋ do ḋéanaṁ." Léiġtear, 'san 23 caib. ag Leviticus na briaṫra so—"Déanaiḋ pocáin ar son ḃar bpeacaḋ." Ar na h-ionadaiḃ so tuigtear go follus go n-abarṫar an focal so "déantar" ar son an ḟocail "íoḋbarṫar." Óir dá mbuḋ i gcéill Luther nó Calvin do ṫuigfeamaois na h-áite reaṁráiḋte, dob' ionnan é agus tarḃ nó pocán do ḋéanaṁ do ṡáiḋiḃ, do ḃríġ naċ féidir, do réir nádúra, baṫ do ċruṫuġaḋ gan tarḃ d'á ndéanaṁ.

Do ḃárr ar gaċ fuiḋioll dá dtugamar linn anuas óirt, a léiġṫeóir, le teist ár n-eascarad—Lúitear ag déanaṁ fiaḋnaise linn—ag aḋmáil go ḃfuil íoḋḃairt ann. Ag so mar adeir 'san nGluais do sgrioḃ ar an 109 Sailm—"Créad é an fáṫ (ar sé) ḃí ag an ḃfear úd d'offráil aráin agus fiona do láṫair Abraham? Is é ċiallaiġṫear súd (ar sé) sagart-aċt Chriost 'san mbeaṫa aimsearḋa so go deireaḋ an doṁain: agus fós go ndéantar leis é féin d'íoḋḃairt 'san Eaglais ar an altóir i sac-ramaint folaiġṫeaċ a ċuirp ró naoṁṫa agus a ḟola luaċṁaire féin."

Is iomḋa fuiḋioll ḃaránṫaṁuil eile do ḃéarainn anuas annso, aċt go measaim gur leór gaċ teist d'á dtugas, mar aon le fiaḋnaise Luther féin; áḋḃar eile fós d'eagla go mbeiḋinn liosda do'n léiġṫeóir.

AN CEATHRAMHADH CAIBIDIL.

Thráċtar go mórálta, no go fáiṫċiallaċ, ar an Aifrionn, agus ar ḟanarán an ḟocail céadna.

Ní ṫigid miniġṫeóirиḋe an Bhiobla ná luċt sgríoḃaiġṫe na Sgriop-túra le ċéile timċeall fanaráin nó bunaḋais an ḟocail so "Missa"—eaḋon, Aifrionn. Adeirid, iomorro, cuid aca gurab 'n ḃfocal Laidne—eaḋon, Missa est, atá ar cur. Adeirṫear é, "do ḃríġ (ar siad), go gcuirṫear íoḋḃairt an Aifrinn ċum an Aṫar Uile-ċuṁaċtaiġ." Adeirid cuid eile díoḃ naċ ó'n ḃfocal Laidne—Missa est—ṫáinig ar dtús, aċt ó'n ḃfocal Eaḃra, Misach—eaḋon, íoḋḃairt. Is é réasún na druinge so sis, do ḃríġ gurab'é Peadar agus S. Seamus aduḃairt an t-Aifrionn ar dtús, agus gurab annsan teangain Eaḃra aduḃradar é, agus na deisgioḃail do ḃí aca ag timṫireaċt dóiḃ sul do sgaraḋ ó ċéile fá ċríoċaiḃ éagsaṁla na cruinne leis na hAḃstalaiḃ iad, rugsad leo an t-ainm do ċluinidís ag na hAḃstalaiḃ ar an Aifrionn in a mbeulaiḃ—eaḋon, Messiah [Mashiach], mar is follus ar feaḋ na hEorpa idir an ċléir; aċt, giḋeaḋ do ġnid focal Laidne de ag buain ċoda de, d'á ċur i n-oireaṁuin do'n Laidin. Ní ċuireann aon níḋ in a aġaiḋ so a ráḋ, go mbeiḋeaḋ ainm cinnte fá leiṫ i mbeurla nó i dteang-ṫaiḃ gaċa críċe, i n-eagmais an anma ċoitċinn úd—eaḋon, Messiah, mar atá Aifrionn i nGaoiḋeilg, Liturgia i nGréigis, agus Mass i mbeurla Sacsonaċ. Agus is í baraṁuil na druinge deiġionaiġe is mó ṁeasaim do ḃeiṫ fírinneaċ. Bíoḋ a ḟios agat, a léiġṫeóir, go ḃfuilid trí teangṫa annsan Aifrionn, mar atá Eaḃra, Gréigis, agus Laidion; Eaḃra .i. Hosanna; Gréigis, ċeana, Kyrie Eleison; agus Laidion, urṁór an Aifrinn ó soin amaċ. Is é fáṫ, iomorro, fá'r órduiġ an Eaglais so mar ċuimhniuġaḋ ar an íoḋbairt fola úd do rinneaḋ ar altóir na croiċe air ar sgríoḃaḋ na trí teangṫa so, de ḋeoin Dé tré ḋiaṁairċéill. Ag so an sáṫrún fá'r ḋeonaiġ an Spiorad Naoṁ a sgríoḃaḋ—eaḋon na trí háiḋṁillte nó na trí hanága do ḃí, do réir an tSean-Reaċta, andiaiġ na croiċe, mar atá mallaċt, leiṁe, agus bruid, do ḃriġ go raiḃ a ḃara fá Ċríost 'san gcroiċ na trí haiḋṁillte sin d'iompoḋ ċum trí soċar, mar atá beannaċt, eagna agus saoirse. Ciallaiġṫear anns na trí teangṫaiḃ úd in ar sgríoḃaḋ, gairm agus teidiol Ċríost ar an gcroiċ. Is uime sin do ḋeonaiġ an Spiorad Naoṁ a sgríoḃaḋ ann; an Eaḃra, iomorro, an teanga naoṁṫa: an Laidion teanga na n-árd-ḟlaṫ; agus an Ghréigis, teanga na n-eagnuiḋeaċ. Agus do ḃriġ gurab sompla agus cuiṁniuġaḋ ar íoḋbairt na Páise íoḋbairt an Aifrinn, d'órduiġ an Eaglais na trí teangṫa úd do ḃeiṫ 'san Aifrionn, ag cuiṁniuġaḋ na dtrí soċar gcéadna d'fág Críost ag na fíreunċaiḃ agus fós d'á ċur i gcéill go dtig na trí soċair úd do'n Aifrionn—eaḋon, beannaċt, eagna, agus saoirse, giḃé fíreun éistfear é. ▮ Taḃair dod' aire—do réir S. Tomáis, 'san seiseaḋ h-airteagal de'n 73 ceist, de'n treas ċuid de "Summa" a Ḋiaḋaċta—go ḃfuilid trí neiṫe ċiallaiġear an íoḋbairt so an Aifrinn go fioġairṫeaṁuil, mar atá íoḋbairt Mheilcisdeic, agus na híoḋbarṫa fola, agus an ṗlúr neaṁḋa. Tuig fós go ḃfuilid trí neiṫe eile i Sacraimeint na haltóra. An ċéad níḋ an Sacmeint tur—eaḋon, arán agus fíon; agus ar an moḋ so ċiallaiġear íoḋbairt Mheilcisdeic. An dara níḋ—Sacraimeint—agus an níḋ féin, mar atá fíor Ċorp Ċríost, agus is ar an moḋ sin ċiallaiġear an uile íoḋbarta fola an tSean-Reaċta. An treas níḋ atá ann, ar a ngoirṫear an níḋ aṁáin, mar atá déanṁus neiṫ na Sacraimeinte, agus is ar an moḋ so ċiallaiġear an plúr neaṁḋa; óir aṁuil do ḃíoḋ blas gaċ neiṫ do ḃíoḋ do ṁian ar ḋuine ar an bplúr neaṁḋa, ionnus an tí air a mbíoḋ mian mairtḟeola, gurab blas mairtḟeola do ġeaḃaḋ air, agus an tí air a mbíoḋ mian feola cearc, do ġeoḃaḋ sé blas feola cearc ar an bplúr; agus mar sin do gaċ mian eile ó sin amaċ; agus mar an gceudna do ḋéanṁus neiṫe na Sacraimeinte so—eaḋon, do na grásaiḃ oibriġear 'san ḃfíreun, atáid na huile ṁianta soṁolta ionnta.

Adeir an t-ugdar céadna gur ċiallaiġ an t-uan cásga an tSacraimeint so ar na trí moḋaiḃ reaṁráiḋte. Ar dtús is aṁlaiḋ do caittí leó an t-Uan Cásga mar aon le h-arán slim, do réir mar adeir Maoise 'san 12 caibidil in Exodus—"Iossaiḋear (ar sé) feoil agus arán slim," ag labairt ar an moḋ in ar ċóir do'n ċineaḋ Iudaiġeaċ an t-Uan Cásga do ċaiṫeaṁ. Mar an gceudna caiṫtear linn-ne go sacraimeinteaṁuil feoil an Naoṁ-Uain neaṁ-urċóidiġ, mar aon le haicidiḃ an aráin tslim

.i. na haḃlainne. An dara feaċt ar a gciallaiġeann an tSacramaint so an t-Uan Cásga: óir mar do ḃíon fuil na hiodḃarṫa úd an Uain, i n-allód an pobal uile ar aingeal an éirliġ, is mar sin ḃíonas fuil an Uain so ar an altóir na gCríostuiġṫe ar aimsiuġaḋ an aiḋḃersóra. An treas modh, do ḃriġ go dtugṫaoi an t-Uan Cásga d'á ċaiṫeaṁ do'n ṗobal mar íoḋbairt an ceaṫramaḋ lá deug do'n Cásga, d'á réim-ḟioġruġaḋ go raiḃ a dtairngaire an fíor-Uan fíorórḋa do ṁarḃaḋ do'n ṗobal anns an ḃráir ar úrlár na croise, an ceaṫramaḋ lá deug do rae.

An Cuigeadh Caibidil.

Thráċtar ar ṁainirċéill ċulaḋ an Aifrinn, agus ar na neiṫiḃ ḃéanas leis an altóir.

Bíoḋ a fios agat, a léiġṫeoir, gurab cosṁuil sir an rioċt in a raiḃ Críost i n-aimsir na Páise, do réir éudaiġ agus innill uile, an cruṫ in a mbí an sagart le linn Aifrinn (níḋ naċ iongnaḋ: óir is ag aiṫris ar Ċhríost in aimsir na Páise bíos an sagart 'san Aifrionn), do réir mar d'órduiġ Pól 'san 11 caib. de'n ċéad eipistil do sgríoḃ ċum na gCorinn-teaċ—"Gaċa ṁonca (ar sé) iosṫaoi an t-arán so, nó iḃṫí an corn foillseoċaiḋ bás an Tiġearna." Ionann sin re a ráḋ agus go mbiaḋ d'ḟiaċaiḃ ar na sagartaiḃ íoḋbarta an Aifrinn d'ofrálugaḋ d'ḟoill-siuġaḋ íoḋbarṫa na Páise, agus d'á ċur i gcuiṁne do na Críostaiġṫiḃ, ionnus go mbuḋ cuiṁin leo gurab de ṡoċar na Páise ṫáinig an cineaḋ daonda d'ḟuasglaḋ ó ḃruid an aiḋḃersóra.

Ar dtús is é ċialluiġeas an ċéad ḃall de'n ċulaiḋ—eaḋon, an Ṁict [Amice] an brat do cuireaḋ um ṡúiliḃ an Tiġearna an tan do ḃíodar na hiúdóil ag gabail de ḃasaiḃ air, ag iarraiḋ air a innsin dóiḃ cia do ḃuailfeaḋ é.

Is é ċialluiġeas an léine Aifrinn, an t-earrad fada bán amadáin do cuireaḋ air an tan do ḃí Sé d'á ċur idir Ṗhiolait agus Ioruait.

Is é ċialluiġeas an crios, an téud cruaiḋ-ṡnigin cnáibe le'r ceangladh caol a ċúim sir an gcolṁuin cloiċe, an tan ḃí sé d'á sgiúrsáil.

Is é ċialluiġeas an manipeil, an cuiḃreaċ do cuireaḋ ar a láṁaiḃ.

Is é ċialluiġeas an stóil bíos in a crois, fá ḃráġaid an tsagairt, an ċroċ fá héigean do Ċhríost d'iomċar go háit a ċéasda.

Is é ċialluiġeas an coċall, an t-eudaċ purpair do cuireaḋ ar Ċhríost le'r buaineaḋ a ċroiceann de iar mbeiṫ créaċtnuiġṫe dó d'éis a sgiursaiġṫe.

GO FATHRUNACH AG SO A GCIALL SUD.

Ciallaiġeaḋ an mict daonnaċt Ċhríost, óir mar foluiġeas an miċt an sagart, is mar sin foluiġeas daonnaċt Ċhríost a ċeann—eadon a ḋiaḋaċt, óir mar is é an ceann cuid is uaisle agus is airde de'n duine is í a ḋiaḋaċta cuid is uaisle agus is airde de Ċhríost; d'á réir sin ní héagcosṁuil an ceann agus an diaḋaċt do ṡaṁluġaḋ le ċéile.

Is é ċiallaiġeas an stól, an ġnáṫċuing uṁlaċta agus fóṁóir do bí do ġnáṫ ag Críost d'á Aṫair.

Is é ċiallaiġeas an léine Aifrinn d'árab nádúir beiṫ geal an ġlaine do bí i gcorp Ċhríost do ġnáṫ.

Is é ċiallaiġeas an crios, cuiḃreaċ an ċumainn le'r ceanglaḋ an nádúir ḋiaḋa agus an nádúir ḋaonna i n-aon pearsain Íosa.

Is é ċiallaiġeas an manipel, an tsaoṫarsal do ċuill Críost 'san ċroiċ, do réir mar do ṫairngair Daiḃid 'san 125 Salm, ag ráḋ—"Tiocfaid (ar sé) agus ar mbeiṫ ag teaċt dóiḃ, do béaraid, maille le luaṫġáir, a ndórnain leó." Agus is é do ṫairngair Daiḃid annso go dtiúḃraḋ Críost, ar mbriseaḋ buaiḋe ar an diaḃal i mbás na croise, na haiṫreaċa as an bpriosún, maille re na ndórnánaiḃ in a láṁaiḃ, mar ċeannaċ láiṁe, a gcaiṫréim na mbuaḋ do ruġ Sé ar a naiṁdiḃ.

Is é ċiallaiġeas an coċall, an grás do-ṫairisneise do bí ag Críost do'n ċineaḋ daonna.

Go morálta ciallaiġid an miċt, an creideaṁ; an léine, glaine an ċoguais do Dhia agus do ḋuine; an crios, geanmnuiġeaċt ċuirp agus inntinne; an stól, fóṁóir do na huaċtaránaiḃ; an manipel, deiṡġréid ċum cuiṁdeaċta roim olc agus maiṫ; agus an coċall, carṫanaċt, nó grás deaġ-ṫoile do Dhia agus do ḋuine.

Is é ċiallaiġeas an altóir, an ċros ċéasda; an ċailís, an tuamba; an paiteana, an leac; an corporas an ṡirléine; an aḃlann anma, Corp Críost; an fíon, an fuil do luig as a ṫaoiḃ; an t-uisge curtar annsan gcailís, an t-allus do ċuir Críost de.

Atáid neiṫe beanas re honóir an Aifrinn, naċ bfuil éigeantaċ, fuiġ-feam do n-ċur so gan teaċt tárrsta, mar atá dias cléireaċ do beiṫ ag frioṫólaṁ an tsagairt, agus, an ċuid is lúġa de, dias do beiṫ ag éisteaċt an Aifrinn, agus a saṁuil eile sin naċ bfuil éigeantaċ anois.

Ag so do na neiṫiḃ do ġníḋ an sagart re ráḋ an Aifrinn. Ar dtús niġiḋ sé a láṁa re ndul 'san gculaiḋ dó, d'á ċur i gcéill go ndliġeann sé a ċoguas do beiṫ glan niġte aige ria ndul do ḋéanaṁ ioḋbarṫa an Aifrinn. Agus is ag cuirp ḋeis na haltóra do ġníḋ sé sin, do bríġ go gciallaiġeann an ċuirp ḋeas stáid na naoṁṫaċta agus na neaṁurċóide in a raib Áḋaṁ, ár gcéad aṫair, sul do rinne sé peacaḋ, aṁuil ċialluiġear an ċurr ċlé sdáid an ṗeacaiḋ iar mbriseaḋ ċánaċ an uḃaill. Cialluiġear fós an ċurr ḋeas an cineaḋ Iúdaiġeaċ, agus an ċurr ċlé an cineaḋ eile. Agus is é aḋḃar fá dtéid an sagart ó'n gcuirr ḋeis gus an gcuirr ċlí, d'á ċur i gcéill go dtáinig creideaṁ agus reaċt Chríost ó'n gcineaḋ Iúdáiġeaċ ċum na gcineaḋaċ eile: agus is uime sin beirear an sagart an leaḃar Aifrinn leis ó'n gcuirr ċlí gus an gcuirr ḋeis i ndeireaḋ an Aifrinn d'á ċur i gcéill go bḟoillsiġṫear an creideaṁ so againn-ne arís ar an gcineaḋ Iúdaiġeaċ i bḟoirċeann na n-aimsear. Ciallaiġiḋ fós an níḋ céadna an t-aṫnuaḋaḋ do rinne Críost ar an gcineaḋ daonda, ó sdáid an ṗeacaiḋ go sdáid na ngrás. Ciallaiġiḋ lár na haltóra bás Críost: óir mar is é lár na haltóra is meaḋon di, mar sin is é bás Críost is meaḋon idir an dá reaċt, agus fós gurab i meaḋon na talṁan fuair bás. Na cúig uaire ḟillear an sagart ar an bpobal 'san Aifrionn is é ċialluiġid na cúig uaire do ṫaisbeán Críost é féin lá na heiséirġe. Is é aḋḃar fá ndéin an sagart é féin do ċoisreagaḋ re huċt an Aifrinn, d'á ċur i gcéill go ndliġeann an uile Chríostuiġe re huċt deaġoibre do ḋéanaṁ, sioġair na croise do ċur ar a éadan, ar a uċt, agus ar a ġualainn, ag ráḋ—"I n-ainm an Aṫar agus an Mhic agus an Spioraid Naoiṁ": óir dliġiḋ an Críostuiḋe an uile níḋ d'á mbiaiḋ aige do ḋéanaṁ ria ndul i gceaṫ dó. Dliġiḋ an díolṁunaċ dá níḋ do ḃeiṫ aige ria ndul i gceaṫ dó, mar atá fuaiṫeantas agus comhairc; agus do bríġ gurab ag caṫuġaḋ ris na trí hearcáiroiḃ atá ag an nádúir ḋaonda ḃíos an sagart: agus fós naċ bḟuil aċt caṫuġaḋ i mbeaṫa gaċ aon duine ar an saoġal so, do réir Phóil 'san seiseaḋ caibidil ċum Ephesus, agus do réir Iób, 'san seaċtṁaḋ caibidil, mar a n-abair naċ bḟuil aċt díolṁuineas i mbeaṫa an duine ar an dtalaṁ, do bríġ (aṁail aduḃramar) gurab do ċaṫuġaḋ ris na trí hearcáiroiḃ reaṁráiḋte—mar atá an diaḃal, an saoġal, agus an ċolann—téid an sagart ria ndul do ráḋ an Aifrinn dó; an ṁéid go gcuireann úrnaiġṫe an Aifrinn anaġaiḋ an aiḋḃersceora, agus íoḋbairt luaċṁór an Aifrinn anaġaiḋ sainnte an tsaoġail, agus an trosgaḋ nó an céadlongaḋ, anaġaiḋ ainṁiann na colna, agus d'á ṁúċaḋ. Is uime sin do ġníḋ an sagart é féin do ċoisreagaḋ, do bríġ go bḟuilid an dá níḋ úd atá éigeantaċ ċum ċaṫaiġṫe 'san ċoisreagaḋ.

Ar dtús atá fuaiṫeantus an ċaptaoin nó an ċinn ḟeaḋna leanas an sagart ann, mar atá sioġair na croise is fuaiṫeantas dílis do'n tsagart, agus i gcoitċinne do'n uile Chríostaiḋe. Atá fós comhairc ḋíleas na sagart agus na n-uile Chríostaiḋeaḋ i gcoitċinne ann mar atá—"I n-ainm an Aṫar agus an Mhic agus an Spioraid Naoiṁ"; agus tuigṫear sin as briaṫraiḃ Mhata, 'san 28 caibidil mar adubairt Críost ris na habstalaib—"Re n-imṫeaċt dib (ar sé) baistiġ na huile ċineaḋaċa i n-ainm an Aṫar agus an Mhic agus an Spioraid Naoim." Ciallaiġiḋ, fós, an coisreagaḋ na glanrúin is óir-dearca atá annsan gcreideaṁ mar atá faṫrún na Tríonóide agus faṫrún teaċta Chríost i gcolainn, agus a Páis, 7 maiṫeaṁ na bpeacaiḋe, óir an tan a deirtear "I n-ainm an Aṫar," 'san uiṁir uaṫaiḋ, ciallaiġ-ṫear aontaċt na nádúire diaḋa, do réir a substainte; aċt giḋeaḋ atáid Trí Pearsanna 'san Tríonóid, agus gurab Dia gaċ pearsa díob, agus dá mbiaḋ in a iongnaḋ ar aon duine cionnus b'féidir a ráḋ gur Dia gaċ pearsa díob, agus naċ bfuil ionnta uile aċt aon Dia aṁáin gibé, ċeana, ag a mbiaḋ slabra trí lúb in a láiṁ, is fíor go bfuil an slabra aige gibé aca de na trí lúbaiḃ bíos in a láiṁ, gion go bfuil ann aċt aon tslabra aṁáin: mar an gcéadna, gibé ainmneoċas aon Phearsa aṁáin de ṫrí Phearsannaiḃ na Tríonóide, feudfaiḋ a ráḋ go fírinneaċ gurab Dia gaċ pearsa díob, gion go bfuil ionnta uile aċt aon Dia aṁáin.

Agus is uime sin a deirtear an focal so. "I n-ainm," agus naċ é a deir-tear "I n-ainmniḃ an Aṫar, agus an Mhic," 7c., do bríġ naċ bfuil aċt aon tsubstaint agus aon ċuṁaċta ionaṁla ag na Trí Pearsannaiḃ. Is é adúbhar fá'n abarṫar—"I n-ainm an Aṫar" ar an éadan, d'á ċiall-uġaḋ gurabé an tAṫair is tosaċ do'n Tríonóid, an méid go bfuil agus gurab uaiḋ do geineaḋ an Mac, agus uaṫa araon an Spiorad Naoṁ. Is uime, fós, cuirtear an láṁ ar an éadan, ag ráḋ, "I n-ainm an Aṫar," d'á ċur i gcéill gur ṫan an tAṫair ar Neaṁ do ġnáṫ; óir mar is é flaiṫeas Dé cuid is airde de'n ċruinne, is é an t-éadan cuid is airde de'n duine; is uime a deirṫear "agus an Mhic," ar an im-leacán, d'á ċur i gcéill go dtáinig Sé i mbroinn Mhuire, agus fós d'á ċur i gcéill gurab ris an Mac aṁáin buaineas beiṫ in a ġeanaṁain; agus is uime a deirtear "agus an Spioraid Naoiṁ," idir an dá ġual-ainn do bríġ gurab meáḋon idir an Aṫair agus an Mac an Spiorad Naom, aṁail is meaḋan an raon atá idir an dá ġualainn do'n aga idir an éadan agus an imlioċán, agus do bríġ go gciallaiġeann cros an ċoisreagṫa Páis Chríost, dliġiḋ an Críostaiġe a ċúig méir do ṫógbáil suas, i gcuiṁniuġaḋ na gcúig gcréaċt.

Is uime fós do beir an Críostaiġe a láṁ ó'n ngualainn ċlí gus an ngualainn ndeis, do bríġ go dtáinig de ḟoċar na Páise na Críostaiġṫe do ṫeaċt ó ṫaoiḃ ċlé an ṗeacaiḋ go taoḃ ḋeas na ngrás. Atá, fós, in a ġnáṫuġaḋ ó aimsir Chríost a beiṫ 'san Eaglais na Críostaiġṫe dá gcois-

peacaḋ féin do réir mar léaġtar ag na sean-úġdaraiḃ do ḃí i dtús na hEaglaise ann. Ag so mar a deir Marsilius, 'san oċtṁaḋ caibidil de'n eipistil do sgrioḃ sé ċum pobail Bhurdius—"Congḃuiḋṫear linn (ar sé) fioġair na croise maille re comarṫa agus maille re beul." Ionann sin re a ráḋ agus comarṫa na croise do ḋeunaṁ le na lámaiḃ agus leis na briaṫraiḃ réaṁráiḋte do ráḋ—eaḋon, "I n-ainm an Aṫar, agus an Mhic," 7c. Adeir Ieronimus 'san eipistil do sgrioḃ sé ċum Eustochius, "Re tionnsgnaṁ an uile ġníoṁa (ar sé) agus an uile aistir deunaḋ an láṁ fioġair na croise." Adeir Tertullianus, 'san leaḃar do sgríoḃ ċum Coróine an Ridire—"Re linn an uile aistir agus diġniṫe (ar sé), re ndul agus re teaċt re linn dulta i n-eudaċ agus i mbróġaiḃ, re ndul ċum buird agus ċum leapṫa nó ċum suiġte, nó giḃé níḋ eile ḃios againn d'á ḋeunaṁ, cuirtear linn comarṫa na croise in ár n-éadanaiḃ."

Is é so an comarṫa ar a dtig Eoin, 'san seaċtṁaḋ caibidil de leaḃar na dTaisbeánta, mar a n-abair, do ġníoḋ an t-aingeal moġaiḋ an Dé ḃeó do ċomarṫuġaḋ le comarṫa Dé in a n-éadanaiḃ."

Tig Crisostomus leis an níḋ so, 'san 48 homilia ag sgrioḃaḋ ar Mhata, mar a dtiuḃar do ṫeagasg do'n Chríostaiḋe é féin do ċois-reagaḋ—"Comarṫuiġ tú féin (ar sé) le comarṫa na croise; agus cuiṁniġ méid an ṁasluiḋ tugsad na huidil do Chríost ár dTiġearna, re linn a ṗeataḋ agus a ṗáise."

Adeir S. Aibistín 'san 19 Seanmóir do sgríoḃ sé ar na Naoṁaiḃ—"Ní dliġṫear (ar sé) níḋ ar biṫ do ċoisreagaḋ gan crois." Ionann sin re a ráḋ agus "gan comarṫa na croise." Tuig, a léiġṫeóir, gion go bfuilid briaṫra soillseaċa ag an Soisgeul in a luaiḋtear Críos-taiġe do ġnáṫuġaḋ an ċoisreagṫa le láiṁ, mairseaḋ gurab inṁeasda go gcleaċtaḋ Críost a ḋéanaṁ, agus gurab uaiḋ fuaradar na hAbstail mar ġnáṫuġaḋ a ḋéanaṁ.

Adeir, iomorro, Abdias fa deisgioḃal do Philib Abstal, agus do ḃí go minic i gcaidreaṁ na nAbstal, do réir mar léiġṫear aige féin, 'san leaḃar do sgríoḃ ar Ċhaṫuġaḋ na nAbstal, gur ġnáṫuġaḋ ag na hAb-stalaiḃ re linn mioruiḃile do ḋeunaṁ comarṫa na croise do ḋeunaṁ le na ndeas-láṁaiḃ.

Léiġṫear 'san treas leaḃar de leaḃraiḃ Annalaċ Zonoras go raiḃ gorta mór idir na Turcaċaiḃ i gcionn 590 bliaḋan iar ngein Chríost, ionnus go mbioḋ iomad díoḃ ag faġail ḃáis: giḋeaḋ, tárla Críostaiġe 'san tír ṫug do ṫeagasg do ḋroing aca a gcoisreagaḋ agus gaċ aon díoḃ do coisreagaḋ é féin ní ḃfaġaḋ bás leis an ngorta sin.

Léiġṫear fós, i Sgáṫán na Sompla gur ċeannsaiġ S. Proinnsias maille re comarṫa na croise confaḋ agus fraoċ feirge faolċon do bí ag foġluġaḋ foirne na caṫraċ dárab ainm Engubi, agus do rinne síṫ agus cairdeas idir an gcoin agus caṫruiġṫeoirí na caṫraċ reaṁráiḋte.

Léiġtear, 'san leaḃar ceudna, go raiḃ bean-riaġalta ag siuḃal luḃġuirt na mainistreaċ in a raiḃ a gcoiṁṫionól, agus gur ġaḃ mian leitiúis í, agus, le froṁaḋ na luiḃe sin di, do ċuaiḋ an diaḃal in a corp; agus is é ṁeasas Gréaġóir Naoṁṫa, le ar sgríoḃaḋ an sgeul sin 'san gceaṫraṁaḋ caibidil de'n ċéad leaḃar de leaḃraiḃ na Coṁagallṁa, gurab é aḋḃar fá'r ġaḃ an diaḃal sealḃ inntí, tré gan fioġair na croise do ċur ar an luiḃ sul do hiṫeaḋ léi í.

Ar gaċ nío dá ndubramar anuas, is iontuigṫe go ndliġeann gaċ Críostaiḋe re huċt deaġoibre do ḋeunaṁ, é féin do ċoisreaġaḋ ó ṫús, agus go h-áiriġṫe an sagart re h-uċt an Aifrinn do ráḋ, aṁail adubramar ṫuas.

Is é ċiallaiġeas an toiġeaċt amaċ do ġní an sagart 'san gcoisreaġaḋ (d'á ngoirtear Vestéir) ċum an Aifrinn do ráḋ, an toiġeaċt amaċ do rinne Críost as ḃroinn Ṁhuire ċum a ofrálaiġṫe féin do'n Aṫair in íoḋbairt na Páise.

Is é aḋḃar fá n-abair an sagart an Faoisdin Choitċionn, dárab ainm Confiteor, do ḃriġ go ndliġeann gaċ aon re huċt Chuirp Chríost do ċaiṫeaṁ froṁaḋ do ḋéanaṁ air féin, do réir mar adeir Pól 'san 11 caibidil de'n ċéad Epistil do sgríoḃ gus na Corinntiḃ—"Dearḃuiġeaḋ duine é féin (ar sé), agus mar sin iteaḋ sé de'n arán úd agus ibeaḋ sé de'n ċailís; óir gibé iteas agus ibeas go neiṁḋlisdineaċ, is damnuġaḋ dó féin iteas agus ibeas, gan doċar do Chorp an Tiġearna."

AN SEISEAḊ CAIBIDIL

In a dtráċtar ar na neiṫiḃ éigeantaċa atá 'san Aifrionn leaṫ amuiġ d'á substaint.

Ar dtús is é ċiallaiġeas an cromaḋ do ġní an sagart ós cionn na haltóra andiaiġ Confiteor do ráḋ dó an úṁlaċt do ṫaisbéan Críost d'á Aṫair re huċt na Páise an tan adubairt—"Maireaḋ (ar sé), munab í do ṫoil-se corn na Páise do ḋul ṫorm-sa, déantar do ṫoil-se."

Is é ċiallaiġeas "Introitus," nó dul isteaċ 'san Aifrionn, an fáirdine do rinneadar na faiḋe agus na haiṫreaċa ar ṫeaċt Críost i gcolainn.

Is é ċialluiġeas Kyrie Eleison, furtaċt d'iarraiḋ ar Ḋia: óir is ionann Kyrie Eleison agus a ráḋ—" A Ḋia déan trócaire orainn."

Léiġtear ar ġemenian naoṁṫa, ar mbeiṫ i gcat dó agus é i ngábaḋ, go ndubairt Kyrie Eleison, agus gur ċuir cúig ríoġa ar teiṫeaḋ.

Adeirtear Kyrie Eleison naoi n-uaire, d'á ċur i gcéill gurabé iarr-amaoid beiṫ i gcaidreaṁ na naoi n-órd ainglíḋe atá ar neaṁ.

Is é ċialluiġeas Gloria in Excelsis caintic na síoṫċána—eadon, gurab tuar síoṫċána idir Ḋia agus na daoine an t-Aifrionn.

Is é ċialluiġeas an ċéad filleaḋ do ġníḋ an sagart ar an bpobal ag ráḋ Dominus Vobiscum, an beannaċaḋ do ruġne Bóas ar a ṁeiṫil féin, do réir mar léiġtear 'san dara caibidil de Leabar Ruth; óir aṁail sa haṫair muinntire Bóas ós cionn na meiṫle, is mar sin is aṫair muinntire ós cionn an pobail (is muinntir do Ḋia) an sagart. Mar an gcéadna, is é ċialluiġeas an freagraḋ do beir an pobal ag ráḋ—Et cum spiritu tuo, an níḋ léiġtear ag Pól, 'san gcaibidil ndeiġionaiġ de'n dara h-epistil do sgríob sé ċum Timotheus, " Guiḋeamaoid (ar sé), ó tá an Tiġearna ad' beul go raib ad' spiorad, agus go gcóṁnuiḋe do síor ionnta."

Is é ċialluiġeas na hOrṫana an Ṗaidir, agus ní cóir do beiṫ ionnta aċt seaċt n-orṫana roiṁ an Epistil, an ċuid is luġa ḋe, do bríġ naċ fuil aċt seaċt n-aċċuinġeaḋa 'san bPaidir.

Is é ċialluiġeas an t-Amen, " Déantar dib aṁuil do iarrabar," do réir Eóin 'san gcaibidil ndeiġionaiġ in Apocalipsi.

Is é ċialluiġeas an t-Epistil dliġeaḋ na Sean-Reaċta. Ċialluiġeas sí fós seanmóir Eoin, do bríġ go raib sé in a ṁeaḋon idir an Sean Reaċt agus an Nuaiḋ-Ḟiaḋnaise: dá réir sin léiġtear an Epistil ar uairib as na Fáiḋib; seaċt eile as an Reaċt Nuaḋ. Is in a suiḋe dliġid an pobal an Epistil d'éisteaċt, do bríġ gurab aiteaċt í, do réir Leabair Ersoras.

Is é ċialluiġeas an Gradúal—eadon, an níḋ a deirtear idir an Epistil agus an Soisgeul, doilġios na h-aiṫriġe.

Is é ċialluiġeas an t-Alleluia, tig in a ḋiaiġ sin, an gáirdeaċus do ġeallaḋ dúinn andiaiġ doilġiosa na h-aiṫriġe, do réir Mhata, 'san gcúigeaḋ caibidil—" Is beannuiġṫe (ar sé) luċt an doilġiosa, óir do ġeabaid gáirdeaċus do ċur orrṫa."

Is é ċialluiġeas an Soisgeul, seanmóir Ċhriost féin: agus do réir mar adubramar ṫuas, is é ċialluiġeas an Soisgeul do léaġaḋ ar an gcuirr geli de'n altóir, mar ṫáinig Reaċt Dé ó'n gCineaḋ Iudaiġeaċ ċum na gCineaḋaċ eile.

Is é áḋbar fá ndliġeann an sagart a aġaiḋ do ḃeiṫ buḋ ṫuaiḋ 'san teampoll ag léiġ an tSoisgéil, do ḃriġ gurab anaġaiḋ na n-olc atá sé, agus gurab ó'n áird ṫuaiḋ ṫig gaċ uile olc, do réir mar a deir Ieremias, 'san ċeud ċaibidil. "O'n áird ṫuaiḋ (ar sé) ṫiocfas an uile olc ar áitiġṫeóiriḃ na talṁan." Tuig a léaġṫóir, gurab buḋ ṫuaiḋ is cóir do'n tsagart a aġaiḋ do ḃeiṫ re léiġeaḋ an tSoisgéil, do ḃriġ gurab soir dliġeas éadan nó aġaiḋ na h-eaglaise in a m-bí an Soisgeul dá léiġeaḋ ḃeiṫ, do réir orduiġṫe na h-eaglaise féin.

Léiġtear, iomorro, ag S. Tomás, 'san g-ceaṫramaḋ h-airteagal de'n 11 ceist de'n ċéad ċuid de'n dara roinn d'á Ḋiaḋaċt, ag freagraḋ do na cúig argúintaiḃ, cúig reasúin fá ndliġṫear do na Críostaiġṫiḃ a n-aġaiḋ do ḃeiṫ soir ag deunaṁ úrnaiġṫe dóiḃ. An ċéad áḋbar díoḃ, do ḃriġ gurab ó'n áird soir gluaistear na flaiṫis, d'á dtigid toirṫeaḋa agus plannduiḋe, agus gaċ sóċar eile d'á dtig ar an dtalaṁ do ḃeiṫ ann. An dara réasún, do ḃriġ gurab 'san áird soir atá Párrṫus mar ar cuireaḋ na céad ċomaoineaċa ar an sinnsear ór' ḟásamar, .i. Aḋaṁ. An treas réasún, do ḃriġ gurab ainm do Ċríost an áird soir do réir mar a deirṫear Oriens ex alto—eaḋon o'n áird soir anuas. An ceaṫ-raṁaḋ reasún, do ḃriġ gurab ċum na háirde soir do rinne Críost an eiséirġe, do réir mar léaġṫar 'san Sgriobṫúir, gur ab é do ċuaiḋ suas ar Neaṁ ċum na h-áirde soir. An cúigeaḋ reasún, do ḃriġ gurab ó'n áird soir ṫiocfas Críost do ḋéanaṁ an Ḃreiṫeaṁnuis, aṁail ṫairngair Maṫa, 'san 14 caibidil, ag laḃairt ar Ċríost—"Tiocfaiḋ (ar sé) aṁail soinnéan as an áird anoir."

Ag so síos dá áḋbar eile fá ndliġeann an sagart, nó gaċ Críostaiġe, a aġaiḋ do ḃeiṫ soir ag deunaṁ urnaiġṫe; an ċéad áḋbar díoḃ, do ḃriġ gurab anoir ṫig solus na gréine ar dtús mar sin gurab ó ġréin na fírinne ṫig solus na ngrás ċugainn. An dara háḋbar, do ḃriġ gurab 'san áird soir atá an Talaṁ Naoṁṫa, agus gurab ar an dTalaṁ Naoṁṫa dliġṫear gaċ aon a aġaiḋ do ḃeiṫ do ṫuar Talaiṁ Naoṁṫa na mḃeó. Annsan áird Ṡoir iomorro, do ḃídis an Cineaḋ Iudaiġeaċ ag guiḋe Dé, do réir mar léiġṫear 'san 16 caibidil in Exodus. Atáid ċeana, dá áḋbar ris an níḋ gceudna; áḋbar díoḃ do ḟeaċnaḋ aḋarṫa do ḋéanaṁ do'n ġréin nó do'n rae: óir fa ró-ċlaon an Cineaḋ Iúdaiḋeaċ ċum aḋarṫa do ḋéanaṁ do ḋéitiḃ bogra, balḃa; an dara háḋbar, do ḃriġ go raiḃ a aḋraḋ agus an reaċt ag dul uaṫa 'san áird siar de'n roinn iarṫair—eaḋon, an Eoruip.

Dliġiḋ an sagart a láṁa do ḃeiṫ druidte le céile, d'á ċur i gcéill gurab cóir do'n tsagart a ḃeul agus a ġníoṁ do ṫeaċt le céile. Dliġiḋ fós an sagart, mar aon leis an bpobal, do ḃeiṫ in a seasaṁ re linn.

an tsoisgéil do léiġeaḋ dóiḃ. Is é ċiallúiġeas sin, go ndligid beiṫ ullaṁ éasgaiḋ ċum an tSoisgéil do ċoimeád agus do ċaoṁna do láiṁ agus do ḃeul. Dliġṫear solus do ḃeiṫ ar lasaḋ re linn an tSoisgéil do léiġeaḋ, d'á ċur i g-céill go dtiuḃair an Soisgeul solus an ċreidiṁ dúinn; agus, fós, d'á ċur i gcéill gurabé Críost soisgeultar dúinn—Solus na Fírinne, soillsiġeas an uile ḋuine ṫig ar an doṁan so, aṁail a deir Eoin 'san gcéad gcaibidil. Dliġiḋ, fós, an sagart, re léiġeaḋ an tSoisgéil, fioġair na croise do ḃuain ar a éadan, ar a ḃeul, agus ar a uċt. Ar dtús ar an éadan, dá ċur i gcéill naċ dliġeann náire do ḃeiṫ air ag aidṁáil an tSoisgéil, óir is é an t-éadan ionad an náire: in a ḋiaiġ sin, ar an mbeul, d'á ċur i gcéill go ndliġeann sé an Soisgeul do ṡeanmóruġaḋ go dána; an tréas feaċt, ar a uċt, d'á ċur i gcéill go ndliġeann an sagart creideaṁ a ċroiḋe do ḃeiṫ ag toiġeaċt re seanmóir a ḃéil: agus is iad sin na peasúin atá ag na tuataḋaiḃ fá ndéinid an niḋ ceudna. Is é áḋḃar fá ndéanann an sagart agus an pobal iad féin do ċoisreagaḋ tar éis an tSoisgéil, d'á ndídion féin ar an nDiaḃal d'eagla go ruagfaḋ sé an síol soisgeulda uaṫa as a gcroiḋṫiḃ.

Is é fáṫ fá dtiuḃair an sagart póg do'n leaḃar andiaiġ léiġte an tSoisgéil, d'á ċur i gcéill gurab cóir dó an Soisgeul do ṡeanmóruġaḋ do ḋruim gráḋa Dé agus a ċoṁarsan.

Adeirtear, fós, an Chré ós árd, ionnus go dtuigfeaḋ an pobal suim an ċreidiṁ atá 'san gCré; agus, ag ráḋ na mbriaṫar so "Incarnatus est," dliġiḋ an sagart agus an pobal a leigeann ar a nglúinib i gcuiṁniuġaḋ teaċta Ċhríost i gcolainn; agus andiaiġ "Incarnatus est" éirġid in a seasam nó go n-abair an sagart "Dominus Vobiscum," agus beiṫ ar a nglúinib do'n pobal as sin gus an Soisgeul léiġtear i ndeireaḋ an Aifrinn.

Is é ċiallúiġeas an tOffertórium (eaḋon, an Offráil), Críost do ḃeiṫ ar n-a offráil do'n Aṫair Neaṁḋa. Is é do ġníḋṫear ann so an aḃlann do ċur ar an gcorporas agus an fíon 'san gcailis. Cuirtear, fós, uisge 'san ḃfíon ag cuiṁniuġaḋ an uisge ṫáinig as taoḃ Chríost 'san ḃpáis, do ṫairngair Ezechiel, 'san 47 caibidil, an tan a dubairt—"Do ċonnairc (ar sé) uisge ag bunnuġaḋ as ṫaoiḃ ḋeas an Teampoill, agus gaċ aon duine gus a ráinig an t-uisge sin fá slán é," agus is ar Chorp Chríost do ġoir sé an Teampall ann so go fáiḋeaṁuil.

Is é ċiallúiġeas an t-ionnlaḋ do ġníḋ an sagart, an t-ionnlaḋ do rinne Críost ar ċosaiḃ na nApstal.

Is é ċiallúiġeas "Orate Fratres," impiḋe cabra an ṗobail, d'á ċur i g-céill gurab mór ḟóġnas guiḋe na ḃfíreun ar son a céile, do réir S. Seumas, 'san gcúigeaḋ caibidil.

Is é ċiallaiġeas an orta darab ainm "Secreta," an díṡliuġaḋ agus an folaċ do rinne Críost air féin tamall roiṁ an bPáis.

Is é ċiallaiġeas an Phreafáid do ráḋ ós árd, an taisbéanaḋ follus caiṫréimeaċ do rinne Críost air féin Domnaċ na Pailme re h-uċt na Páise.

Is sé ċiallaiġeas an "Sanctus" do ráḋ trí h-uaire, Trí Pearsana do ḃeiṫ 'san Trionóid.

Is é ċiallaiġeas "Dominus" do ráḋ aon uair aṁáin, Aondaċt na Nadúire Diaḋa.

Dá n-abraḋ Lúitear nó Cailḃin naċ é Críost do órduiġ an taifreann agus, dá réir sin, naċ cóir cion do ḃeiṫ air, bíoḋ a ḟios aca go ḃfuil dá níḋ 'san Aifrionn, mar atá substaint an Aifrinn féin agus neiṫe eile atá taoiḃ amuiġ d'á substaint, aṁail atáid ortana agus preafáide (aṁail a dubramar); agus an méid úd ḃeanas ris an níḋ úd atá d'á substaint is follus gurab é Críost féin d'órduiġ é, aṁail léiġtear 'san 22 caibidil ag Lúcás, do ḋáil an tSuipéir; agus an méid ḃeanas ris an dara cuid de'n Aifrionn, is iad na pápaḋa naoṁṫa do ḃí i dtús na hEaglaise ann d'órduiġ iad. Agus dá n-abraḋ an t-eiriceaċ naċar ċóir comaoin ar biṫ do ċur ar an órduġaḋ d'ḟágaiḃ Críost ar ráḋ an Aifrinn, bíoḋ a ḟios aige go ḃfuil sompla againn 'san tSean Reaċt ar a dtuigimid gurab toil le Dia comaoin agus bárr duṫraċta do ċur ar oifig Diaḋa ioḋbarṫa an Aifrinn, do réir mar léiġtear 'san 16 caibidil de'n ċéad leaḃar de leaḃraiḃ Paralipomenon go dtug Dia féin agus órduġaḋ d'áiriġṫe do Ṁaoise do ḋéanaṁ ioḋbarṫa, agus gur ċuir Dáiḃiḋ agus Solaṁ bárr agus comaoin leis an réim sin i molaḋ agus i n-onóir do Ḋia, agus go moltar tríd sin iad. Ar an sompla sin is iontuigṫe gurab toil le Dia gaċ comaoin agus gaċ bárr dúṫraċta dár ċuireadar Prionnsaḋa na hEaglaise leis an tsubstaint úd an Aifrinn.

Dá n-abraḋ Cailḃin naċ dliġtear dúinn Dia do ġuiḋe aċt in ár sbioradaiḃ aṁáin, is dearḃṫa naċ fíor dó é, óir is cneasda dúinn glóir agus onóir do ṫabairt do Ḋia ar trí moḋaiḃ—mar atá do sbiorad, do ċorp agus do ṁaoin saoġalta, do ḃríġ go gcuiriḋ Sé comaoin orainn ar na trí moḋaiḃ ceudna sin. Dá ḃríġ sin ní dliġtear do na h-eiriciġ loċt d'ḟaġáil ar na sagartaiḃ tré ḃeiṫ ag feacaḋ a nglún, agus ag claonaḋ a gceann, agus ag bualaḋ a n-uċta, agus ag síneaḋ nó ag leaṫaḋ a lám 'san Aifrionn; óir is é Dia ṫug corp dóiḃ; dliġtear dóiḃ umhlaċt agus onóir do ṫabairt do Ḋia leis na corpaiḃ ceudna: agus, fós, múiniḋ Pól, 'san dara caibidil de'n ċéad Epistil go Timotheus, go ndliġtear do na Críostuiġṫiḃ, re déanaṁ urnaiġṫe dóiḃ, a láṁa do tógḃáil suas agus a gcinn do ḃeiṫ noċt aca. Ní ḃfuair Críost féin loċt 'san bpuibliocán tré ḃeiṫ ag bualaḋ a oċta. do réir mar léiġtear 'san 18 caibidil ag Lúcás. Do rinne fós Críost guiḋe, agus é ar a ġlúinib, ar Sliab Olibet, re h-uċt na páise do réir mar léiġtear 'san 22 caibidil ag Lúcás. Ar na h-ionadaib-se is iontuiġṫe naċ dliġṫear loċt d'faġáil ar na sagartaib fá ḃeiṫ ag tógḃail a lám nó ag bualaḋ a n-oċta, nó ag sléaċtain 'san Aifrionn.

Bíoḋ a fios agat, a léiġṫeóir, gurab iad so síos anmanna na bPápaḋ le r cuireaḋ comaoin ar an Aifrionn :—

Celestinus pápa do órduiġ "Introitus," "Gradual," agus "Offertorium" ; 424 bliaḋain andiaiġ Chríost do'n ḟear so

Gregóir Mór do órduiġ Kyrie Eleison agus Allelúia agus beagán dé'n Chanóin ; 600 bliaḋan andiaiġ Chríost do'n ḟear so

Simacus do ċuir Gloria in Excelsis ann ; 501 bliaḋain andiaiġ Chríost do'n ḟear so.

Telesphorus d'órduiġ trí h-aifrinn do ráḋ lá Nodlag ; 134 bliaḋain andiaiġ Chríost do'n ḟear so.

Gelasius do ċuir Tractus agus Prefáid ann ; 484 bliaḋain andiaiġ Chríost do'n ḟear so.

Innocentius do ċuir an Pax ann ; 407 bliaḋain andiaiġ Chríost do'n ḟear so

Damasus do ċuir Confiteor agus an Chré ann. agus is é fós do ċuir Epistileaċa agus Soisgéil ann, do ċomairle Ieronimus Naoṁṫa ; 347 bliaḋain andiaiġ Chríost do'n ḟear so.

Alexander Pápa do ċuir "Qui pridie quam pateretur" ann. agus d'órduiġ an t-uisge do ċur i bfíon na cailíse. Is é fós do ṫionnsgain an t-uisge coisreagṫa do ḋéanaṁ ; agus d'órduiġ do na sagartaib a ḋéanaṁ Dia Doṁnaiġ ċum a ċroiṫte ar an bpobal d'á mbeannuġaḋ ; 121 bliaḋain andiaiġ Chríost do'n ḟear so.

Sixtus d'órduiġ "Sanctus" do ráḋ trí h-uaire, agus gaċ níḋ d'á ḃfuil in a ḋiaiġ go Canóin. Agus is é fós d'órduiġ gan lám tuata do ḃuain ris an gcailís ; agus is é mar an gcéadna d'órduiġ an Corporás do ḃeiṫ de lín-eudaċ ; 129 bliaḋain andiaiġ Chríost do'n ḟear so.

Sergius d'órduiġ an "t-Agnus Dei" 'san Aifrionn ; 692 bliaḋain andiaġ Chríost do'n ḟear so.

Tuig, a léiġṫeóir, naċ ḃfuil aon duine do na Pápaḋaib so do áirṁear aċt duine do ḃí i n-árd-flaiṫeas na h-Eaglaise, agus i seilb Chaṫaoireaċ Pheadair ; agus, d'á ḃríġ sin, dliġiḋ an uile Chríostuiġe a ndliġṫe agus a n-órduiġṫe do ċoiméad, do ḃríġ gurab uaċtaráin iad ar an uile ḋuine de na Críostuiġṫib i gcoitċinne, aṁail adeir S.

Augustin, 'san dara caibidil de'n ċéad leabar do sgríoḃ sé anaġaiḋ Eiristleaċ Parmenian—"Is ioċtarán (ar sé) an Ċríosduiġeaċt go h-uile do'n ti atá in a suiḋe 'san gcaṫaoir." .i., Caṫaoir Ṗheadair.

A deir fós S. Ieronimus, ag laḃairt ar árdḟlaiṫeas an Ṗhápa, mar a sgríoḃann anaġaiḋ na n-éiriceaċ d'ár ḃ'ainm Luciferani—"Is ar ioċt diġnite an árdsagairt atá slainte na heaglaise." Ionann sin re a ráḋ agus gurab ar ċaram an Ṗhápa (is árdsagart ann) bíos dliġṫe agus orduiġṫe do ḋeanaṁ 'san Eaglais, agus giḋbé naċ éistiḋ ris na dliġṫiḃ so do ġníḋ na pápaḋa agus an Eaglais, is eagal do go luiḋfiḋ air an ḃreaṫ rug Críost mar a n-abair 'san 18 caibidil ag Maṫa, gurab mear pagánaiġ nó publiocánuiġ is cóir do ḃeiṫ ar gaċ n-aon naċ éistiḋ ris an Eaglais.

Is follus dó féin a nduḃramar gurab iongaḃṫa na neiṫe atá 'san Aifrionn leaṫ amuiġ d'á substaint, agus gurab somolta sleaċtain na sagart.

AN TSEACHTMHADH CAIBIDIL,

In a dtráċtar gurab cóir íomaiġ Ċhríost do ċur roiṁ an gCanóin.

Dliġṫear, iomorro, íomáiġ Ċhríost, mar ḃí 'san gCroiċ, do ċur roiṁ an gCanóin, d'á ċur i gcuiṁne do'n tsagart go ndliġṫear dó cuiṁniuġaḋ ar Ṗháis Ċhríost do ġníḋ sé d'eiseomluġaḋ an tan adeir an tAifrionn; agus dá n-abraḋ Cailḃin naċ dliġṫear íomáiġ ar biṫ do ḃeiṫ ann d'á ndéanaid daoine (nóir, bíoḋ a ḟios aige naċ fíor dó é, agus go ḃfuilid somplaḋa annsa an tSean-Reaċt againn, mar ar órduiġ Dia féin do Maoise íomáiġ do ḋeunaṁ 'san tabernacal, aṁail léiġṫear 'san 25 caibidil in Ecsodus.

Léiġtear fós, 'san 31 caibidil in Ecsodus, agus 'san 6 caibidil agus 'san 7 caibidil de'n tres leaḃar de Leaḃraiḃ na Ríoġ gur órduiġ Daibiḋ do Sholaṁ iomad íomáiġeaḋ do ċur 'san teampoll, agus go ndearnaiḋ Solaṁ sin air. Do órduiġ, mar an gceudna, Dia do Ṁhaoise (aṁail léiġtear 'san 21 caibidil de Leabar na nUiṁreaċ) aṫair niṁe uṁa do ċur a gcrann mar ċoṁarṫa, ionnus gaċ aon do ḃíoḋ créaċtnuiġṫe ó na haiṫreaċaiḃ neiṁe tinntiġe do ċur Dia do ḋeunaṁ éirliġ ar an bpobal (tré ḃeiṫ ag ceasaċt ar an bplúr neaṁḋa) go mbiaḋ slán tré aṁarc uirre. Mar an gceudna, órduiġtear leis an Eaglais gCatoilice do na Críostuiġṫiḃ íomáiġ Ċhríost (i gcrann na croiċe) do ċur ar a gcoṁair re filleaḋ uirre, ionnus an tan do ċíoḟiḋ an sompla sin go mbiaḋ aṁarc a n-inntinne ar Ċhríost agus ar a Pháis, le leiġistear gaċ lot, le n-ioċtar gaċ aingeis agus le geneasruiġtear gaċ créaċt cróilinnteaċ dá m-bi ar an gcoguas, agus fós le dteilgtear go taosgaċ tinnearnaċ gaċ blod d'armaiḃ innilte na hurċóide d'á mbí i n-aigeun anbail éigceannsa na h-anmann ó ḃeiṫ ag aṫċognaṁ agus ag árdsgrúdaḋ uirre i n-aigeantaiḃ na bfíréin; agus is usaide an t-aṫċognaṁ so ḋeunaṁ, ioṁáiġ Chríost agus na croiċe do ḃeiṫ ar ċoṁair an Chríostaiḋe, do ṫaḃairt Chríost agus na páise ċum a ċuiṁne, do ḃríġ do réir Arustotail, go ngluaiseann corṗúir an ċéadfaiḋ aṁail, do réir an tseanfocail—eaḋon, "Seaċnaiḋ an súil an níḋ naċ bfaiceann."

Agus is córuide a ṁeas gurab fíoġair agus aiṫġein do Chríost 'san ċrois an náṫair uiṁe úd do ḃí 'san gcrann ar an bfásaċ, an níḋ a duḃairt Críost 'san tres caibidil ag Eóin—"Aṁail (ar sé) do árduiġ Maoise an naṫair neiṁe 'san bfásaċ mar an gceudna is éigin Mac an Duine d'árduġaḋ, ionnus gaċ aon ċreideas ann naċ raċaiḋ amuġa, agus go bfuiġfeaḋ an ḃeaṫa ṁarṫanaċ."

Is móide is iontuigṫe onóir do'n ċrois ċéasda an níḋ léiġtear ag Peadar 'san dara caibidil de'n ċéad Eipistil, agus ag Pól 'san gcéad caibidil agus 'san dara caibidil go Colosenses 'san naoṁaḋ caibidil gus na hEaḃraḋaiḃ, agus fós an níḋ léiġtear ag Damascenus 'san dara caibidil deug de'n ċeaṫraṁaḋ leaḃar—"Is déanta (ar sé) an crann mórluaiġ-se ionar offráil Críost é féin mar íoḋbairt ar ár son, ionnus ó n-a ḃain re n-a Naoṁ-Ċhorp agus re n-a Ḟhuil di go bfuil féin ró naoṁṫa, d'aḋraḋ agus d'onóruġaḋ; mar an gceudna, do réir a scáile féin, is ionóruiġṫe gaċ ioṁáiġ naoiṁ eile ó sin amaċ." Atá fós mar ġnáṫuġaḋ 'san Eaglais ioṁáiġ do ḃeiṫ innte, aṁail léiġtear ag na seanúġdaraiḃ do ḃí i dtús na hEaglaise ann. Ag so mar a deir Tertullian, do ṁair de'n leiṫ astiġ de 200 bliaḋan i ndiaiġ Chríost, 'san leaḃar do sgríoḃ ar an náire—"Is gnáṫ (ar sé) ioṁáiġ Chríost agus caora ar a ġualainn do ḋealḃuġaḋ ar na cailisiḃ coisrioġṫa." A deir Eusébius 'san 14 caibidil de'n seaċtṁaḋ leaḃar do sgríoḃ ar Stáid na hEaglaise, go bfacaiḋ sé féin ioṁáiġ deunta de ṗrás, do rinneaḋ le Sirophenissa, do ġníoḋ iomad míorbul; 330 mbliaḋna i ndiaiḋ Chríost do'n fear so.

Adeir Nicephorus, 'san 30 caibidil de'n deaċṁaḋ leaḃar, go dtug Silbester Pápa ioṁáiġ Pheadair agus Phóil do Chonstantinus Impire.

Adeir Crisostomus, 'san deaċṁaḋ seanmóir do sgríoḃ sé d'Eadarġuiḋe na Croiċe, gur ġnáṫuiġ aca féin uair 'san mbliaḋan—eaḋon, Aoine an Chéasda—ioṁáiġ na croiċe d'aḋraḋ ṫri huaire; 380 bliaḋan andiaiġ Críost do'n fear so.

Adeir Greagóir Mór 'san 109 eipistil de'n naoṁaḋ léaḃar, na briaṫra so—"Is uime (ar sé) bid ioṁáiġṫe 'san eaglais, ionnus an ṁuinntir naċ léiġeann leaḃar go léaġfadaois go h-áiriġṫe ar na h-íoṁáiġiḃ an nıḋ naċ féadfadaois do léaġaḋ 'san leaḃar; óir an nıḋ léiġeas an t-eagnuiḋeaċ in a leaḃar, no feólas an sgríḃeann dó, múinneann an íoṁáiġ an nıḋ ceudna do'n duḃṫuata an tan feaċas uirṫe, eadon, stair na páise nó dáil an truipéir, no triall Ṁhuire do'n Eigipt, nó an ionaṁail eile sin."

Adeir Greagóir Mór, mar an gceudna, 'san 33 eipistil 'san treaċtṁaḋ leaḃar ag sgríoḃaḋ go Secundinus, aga ṁolaḋ tré ḃeiṫ ag iarraiḋ íoṁáiġ air féin—"Atá a ḟios againn (ar sé) naċ uime iarras tú íoṁáiġ ár Slánuiġṫeóra ċum a h-onóruiġṫe mar Dia, aċt mar ċuiṁniuġaḋ ar Ṁhic Dé, agus do lasaḋ a ġráḋa ionnad, agus an tan sleaċtamaoidne dí, ní mar Dhia ġlacamaoid í, aċt do ġníomaoid Mac Dé d'eadarġuiḋe innte."

Adeir S. Augustín, 'san 77 caibidil de'n 22 leaḃar ró sgríoḃ an-aġaiḋ Faustus go mbíoḋ íoṁáiġ Abraham ag íoḋbairt a ṁic, dealḃṫa an ionadaiḃ iomḋa re n-a linn féin.

Adeir Damascenus, 'san gcéad oráid do sgríoḃ ar na h-íoṁáiġiḃ, go mbíoḋ íoṁáiġ Ṗhóil Asstal ag Crisostomus Naoṁṫa láiṁ re n-a leabuiḋ.

Adeir Beda 'san 25 caibidil de'n ċéad leaḃar ro sgríoḃ de Stair Eaglaise na Sacsan—an tan do ċuaiḋ Augustín manaċ, mar aon re coiṁṫionól cléireaċ do ṡeanmóir an tSoisgéil go Sacsaib, gurab cros airgid fa ḃrataċ agá hiomċar rómpa, agus íoṁáiġ an tSlánuiġṫeóra dealḃṫa ar ċlár.

Léiġtear ag Sygbertus in a Ċhronaic, go raiḃ Iudaiġeaċ aimsireaċ (i gcionn 560 bliaḋan iar ngein Ċhríost) do ġaḃ do láiṁ ḃeiṫ ag foċ-ṁuid fá na hioṁáiġiḃ, agus lá n-aon go ḃfacaiḋ íoṁáiġ Ċhríost, agus tug urċar d'á soigid di, agus do ċréaċtnaiġ í, agus ar n-a goin ṫáinig iomad fola aisde, i gcruṫ gur ḃfollus do ġaċ aon d'á ḃfacaiḋ í gurab míorḃuil do rinneaḋ uimpe.

Adeir Paulinus Naoṁṫa, 'san 12 eipistil, go mbíoḋ íoṁáiġṫe agá n-onóruġaḋ 'san Eaglais re 1300 bliaḋan.

As na háitiḃ reaṁráiḋte is follus go ḃfuilid íoṁáiġṫe do ṡíor agá n-onóruġaḋ 'san Eaglais, agus go ḃfuilid fós ionon(ó)ruiġṫe; agus maille ris sin is córaide a ṁeas gurab fíor gaċ nıḋ dá ndubramar naċ in-ċreidṫe go ḃfuileongaḋ Dia a Eaglais féin ag dul ar seaċrán ag tabairt onóra d'íoṁáiġiḃ ó aimsir na n-asstol a leiṫ, dá mbuḋ neaṁ-toil leis a n-onóruġaḋ.

Is iongnaḋ fós an dáil mar go dtiuḃarṫar onóir do ċaṫaoir-ṡoáit an ríoġ, gion go mbiaḋ an ríġ féin do láṫair, agus naċ tabarṫaoi onóir d'íomáiġ Chríost nó a Mháṫar nó na nAbstal, gion go mbeidís féin do láṫair; óir mar naċ í an ċaṫaoir ċroinn úd in a suiḋeann an ríġ onóruiġṫear, aċt an ríġ féin, agus mar naċ é an bréid cnáibe ar a ndealḃṫar íomáiġ an ríġ onóruiġṫear aċt an ríġ féin, mar an gceudna ní h-í an ċloċ nó an crann, an brat nó an páipéar, ar a ndealḃṫar íomáiġ Chríost, a Mháṫar, nó aon naoiṁ eile, onóruiġṫear leis na gCatoilicib, aċt Críost féin, nó na naoiṁ eile dealḃṫar ionnta. Is córaide dúinn fós a ṁeas gurab toil le Chríost a íomáiġ féin do ḃeiṫ ag na Críostuiġiḃ go léiġtear ag Damascenus, 'san 17 caibiuil de'n ċeaṫramaḋ leabar ro sgríob ar an gCreideaṁ gCoitċeann ḃfíor-foglamṫa, gur ċuir Críost a íomáiġ féin ċum an ríġ d'ár b'ainm Abagarus (do ḃí lán d'ḟonn ċum É féin d'ḟaicsin), agus fós gur ċuir Sé a ḋealḃ féin ar naipicín Bheronica. Mar an gceudna, mar do ḋealḃ Lúcás Soisgeulaiḋe íomáiġ Mhuire i n-a cruṫ féin, atá ar marṫain ag an Eagluis fós, atá ċeana Athanasius, agus Basilius, agus S. Augustín, agus Ambrós agus iliomad de ḋoċtúiriḃ eile ag teaċt leis an bfírinne so.

An T-Ochtmhadh Caibiuil annso.

In a dtráċtar ar Thosaċ na Canóine.

Bíoḋ a ḟios agat, a léiġṫeóir, gurab "T" an ċéad litir de'n Chanóin agus cuma croise ḃíos uirre i nGréigis nó i Laidin, agus do ḃríġ gurab do ḋruim na croise ṫáinig an Tiġearna d'ár slánuġaḋ, is í céad litir cuirṫear i dtosaċ an Canónaċ í; agus is in a fiogair so d'órduiġ Dia in allód do'n Chineaḋ Iudaiġeaċ, gaċ aon ar a gcuirfiḋe an litir úd mar ċomarṫa in a éadan, do réir Ezechiel 'san naoiṁaḋ caibioil, go bfóir-fiḋe é ar an dioġaltas do ḃí ag Dia d'á ḋeunaṁ ar an bpobal.

Is é ádbar fá gclaonann an sagart a ċeann ċum láir na h-altóra ag ráḋ "Te igitur," i gcuiṁniuġaḋ an ċlaonta do rinne Peadar 'san dtuamba iar n-eiséirġe do Chríost. Ádbar eile fós, dá ċur i gcéill go ndliġeann an sagart dul go ró uṁal do ḋeunaṁ na h-ioḋbarṫa sin.

Is é ċialluiġid na trí crosa do ġníḋṫear ag ráḋ, "Hæc dona," trí coḋċa na h-aiṫriġe: mar atá coṁṁbruġaḋ croiḋe, adṁáil fírinneaċ béoil 'san ḃfaoisidin, agus leórġníoṁ 'san loċt do ġníḋṫear—óir trí moḋa ar a ndéuntar an peacaḋ, ó ċroiḋe, ó ḃeul, agus ó ġníoṁ. Cialluiġid fós na trí crosa úd na trí moḋa ar ar ċrocsad na h-Iuḋóil Críost—mar atá do ṫoil, do ḃeul, agus do ġníoṁ. Cialluiġid fós na trí moḋa ar a ndéarnaḋ foċṁuide fá Chríost ré h-uċt na Páise—an ċéad moḋ, do láṫair na n-easbog, i dtiġ Chaiphas; an dara moḋ, do láṫair Phioláid in a ṫiġ: an treas mod, i dtiġ Iorruaid. Ciallungid fós an cádus agus an onóir dliġṫear do ṫabairt do na Trí Pearsannaib.

Is é ċiallúiġeas "Memento na mbeó," guiḋe an tsagairt ar na daoinib bíos beó, agus is é iarras dóib, grása Dé do ṫeaċt orra, agus a bpeacaiḋ do ċur ar gcúl. Agus is ar an mod so dliġeas an sagart an guiḋe sin do ḋéanam—ar dtús, go ró speisialta ar a son féin; an dara mod, go speisialta ar son druinge d'áiriġṫe, do réir a ġaoil nó a ċumainn ris; an treas mod, ar son na h-Eaglaise go coitċionn.

Is féidir a ḟiafraiġe ann so: Cia is feárr aifrionn an tsagairt ṁaiṫ nó an droċ ṡagairt le n-ioméarann an Eaglais? Mo ḟreagra ar sin, go bfuilid dá níḋ 'san aifrionn: mar atá guiḋe an tsagairt féin, agus deanmhas neiṫ nó bríġ an aifrinn féin, an méid gurab íoḋbairt é. Do réir an ċéad neiṫ, ní ḟuil foġnaṁ ar aifrionn an droċ-ṡagairt, do bríġ go n-abair an Scrioptúir naċ éisdeann Dia re guiḋe an peacaiġ. Giḋeaḋ an méid ḃaineas ris an dara níḋ, is coṁ-uasal ó'n tsagart ṁaiṫ agus ó'n droċ-ṡagart é, do bríġ gurab do ċuṁaċtaib na sagartaċta atá aca araon (atá do-ṫruaillighṫe innte féin) do ġníd siad an íoḋbairt. Is sompla follus air so gurab minic bíos an t-ór do ġeibṫear i gcisde an biṫeaṁnaiġ coṁ-uasal ris an ór do ġeibṫear i dtiġ an ríġ: mar an gceudna, ní misde an leiġeas do ḃeir an liaiġ uaḋ, go mbeiṫ féin easlán. Dearḃṫar sinne na neiṫe so ag "Decretales."

Dá mbuḋ fada leis an sagart do ḃiaḋ sé ag cuiṁniuġaḋ gaċ aoin ann 's an Memento, tabraḋ ċum a ċuiṁne roiṁ an aifrionn iad, ⁊ abraḋ d'aon focal 'san Memento—"Cuirim gaċ aondúine ar ar ċuiṁniġeas roiṁ an aifrionn fá'n nguiḋe so"; agus dá mbiaḋ in a iongnaḋ ar aon duine, amuil a dubhramar ṫuas, gurab air féin dliġeas an sagart guiḋe do ḋéanaṁ ar dtús, bíoḋ a fios aige go bfuil órdúġaḋ 'san ngráḋ, agus gurab é iarras grád an duine do ḃeiṫ do Ḋhia ar dtús, do féin ann sin, agus do'n ċneas is goire dó ó sin amaċ. Dá bríġ sin is córa do'n tsagart guiḋe air féin ar dtús ioná ar ċneas eile dá ġoire dó. Ag so sompla ar an tSein-Reaċt air sin. Léiġṫear 'san 17 caibidil de'n treas leaḃar de leaḃraib na Ríoġ mar a dubairt Elias ris an mbaintreabaiġ toirtín fá luaiṫ arán do ḋéanaṁ dó féin ar dtús de'n ṁin do bí aice, agus in a ḋiaiġ sin di féin agus d'á cloinn; mar an gceudna do'n tsagart, dliġiḋ ar dtús soċar an aifrinn do ṫáṫuġaḋ ris féin, agus in a ḋiaiġ sin ris an tí is goire dó i ngaol nó i gcumann. Giḋeaḋ, má ċuireann duine d'ḟiaċaib ar an sagart go speisialta aifrionn do ráḋ ar a son féin, is ar son an tí sin go speisialta dliġeas an sagart aifrionn do ráḋ, óir is mó ṫéid an t-aifrionn i soċar do'n tí d'á n-abarṫar go speisialta é ioná do'n tí cuirṫear fá ġuiḋe imeasg ċáiċ; agus is uime sin atá in a ġnáṫuġaḋ ro-ṁolta 'san Eaglais Chatoilice ag daoinib cráiḃṫeaċa Aifrionn do ċur d'á ráḋ ar a son féin go speisialta.

Tabair do d' aire go bfuilid dá soċar do ġeibṫear as an Aifrionn—mar atá cion impiḋe agus leórġníoṁ. Is é is cion impiḋe ann, méaduġaḋ grása agus soċar spioradálta d'faġáil do na Críostuiġṫib, agus téid an t-Aifrionn ar an moḋ so i soċar do'n uile ḋuine bíos abuiḋ nó ionaṁuil ċum a glacta. Is é, iomorro, is leórġníoṁ ann, díoluiġeaċt dliġṫear an pianuin do ṫabairt uaiḋ i bpurgadóir maille re péin d'fulang ann do réir méide nó ċainndiġeaċta na coire nó an peacaiḋ do rinne; agus, 'san gcéill sin, ní h-ionann soċar in a dtéid an t-Aifrionn do gaċ aon duine, agus fós ní ḟuil d'á méid ċuirfeas fá ġuiḋe 'san Aifrionn go speisialta naċ luġa-sa-ċáċ do ġníḋṫear leórġníoṁ i bpéin gaċ aon aca ann; óir an níḋ ar a dtéid roinn, is luġa-sa-ċáċ mír gaċ nduine ḋe ioná dá bfaġaḋ gaċ aon aca an t-iomlán, an tan naċ bí an t-iomlán gan ċríċ gan fóirċeann, mar naċ bfuil an leórġníoṁ úd an Aifrinn. Ní h-ionann agus soċar na Páise, agus is cósṁail so do ċreideaṁuin dá mbeiṫ leórġníoṁ an Aifrinn gan ċríċ gan fóirċeann, níor ḃeag aon Aifrionn aṁáin do ráḋ ar gaċ n-anam d'á raċaḋ i bpurgadóir, nó ar a bfuil d'anmannaib ann go léir le ċéile, giḋeaḋ do ċiḋmid gnáṫuġaḋ na h-Eaglaise, dárab' ainm Fundament na Fírinne ag teaċt anaġaiḋ so, an méid go dtabair fá deara iomad Aifrionn do ráḋ ar aon anam aṁáin, níḋ naċ díongnaḋ sí dá mbeiṫ soċar an Aifrinn do-ċríoċnuiġṫe, mar naċ bfuil.

Dá n-abraḋ Cailḃin go raiḃ soċar neiṁ-ċríoċnuiġṫe ag Páis Chríost, agus, dá réir sin, naċ riġid na Críostuiġṫe a leas Aifrionn, nó Paidir, nó Cré do ráḋ, nó deaġobair ar biṫ do ḋéanaṁ. Mo ḟreagra air sin aċt gé atáid soċair na Páise neaṁċríoċnuiġṫe, tairis sin naċ slánuiġeann gníoṁ, agus naċ fóireaḋ Aifrionn gaċ aon duine, giḋeaḋ ní do neaṁċuṁaċtaib i bPáis Chríost atá sin, aċt naċ taṫuiġid na peacuiġ soċar na Páise riú féin maille re deaġoibreaċaib agus re h-aiṫriġe ḋéanaṁ in a bpeacaib.

Ag so dá sompla ḃaineas ris an níḋ so—ar dtús, ní de neaṁ-ċuṁas i solus na gréine atá naċ díongnaḋ deallruġaḋ nó taiṫneaṁ i bpriosún dorċa, aċt mar iaḋtar dóirse agus fuinneóga an ṗriosúin mar an gceudna ní de neaṁ-ċuṁaċtaib i soċar na Páise atá gan deallruġaḋ nó grása do ṫabairt do gaċ aon duine, aċt mar ċuirid na peacuiḋe ⁊ na droċ-oibreaċa daillċéisċ agus dorċadus ar an anmuin, ionnus naċ soillsiġeann solus na ngrás ann. An dara sompla, an íoc luib nó an deoċ leigis in a mbiaḋ sláinte do ṫabairt do'n oċar, ní ṫéid i dtairbe dó aċt muna n-ibiḋ í; mar an gceudna do'n ċorp slán-íce úd na Páise ní ṫéid i soċar do'n ṗeacaċ nó go dtaċuiġṫear sis é maille re deaġ-oibreaċaiḃ na h-aiṫriġe agus le coṁlíonaḋ na n-aiṫneaḋ.

Agus dá n-abraḋ Cailḃin naċ dliġṫear do na sagartaiḃ íoḋbairt do ḋeunaṁ do ḃríġ go ndeárna Críost féin íoḋbairt. Is dearḃṫa naċ fíor dó é, óir ní luġaide is cóir do'n tsagart baisdeaḋ do ḋeunaṁ go ndeárnaḋ Críost baisdeaḋ, ná urnuiġṫe do ḋeunaṁ go ndeárnaḋ Críost urnuiġṫe, nó trosgaḋ go ndeárnaḋ Críost trosgaḋ; mar an gceudna ní luġaide dliġṫear do na sagartaiḃ íoḋbairt an Aifrinn do ḋeunaṁ go ndeárnaḋ Críost íoḋbairt an Aifrinn rompa.

Agus dá n-abraḋ Cailḃin naċ ḃfuil feiḋm ar an Aifrionn, do ḃríġ naċ ndéin duine ar biṫ (má's fíor do-san) leóirġníoṁ ar a son féin nó ar son duine eile, aċt gurab é Críost féin in a aonar do ġníḋ leóirġníoṁ ar son gaċ aon duine, is dearḃṫa naċ fíor dó é. Óir bíoḋ gurab é Dia is Céad Ġníoṁuiġṫeóir coitċeann do'n uile deaġobair do ġníḋ duine, maiseaḋ is é an duine an dara gníoṁuiġṫeóir sbeisialta bíos ag cong-naṁ le Dia, do réir Ṗóil 'san dtreas caibidil de'n ċéad Eipistil ċum na gCoirinnteaċ, mar a n-abair—"Is luċt cunganta do Ḋia sinn" (ar sé). Adeir fós, 'san seaċtṁaḋ caibidil de'n dara hEipistil ċum na gCoirinnteaċ, níḋ ar a dtuiġṫear go ndéin duine leóirġníoṁ ar a son féin—"Glanam (ar sé) sinn féin ó'n uile salċar." Adeir fós, 'san dara caibidil de'n dara hEipistil go Timotheus, briaṫra ṫig leis an níḋ gceudna—"Glan (ar sé) ó ṁailis do ċroiḋe féin," dá ċur i gcéill go ndliġeann agus go ḃféadann duine, mar aon re congnaṁ Dé leóir-ġníoṁ do ḋeunaṁ ar a son féin, maille re hAifrionn do ráḋ, nó do ċur d'á ráḋ, ré h-urnaiġṫiḃ, re déirc, nó re trosgaḋ do ḋeunaṁ. Ar an aḋḃar sin, is breugaċ a deir Cailḃin naċ ḃfuil feiḋm ar an Aifrionn, agus is breugaċ a réasún an tan adeir naċ ndéin duine leóirġníoṁ ar a son féin nó ar son duine eile.

Is é ċialluiġeas an "Communicantes," cuiṁniuġaḋ na naoṁ, d'á iarraiḋ ar Ḋia in a n-onóir foirḃiuġaḋ do'n droing curṫar fá ġuiḋe an Aifrinn. Ag so sompla air sin as an tSein-Reaċt 'san 32 caibidil i Leaḃar Ecsodus, ag Maoise. Ar mbeiṫ ag guiḋe do Ṁhaoise ar son an ṗobail ṗeacaiġ—"Cuiṁniġ, a Ṫhiġearna (ar sé) Abraham, Isaac, agus Iacob, t'óglaċa féin." Mar an gceudna léiġṫear 'san dtreas caibidil i Leaḃar Daniel, gur ċuiṁniġ Azarias (ar mbeiṫ 'san tsorn teinntiġe dó) ar na trí hard-aiṫreaċaiḃ úd, ag iarraiḋ trócaire ar Ḋhia ar a son—"Ná beir (ar sé), a Ṫhiġearna, agus a Ḋhia, do ṫrócaire uainn, ar son Abraham do ḋuine dil féin, agus Isaac, t'óglaoċ féin, 7 Iacob do naoṁ féin." Léiġtear, mar an gcenna, ar Ezechias, ar mbeiṫ dó ag iarraiḋ cabarṫa ar Ḋia d'á ḋíon ar an nguais in a raiḃ féin agus an ċaṫair in a raiḃ, gurabé so an freagra ṫug Dia air, aṁuil léiġtear 'san oċtṁaḋ ċaibidil de'n ceaṫraṁaḋ leabar de leaḃraiḃ na Ríoġ—"Díonfad (ar sé) an ċaṫair so, agus saorfad í, ar mo son féin agus ar son Dáiḃiḋ, m'óglaoċ féin." Do rinne Dia fós, aṁuil léiġtear 'san 11 caibidil de'n treas leabar de leaḃraiḃ na Ríoġ, bagar ar Solaṁ tré n-a olcaiḃ—"Aċt muna ḃféaċainn do Ḋáiḃiḋ (ar sé), do ḋeunfainn dioġaltas ort. Giḋeaḋ, ni red linn-se do ḋéan é, ar son Dáiḃiḋ d'aṫair féin marseaḋ teasgfad as láiṁ do ṁic é; agus ni ḃuainfead an ríoġaċt go h-uile ḋe féin, aċt do ḃéar aon treaḃ aṁáin dó, ar son Dáiḃiḋ m'óglaoiċ féin." Is follus as na h-áitiḃ so gurab cóir ḋúinn na naoiṁ atá ar neaṁ do ġuiḋe, agus go ndéin Dia maiṫ ar a n-impiḋe ḋúinn.

Is é ċialluiġear "Hanc igitur" an impiḋe curṫar ar Ḋia d'á iarraiḋ air gean do ḃeiṫ aige ar an íoḋbairt.

Is é ċialluiġear na cúig focail atá anoiaig "Benedictam"—Cialluiġear an ċéad focal díob, impiḋe do ċur ċum sinn-ne do ḃeiṫ naoṁṫa; an dara focal, ár n-ainm do ḃeiṫ sgríoḃṫa i leabar na beaṫa; an treas focal, sinn do ḃeiṫ fá ḃrat Ċríost; an ceaṫraṁaḋ focal, ár mbeiṫ do réir riaġlaċ an réasúin; an cúigeaḋ focal, gaċ níḋ d'á ndiongnamaois do ḃeiṫ iongabṫa do láṫair Dé. Ag sin an míniuġaḋ do ḃeir S. Augustin ar na focaiḃ so, do réir mar léiġtear ag "Decretales."

Is é ċialluiġear an "Fiat," an tan do ġníḋtear dá ċros ós cionn na h-ablainne agus an ḟíona, impiḋe do ċur ar Ḋia fá ċlaoċlóḋ do ḋeunaṁ ar ṡubstaint an aráin agus an ḟíona i gCorp agus i bFuil Iosa, aṁuil do ċlaoċlaiḋ an doṁan ó neiṁniḋ ċum ḃeiṫ in a ḋoṁan, nó aṁuil do rinneaḋ Duine de Ḋia i mbroinn Ṁuire do ḃríġ an focail úd, "Fiat,"—eaḋon, deuntar.

Is é ċialluiġear an éirġe ḋíreaċ do ḃeir an sagart air féin ag ráḋ na mbriaṫar úd, an tógḃáil ḋíreaċ ṫug Críost ar an gcolainn ndaonda ó ṫromaḋ claon an peacaiḋ.

Is é aḋḃar fá dtógḃann an sagart a súile suas an tan so, ag iarraiḋ cunganta ar Ḋia. Fá ġnáṫ, iomorro, ag na fáiḋiḃ i n-allód (ar mbeiṫ ag guiḋe Dé ḋóiḃ), a súile do ṫógḃáil suas, aṁuil léiġtear 'san fiċeaḋ caibidil de'n dara leabar de Pharalipomenon, ar Iosaphat go dtógḃaḋ a súile suas ar mbeiṫ ag guiḋe Dé ḋó. Tig Dáiḃiḋ leis so, 'san 122 Sailm—"Do ṫógḃas (ar sé) mo súile suas ċugad, a Ḋé áitiġeas ar Neaṁ."

Is é aḋbar fá dtógḃann an sagart a láṁa suas, ionnus gurab luaiṫide do ġeaḃaḋ cabair é, do réir mar léiġtear 'san 17 caibidil in Ecsodus ar Maoise. Ag so an níḋ a deirṫear ann—"Iar dtógḃáil a láṁ suas do Mhaoise rug Israel buaiḋ." Giḋeaḋ dá leigeaḋ a láṁa síos a ḃeag nó a ṁór do ḃéaraḋ Amalech buaiḋ. Do buḋ duine láṁ-ṫrom, iomorro, Maoise, agus do ċuaiḋ Aaron agus Hur fá n-a ḋá láiṁ re h-uċt an ċaṫa do ċur, agus do ċongḃadar suas a láṁa go tráṫ-nóna, agus is mar sin rug Iosua (fa ceann feaḋna do Chloinn Israel) buaiḋ ar Amalec fa h-eascara dóiḃ.

Is é ċialluiġid na cúig crosa do ġníḋṫear ag ráḋ "Benedictam," do réir S. Tomáis, 'san gcúigeaḋ hairteagal de'n 83 ceist de'n treas ċuid d'á Ḋiaḋaċt na trí deiċ do ḃí anns na pinginniḃ air ar díolaḋ Críost, re a gcialluiġṫear na trí céad ċrosa agus pearsa Chríost féin agus pearsa Iúdais re a gcialluiġṫear an dá ċros ḋeiġeanaċa.

Cialluiġid fós na trí céad crosa na trí dronga re'r díolaḋ Críost—mar atáid na Sagairt, na Dliġṫeóiriḋe agus na Phairisiniġe.

Cialluiġid fós an dá ċrois ḋéiġeanaċa, Anam agus Corp Chríost do ḋealuġaḋ re ċéile 'san bpáis, agus is uime sin cuirṫear cros díob fá seaċ ós cionn na h-abluinne, agus cros eile ós cionn an ḟíona fá leiṫ.

Cialluiġid fós na cúig príṁċreaċta do ḃí ar Chríost. Cialluiġid mar an gcéudna na cúig leaḃair Mhaoise in a raiḃ an Reaċt sgrioḃṫa. Agus fós cialluiġid na cúig dronga do ḃí ag follaṁnuġaḋ an Reaċta sin—mar atáid breiṫeaṁain, ríġṫe, prionnsaḋa, fáiḋe, agus sagairt.

Is é ċialluiġeas an sagart ag ráḋ "Benedixit" go ndliġṫear coisreagaḋ do ḋeunaṁ, re h-uċt proinne do ċaiṫeaṁ, ar an mbiaḋ agus ar an ndiġe.

Is é ċialluiġeas "Accepit" dáil an tSuipéir féin, an tan a duḃairt Críost, ag taḃairt gréiṫe an aráin uaiḋ, "Ag so Mo Chorp féin."

An Naomhadh Caibidil.

In a dtráċtṫar agus in a sruiḋeoċaṁ anaġaiḋ Chailḃin agus a ċloinne naċ é aṁáin ċialluiġid na briaṫra úd .i., "Ag so Mo Chorp féin," fioġair nó samhuil Chuirp Chríost, aċt gurab'é an fíor-ċorp féin ċialluiġid.

Adeir Eoin, ag labairt ar an Sacraimeint so 'san seiseaḋ caibidil, "Ag so (ar sé) an t-arán do ṫoirniġ do Neaṁ, ionnus gibé ċaiṫfeas cuid de naċ faġaḋ bás." Adeir fós, 'san gcaibidil ċeudna, "Ag so an t-arán fírinneaċ ċuirn do Neaṁ do ḃeir beaṫa do'n doṁan." Is follus ar na briaṫraiḃ so, naċ ag arán do rinneaḋ de ṁin ċruiṫneaċta agus d'uisge, ar na moṁfuinneaḋ, do bí do ḃuaiḋ beaṫa do ṫabairt d'on doṁan, aċt ag an arán mbeó do ṫúirling do Neaṁ, aṁuil adeir Críost féin 'san gcaibidil ċeudna—"Mise (ar Sé) an t-arán beó do ṫoirnig do Neaṁ." Adeir fós 'san áit ceudna—"An t-arán do ḃéar-sa uaim (ar Sé) is í M'ḟeóil féin i ḋáilfeaḋ ar son beaṫa an doṁan." Adeir fós 'san áit ċeudna—"Go fírinneaċ is biaḋ Mo Ċhorp-sa agus is deoċ M Ḟhuil." Tig Lúcás 'san 20 caibidil, agus Marcus 'san 14 caibidil, agus Maṫa 'san 26 caibidil, le h-Eóin ar an niḋ ceudna; agus dá mbiaḋ in a iongnaḋ ar aon duine creud fá dtaḃair Críost arán d'ainm ar Shacraimint a Ċhuirp Féin, atáid trí péarúin ċuige sin. An ċéad péarún, do ḃrig go dtaḃartar 'san Sgriopṫúir ainm an neiṫ ar a ndéintear an claoċlóḋ ar an niḋ in a gclaoċluiġṫear é, aṁail léiġtear 'san seaċtṁaḋ caibidil in Ecsodus, gur sloigeaḋ le slait Aaron slata na ndraoiṫe, ġiḋeaḋ is follus gurab in a naṫraċaiḃ neiṁe do ḃádar na slata an tan do rinneaḋ an gníoṁ sin; agus is uime sin goirṫear slata díoḃ, do ḃrig gurab i n-a sl[..]taiḃ do ḃádar sul do ċlaoċluiḋeaḋ iad; mar an gceudna a deirim re Corp Ċhríost gurab uime a deirṫear arán ris do ḃrig gurab in a harán do bí an aḃlann sul do ċlaoċluiġeaḋ i gCorp Ċhríost í. An dara péarún, do ḃrig go n-anaid aiciḋiġe an aráin do bí ann roiṁe an gcoisreagaḋ timċeall Ċhuirp Ċhríost tar éis an ċoisrigṫe, mar atá fioġair agus caindiġeaċt, daṫ agus blas an aráin. An treas péarún, do ḃrig go ngoirṫear arán 'san Sgriopṫúir do'n uile niḋ fóġnas dúinn de ṫaoḃ ár n-anmann agus ár gcuirp, do réir mar adeir Máṫa 'san seiseaḋ caibidil, ag tráċt ar an bPaidir, "Taḃair dúinn a niu ár n-arán laeṫeaṁail." Agus is é ċialluiġear maille ris an "arán laeṫeaṁuil," gaċ niḋ ḃíos in a riaċtanus orainn; agus naċar leiġiḋ Dia go mbiaḋ Críost ċóṁ éigcríonna sin agus naċ iarrfaḋ do Féin ná dúinn-ne aċt arán tur; agus, ó's niḋ É Féin in a raiḃ soċar, ní h-iongnaḋ É do ġairm aráin de Féin. Tig Eoin leis so, 'san gcaibidil ċeudna, mar a ndubairt—"An tí ċaiṫfeas an t-arán so biaiḋ beó go síorruiḋe." Is follus naċ raiḃ riaṁ ná anois arán (do réir substainte aráin) ag á mbíoḋ de ḃuaiḋ duine do ċongḃáil beó go síorruiḋe. Ar an áḋḃar sin, ó's ag Corp Ċhríost aṁáin atá an ḃuaiḋ sin, is ar Ċhorp Ċhríost aṁáin do laḃair Eoin 'san gcaibidil úd.

Is iomḋa fioġair ag an tSacraimint so 'san Sgriopṫúir. Ar dtús 'san 15 caibidil in Ecsodus, do'n plúr neaṁḋa, mar a n-abair an pobal ag deunaṁ iongantuis um an bplúr an ċeud oiḋċe do fearaḋ é, "Manhú?"—eaḋon, "Creud é so?" Adeir Maoise, agá ḃfreagraḋ, "Ag so an biaḋ do ċuir Dia do Neaṁ ċugainn."

Mar an gcéudna, dá bfiafruiġeaḋ Cailbin nó a ċlann, ria faicsin na Sacraiminte so. "Créud é so?" adeir Eóin, ag freagraḋ dóiḃ, 'san seiseaḋ caibidil, "ag so (ar sé) an t-arán ṫug an Tiġearna daoiḃ mar oileaṁain." Is é so fós an plúr do ġeall Eoin 'san dara caibidil in Apocalipsi an tan a duḃairt, "Do ḃéar (ar sé) an plúr atá i bfolaċ do'n tí ḃearas buaiḋ." Is é, iomorro, ċialluiġeas an plúr úd atá i bfolaċ Corp Ċríost atá i bfolaċ fá aicídiḃ an aráin.

Léiġtear 'san 25 caibidil in Ecsodus go mbídís aráin ċoisreagṫa ar an altóir 'san tSean-Reaċt, agus fá somplá sin do'n ablainn ċois-reagṫa bíos ar altóir an Aifrinn. agus is córaide dúinn a ṫuigsin mar so go n-abair úgdar Eabrac d'ár b'ainm Rabbi Iúda, gurab é fá h-ainm do'n arán ċoisreagṫa so arán na ndealḃ, d'á ċur i gcéill go raiḃ a ginneaḋ dealba do ḃeiṫ 'san arán d'árab somplá an t-arán úd 'san tSeanreaċt.

Agus is é ċialluiġid na dealḃa úd dealḃ na Diaḋaċta agus dealḃ na Daonnaċta bíos i Sacraimint na h-altóra.

Ba fíoġair mar an gcéudna do'n tSacraimint an toirtín fá luaiṫ fá ċoinne Elias ar feaḋ dá ḟiċead lá re ndul go Sliaḃ Oiréb dó, óir amhail rug sin ar [do Elias] gan caiṫeaṁ do ḋul ann ag dul ar an sliaḃ dó, is mar sin ḃeireas sacraimint na h-altóra ar [dúinn-ne] gan ċaiṫeaṁ do ḋul innte go dul ar Sliaḃ an Ḟlaiṫis neaṁḋa dúinn annuaiġ na beaṫa so.

Fá fíoġair mar an gcéudna do'n tSacraimint so an íoḋbairt aráin agus fíona do rinne Melchisedec. Fá fíoġair fós, do'n tSacrai-mint so an fleaḋ do h-ullmuiġeaḋ le Assuerus Ríġ do ċum bainnse Esther, amhail léiġtear 'san dara caibidil de leabar h-Esther: amhuil, iomorro, do riġne Assuerus Ríġ fleaḋ ċum Esther do ṗósaḋ, mar an gcéudna do ġníḋ Críost fleaḋ na h-altóra ċum anman na bfíreun do ṗósaḋ ris féin, do réir mar adeir Sé féin annsna Cain-ticiḃ ag labairt re h-anam an ḟíréin. Is ag tairngire an tSacrai-mint so do ḃí an ní do rinneaḋ 'san tSean-Reaċta, léiġtear 'san 49 caibidil i nGenesis, mar a n-abarṫar (ag tairngire Ċríost do ḃeiṫ fá ġnéiṫiḃ an fíona)—"O a ṁic (ar sé) atá ag ceangal do ḃromaiġ do'n ḟíneaṁuin agus ag ceangal d'asail do ċrann na fíneaṁna." Is amhlaiḋ, iomorro, ṫuigeas úgdar Eabrac d'ár b'ainm Rabbi Cana na briaṫra so. ag cur gluaise ar an gcaibidil gcéudna, gurab é ċial-luiġeas an fíneaṁan, aicíde an fíona, agus gurab é ċiallúiġeas an bromaċ ceangailte úd Diaḋaċt Ċríost, agus ní h-éagcosṁail a saṁ-luġaḋ re ċéile; óir mar naċ téid cuing ná bréadaċ ar an mbromaċ, mar an gcéudna, ní ṫéid cuing umhlaċta ar an nDiaḋaċt ag cruaṫúir 'san gcruinne.

Is é ċialluiġeas an ġeug úd do luaiḋeamar, aicíde an aráin d'á mbí an t-asal—eaḋon, Corp Ċríost—ceangailte; agus ní h-éagcosṁail Corp Ċríost do ṡaṁluġaḋ re h-asal, óir mar iomċarus an t-asal eire nó ualaċ mór, is mar sin do iomċair Críost eire ṁór 'san gcroiċ ċéasda—eaḋon, peacaiḋ an ċinid ḋaonda uile, amhail adeir Isaias san 53 caibidil—"Do ċuir Dia (ar sé) ár bpeacaiḋ go léir i gceann a ċéile ann súd," ag labairt ar páis Ċríost. Do ṫairrngir Dáiḃiḋ 'san 71 Sailm Sacramaint Ċuirp Ċríost, an tan a dubhairt—"Beiḋ (ar sé) sacramaint 'san talṁain, i mbeannaiḃ na sléiḃteaḋ, agus áirdeoċṫar a ṫoraḋ ós crannaiḃ Liobáin." Ag sin ciall na bfocal Eabraċ do réir an ḟocail nó an translation do rinneaḋ leis na seaċtṁoġa fear focail. Ag so focal Hieronimus, "Beiḋ (ar sé) cuiṁne cruiṫneaċta 'san talaṁ i gceannaiḃ na sléiḃteaḋ." Ag so focal na Caldaice ar na briaṫraiḃ ceudna, agus is soillsiġṫe labras ar sacramaint na haltora ioná an dá focal ṫuas—"Beiḋ (ar sé) ioḋbairt aráin 'san talṁuin i gceannaiḃ na sléiḃteaḋ"—eaḋon, ós mullaiġiḃ na sagart 'san Aifrionn an tan ṫógḃaid an tsacramaint ós a gcionn. Is follus, iomorro, gurab ainm do'n tsagart sliaḃ, do réir Micheas Fáiḋ, 'san gceaṫraṁaḋ caibidil—"Is sliaḃ Críost (ar sé) ós na sléiḃtiḃ."

Fa ḟioġair mar an gceudna do'n tSacramaint so na haltóra an dá ṗroinn ṫug Críost uaiḋ ar an bfásaċ—an ċeud ṗroinn díoḃ, ionar ṡásuiġeaḋ ar an sliaḃ na cúig míle fear le cúig bairġeanaiḃ beaga eorna agus le dá iasg, ionnus gur ċuir Sé an oiread sin do raṫ ar an mbeagán an tan sin go raiḃ dá ċliaḃ deug brúiriġ d'fuiġleaċ aca. Mar do ċuir, iomorro, Críost líonṁaireaċt agus raṫ ar an bproinn so ó n-a roinn, is mar sin ċuireas Dia líonṁaireaċt ar ḃairġin na beaṫaḋ—eaḋon, ar Ċorp Ċríost an tan dáiltear do'n pobal é. Fa ḟioġair mar an gceudna, do'n tSacramaint so an dara proinn ṫug Críost uaiḋ, do réir mar léiġtear ag Marcus 'san 8 caibidil, mar a n-innistear gur ṡásaiġ Críost 4,000 fear le seaċt mbairġeanaiḃ agus le beagán éisg. Ag so fioġair, mar an gceudna, do'n tsacramaint so, an niḋ léiġtear 'san naoṁaḋ caibidil de Leabar Genesis mar a n-abair—"Cuirfead Mo ḃoga féin i neulaiḃ neiṁe, mar ċoṁarṫa daingean na síoṫa eadram féin agus macaiḃ na ndaoineaḋ." Ionann sin re a ráḋ ⁊ go gcuirfeaḋ Dia a Ṁhac Féin fá ġnéiṫiḃ aráin ⁊ fíona i Sacramaint na haltóra mar ċoṁarṫa síoṫċána idir É Féin agus na Críostoiġṫiḃ.

Dá bfiafruiġeaḋ Cailbin—Cionnus buḋ féidir naċ raċaḋ caiṫeaṁ i gCorp Ċríost ó ḃeiṫ ag á síor-ċaiṫeaṁ ar an altóir? Mo ḟreagra air—naċar bfusa le Dia cronnóigín mine agus crúisgín ola na mná ṫug an toirtín fá luaiṫ aráin do Elias do ċongḃáil ar feaḋ na h-aimsire cruaiḋe gan caiṫeaṁ do ḋul ionnta, agus iad go laeṫeaṁuil ag á ċaiṫeaṁ ar ċuid agus ar ḋinéir, aṁail léiġtear 'san 17 caibidil de'n tréas leabar de leabraiḃ na Ríoġ, ioná Sacraimint na haltóra do ḃeiṫ ag á ċaiṫeaṁ go laeṫeaṁuil, 7 gan caiṫeáṁ do ḃeiṫ ag dul innte.

Is iomḋa sompla eile againn ar sdaraiḃ mċreidṫe na hEaglaise, mar a léiġtear gur ċuir Dia líonṁaireaċt agus bail ar biaḋaiḃ go minic, agus ni h-é aṁáin aċt do ċuireadar mórán de ḋaoiniḃ naoṁṫa líonṁaireaċt agus raṫ go minic ar ḃiaḋaiḃ do ḃí aca féin maille re ċoṁaċtaiḃ Dé.

Léiġtear ag Greaġóir Mór, 'san treas leabar de leabraiḃ na hAgallṁa gur ḃeannaiġ naoṁ d'ár b'ainm Tulas aon ḃairġean aṁáin aráin, agus gur ċuir de líonṁaireaċt agus de raṫ air gur fásuiġ sé iomad de luċt oibre cian de laeṫiḃ ar mbeiṫ ag cúmḋaċ teampoill S. Labráis dóiḃ.

Léiġtear i mbeaṫaiḋ S. Doiminic go raiḃ sé uair gan aige aċt dá ḃairġin ḃeaga, agus gur fásuiġ dá ḟiċid bráṫair ar trí proinniḃ agus go raiḃ níḃ buḋ mó d'arán ann sna bruireaċaiḃ do ḃí d'fuiġeall aca ioná do ḃí ar dtús 'san dá ḃairġin.

Léiġtear 'san gceaṫraṁaḋ ċaibidil de'n ċeaṫraṁaḋ leabar de leabraiḃ na Ríoġ gur fásuiġ Elisaeus le dá ḃairġin deug céad fear de ṁacaiḃ na bfáiḋeaḋ; agus mar an gceudna, mar gur ċuireadar an drong sin (do ḃí i n-a ndaoiniḃ) bail agus líonṁaireaċt ar na biaḋaiḃ do ḃí aca féin maille re coṁaċtaiḃ Dé. Ní hionġnaḋ Críost, is Dia fíre, do ċur líonṁaireaċt ar a Ċorp féin, ionnus go mbuḋ féidir do na Críostuiġṫiḃ beiṫ ag á ċaiṫeaṁ do ġnáṫ agus gan caiṫeaṁ do ḋul ann.

Ag so sompla nádúrṫa ar a dtuigfeam gurab féidir neiṫe do ḃeiṫ ann ann nać téid caiṫeaṁ ó ḃeiṫ ag á gcaiṫeaṁ do ṡíor, mar atá solus na gréine, óir bíḋ sé do ġnáṫ ag á ċaiṫeaṁ agus ní ṫéid caiṫeaṁ ann do ṡíor. Mar an gceudna bíḋ an t-eagnuiḋeaċ ag tabairt foir-ċeadail agus foghluma uaiḋ agus ní luġaide aige féin an foġluim sin; ni luġaide fós uisge an tobair a dtógṫar d'uisge as an sruṫ bíos ag sniġe uaiḋ; agus mar an gceudna do Ċorp Ċríost.

Dá n-abraḋ Cailbin naċar ḃféidir do Ḋia féin substaint aráin do ċlaoċlóḋ i substaint Ċuirp Ċríost, bíoḋ a ḟios aige gurab luġa an ċreideaṁ atá aige ioná creideaṁ an Diabail, do réir mar adeir Mata 'san gceaṫraṁaḋ ċaibidil (ag aiṫfriotal uirġill an Diabail re Críost)—"Má's tú Mac Dé (ar sé) abair sir na cloċaiḃ úd do ḃeiṫ in a n-aránaiḃ." Is follus as na briaṫraiḃ so go n-aḋmuiġeann an Diabal go mbuḋ féidir le Mac Dé substaint ċloiċe do ċlaoċlóḋ i substaint aráin.

Aċt giḋ ḟéanas Cailbin naċ ḟéidir le Dia arán do ċlaoċlóḋ i substaint Chuirp Chríost, agus is iongnaḋ an daille croiḋe ṫárla do Chailbin ar ar ṁeas sé naċar ḃféidir le Dia substaint aráin do ċlaoċlóḋ i substaint Chuirp Chríost, agus go ndéintear go laeṫaṁail claoċlóḋ an aráin do iṫtear leis na daoiniḃ i ḃfuil agus i ḃfeoil do ḃreaṫnuġaḋ gaċ aon duine ag á ḃfuil eolus i léiġeas nó anns na neiṫiḃ nádúrṫa.

Is follus naċ deacra so do ḋeunaṁ ioná mar do ċruṫaiġeaḋ an doṁan de neiṫniḋ, aṁuil léiġtear 'san gcéad ċaibidil de'n Bhíobla, nó mar do ḋealḃaḋ Áḋaṁ de laṫaiġ na talṁan, nó Euḃa de'n asna ṫáinig as taoḃ Áḋaiṁ; nó mar claoċluiġṫear an síol i ngeaṁar, agus an geaṁar i ndéis, agus an déas i síol; nó mar claoċluiġṫear luaiṫ na raiṫniġe i ngloine.

Ag so sompla iongantaċ atá i n-Eirinn ar ċlaoċlóḋ, eaḋon loċ atá i leaṫ Chuinn, dárab ainm Loċ n-Eaċaċ, agus an tan ċuirtear cuaille cuilinn ann, in a ṡeasaṁ, agus ḟágṫar ann é go ceann seaċt mbliaḋna, claoċluiġṫear in iarann an ċuid bíos i dtalṁain de, agus an ċuid bíos fá uisge de in a ċloiċ, agus an ṁéid bíos ós cionn uisge ḋe i gcrann aḋmuid in a ċruṫ féin, do réir mar léiġtear ag Cambrensis 'san leabar do sgrioḃ d'iongantaiḃ na hEireann.

Ag so sompla eile againn as an mBíobla mar a ndéarnaḋ claoċlóḋ agus coṁ mór le claoċlóḋ an aráin i gCorp Chríost, mar atá an claoċlóḋ do rinneaḋ ag bainis (Eoin) i gCána, mar ar hiompuiġeaḋ an t-uisge ċum beiṫ in a ḟíon; nó mar do claoċluiġeaḋ bean Loit i liagán salainn, do réir mar léiġtear 'san naoṁaḋ caibidil deug in Genesis; nó mar do claoċluiġeaḋ le Maoise na sroṫa uisge i ḃfuil, do réir Dáiḃiḋ, 'san 104 Salm; nó mar do claoċluiġeaḋ le slait Maoise an ċarraig in uisge, do réir mar léiġtear 'san ḃfiċeaḋ caibidil de leabar na nUiḃreaċ; nó mar do claoċluiġeaḋ an tslat le slait Maoise i naṫair niṁe, agus an naṫair niṁe ceudna i slait arís, an tan do bí ag deunaṁ compóirde nó coiṁmeasda re draoiṫiḃ na hEigipte; nó mar do claoċluiġeaḋ cuid d'fuil ró-ġlain Mhuire i substaint Chuirp Chríost i mbroinn na maiġdine, aṁuil léiġtear ag Lúcás 'san gcéad ċaibidil, an tan adubairt Muire—"Déantar ḋaiṁsa (ar sí) do réir do ḃreiṫre-se."

Is cneasda, iomorro, a ṫuigsin mar go raiḃ de ḃuaḋaiḃ ag briaṫraiḃ Maoise, do bí in a ṡagart do'n tSean Reaċt, substaint slaite do ċlaoċlóḋ i substaint naṫraċ niṁe, go ḃfuil de ḃuaḋaiḃ ag na briaṫraiḃ coisreagṫa do ḟágaiḃ Críost ('san tsuipéir) ag na sagartaiḃ Soisgeulta claoċlóḋ do ḋeunaṁ ar arán na h-aḃlainne i substaint Chuirp Chríost.

Léiġtear fioġair ró-uaiġneaċ ḃeanas ris an tSacrameint so 'san 27 caibidil de Ghenesis ar ċloinn Isaac—eadhon, Esau agus Iacob, do rugaḋ d'aon toirrċeas, aċt giḋ fa ṫaosga do tuismeaḋ Esau ioná Iacob. Is amhlaiḋ, iomorro, do ḃí an fear fa hóige díoḃ in a ṁuirnín ag a ṁáṫair. Rebeca fa h-ainm do ṁáṫair na cloinne sin, agus fa h-annsa léi an mac fa hóige díoḃ (Iacob) ioná an mac fa sine (Esau). Lá n-aon d'ár iarr a n-aṫair—eadhon, Isaac (agus é féin, in a sean'ir dall) ar Esau dul do seilg, agus proinn agus tomaltus d'ollṁuġaḋ dó de'n tseilg do ḋéantaoi leis. Dála Esau, do ċuaiḋ roiṁe go lúṫ-ġáireaċ do ḋeunaṁ na sealga, do ḃriġ gur ġeall a aṫair a ḃeannaċt do ṫaḃairt dó iar gcaiṫeaṁ na proinne do ḃéaraḋ ċuige de'n tseilg, óir do ḃí an t-aṫair re ḃruinne mbáis an tan sin. Níor ċian do ċuaiḋ (Esau) an tan do laḃair Rebeca re n-a múirnín mic (Iacob), agus a duḃairt ris luaṫas do ḋeunaṁ agus beannaċt a aṫar do ġreamuġaḋ roiṁe Esau do ḋul do seilg, agus d'innis dó an moḋ ar a ndiongnaḋ sin—eadhon, meannán d'ollṁuġaḋ dó go maiṫ agus a ṫaḃairt d'á aṫair, agus a innsin gurab é féin Esau. "Dob' eagail dam-sa, a ṁáṫair (ar Iacob), dá n-aiṫneoċaḋ m'aṫair mé, gurab mallaċt do ḃéaraḋ in ionad a beannaċta ḋam." "Bíoḋ sin orm-sa," ar an ṁáṫair. D'ollṁuiġ siad an ṗroinn as a haitle sin, agus tug siad go hIsaac í. "Caiṫ dom' seilg-se, a aṫair," ar Iacob. "Cia tú?" ar Isaac. "Mise do ċéad ṁac, Esau," ar Iacob. "Maiseaḋ, is é guṫ Iacob atá ann (ar Isaac). Crom ċugam a leiṫ (ar sé) go ḃfeicim an tú atá ann." Is aṁlaiḋ do rinne Rebeca ris roiṁ teaċt do láṫair, croicinn ċluṁaċa do ḃí aice d'ḟuaġáil in a ṫimċeall, agus is uime do ċuir sí an clúdaḋ sin air do ṁeallaḋ Isaac, ionnus an tan do ġlacfaḋ a aṫair é go meássaḋ gurab'é Esau do ḃí ann, do ḃriġ gurab cneas cluṁaċ fionnfaḋaċ do ḃí ag Esau, agus gurab cneas slim lom do ḃí ag Iacob.

Cia h-é (go páirtċiallaċ) an tIsaac úd aċt an Críostuiḋe naċ faiceann Corp Chríost, agus in a ċreideaṁ atá dorċa (do réir na ndoċtúireaḋ sgolárḋa); agus cia h-é an Iacob i rioċt Esau aċt Corp Críost i rioċt an aráin. Agus cia na croicinn fa'r dislíġeaḋ Iacob aċt gnéiṫe an aráin fá ndislíġṫear Corp Críost; agus, aṁuil do meallaḋ na ceud-faḋa eile ag Isaac aċt an éisdeaċt aṁáin, is mar sin meallṫar an Críostuiḋe de ṫaoiḃ Chuirp Chríost fá ġnéiṫiḃ an aráin; óir dá ḃfiafruiġṫí de na ceudfaḋaiḃ eile creud atá 'san tSacrameint úd na h-altóra, adéaraḋ an láṁ ag á ṫaḋall gurab arán é; adéaraḋ an beul ag á froṁaḋ gurab arán é, do ḃriġ gurab blas aráin do ġeiḃ air; adéaraḋ an tsúil ag á feicsin gurab arán é, do ḃriġ gurab daṫ aráin do ċíḋ air; adéaraḋ an tsrón an níḋ ceudna, do ḃriġ gurab bolaḋ aráin do ġeiḃ air. Giḋeaḋ, ní dóiḃ so is cóir creideaṁain anns na neiṫiḃ ḃeanas re creideaṁ, aċt do'n ċluais, do ḃríġ gurab í ceudfaḋ na h-éisdeaċta í, agus gurab tríd an éisdeaċt ḃaineas an creideaṁ, do réir Phóil 'san deaċṁaḋ caibidil ċum na Róṁánaċ), agus gurabé níḋ do ġeibtear leis an éisdeaċt briaṫra Ċhríost, agus gurabé deiriḋ briaṫra Ċhríost, ag labairt ar Shacraimint na haltóra, do réir Lúcáis, 'san 22 caibidil—" Ag so (ar Sé, ar mbeiṫ do ġnéiṫiḃ an aráin in a láiṁ) Mo Ċhorp Féin." Dá ḃríġ sin, is é is cóir dúinn cion do ṫabairt ar ċeudfaḋ na h-éisteaċta seaċ na ceudfaḋaiḃ eile. Óir innte gaḃtar briaṫra Ċhríost adeir rinn gurabé a Ċhorp Féin ḃíos againn dá ríriḃ ar an altóir; agus, muna ndeunam sin, meallfuiḋear sinn aṁail do meallaḋ Isaac.

Ag so sgeula míorḃuileaċa ó n-a ḃ'iontuigṫe Corp Ċhríost do ḃeiṫ fá ġnéiṫiḃ aráin ar an altóir:—

Léiġtear go raiḃ doċtúir naoṁṫa i bPáiris, d'ár ḃ'ainm Húgo, ar a raiḃ do ṁian Críost d'feicsin in a Ċhruṫ Ḋhaonda ar an altóir, agus lá n-aon dá raiḃ ag ráḋ Aifrinn, andiaiġ na h-ablinne do ċoisreagaḋ dó, do ċonnairc sé an ablinn ar gclaoċlóḋ i gcruṫ naoiḋin ṁain-ċruṫuiġṫe; agus, mar do ċonnairc sin, do ġaḃ uaṁan agus imeagla é roiṁ an dtaisbéanaḋ sin. Leis sin do rinne an leanḃ gáire, agus a duḃairt—" A Húgo (ar Sé), creud as naċ gcaiṫeann tú Mé anois?" " A Ṫiġearna (ar Hugo), ní dána mé ar do ċaiṫeaṁ ná ar bain riot an gcéin ḃías Tú ad' Ċhruṫ Ḋhaonda mar sin, agus guiḋim Thú um ḋul 'san rioċt in a ngnáṫuiġim do ċaiṫeaṁ." "Raċad," ar Críosd. "giḋeaḋ do ċaillis-se an luaiġiḋeaċt speisialta do ḃiaḋ agad fá a ċreideaṁ go mbeiḋinn-se fá ġnéiṫiḃ an aráin: óir ní h-é a ċreideaṁain do ḋeunfa tu ó so suas, aċt bíoḋ a fios agad go dearḃṫa go mbiaiḋ Mé ann; agus is í an dúil ċúrialta do ḃi agad am' faicsin-se am' ċruṫ féin do ċuir an soċar sin amuġa ort." Léis na briaṫraiḃ sin do ráḋ do Ċhríost, do ḋíslíġ É féin fá ġnéiṫiḃ an aráin, agus do ċaiṫeaḋ le Húgo mar sin É. Is inċreidte as an míorḃuil so go mbí Críost go folaiġṫeaċ fá ġnéiṫiḃ an aráin ar an altóir.

Léiġtear fós ar mbeiṫ do Lúdolbicus Naoṁṫa, Rí Fraince, lá ag éisdeaċt Aifrinn, i dteampoll mór Phairise, agus an tráṫ ceudna do ḃadar Aifrinn aga ráḋ i séipéalaiḃ eile 'san teampoll, agus tárla do ḋuine uasal de ṁuinntir an ríoġ ḃeiṫ ag éisdeaċt Aifrinn i séipéal díoḃ; ⁊ ar dtógḃáil an tSacraimint suas do ṫaisbéan Críost É féin 'san ablinn i gcruṫ leinḃ do'n duine uasal reaṁráiḋte, ⁊ leis sin do ċuaiḋ an duine uasal maille re deiṫfir mar a raiḃ an ríġ d'faisnéis na míorḃuile sin dó, agus d'iarr leis é d'féaċuin an leinḃ. "Ní raċad (ar an ríġ), óir, mar is deiṁin leat-sa Críost do ḃeiṫ ar an altóir sin agad féin i láṁaiḃ an tsagairt, mar an gceudna is deiṁin liom-sa go bfuil Críost ar an altóir so agam féin i láṁaiḃ an tsagairt." Is increidṫe as an sgeul so go mbí Corp Ċríost dá rírib 'san ablainn ar an altóir.

Léiġtear ag Cesarius, 'san oċtṁaḋ caibidil de'n naoṁaḋ leabar, go raiḃ bean d'áiriġṫe agá raiḃ iomad beaċ agá n-oileaṁain, agus ṫárla dóiḃ aimsir in a mbídís ag faġáil báis, ionnus naċ gabaḋ leiġeas air biṫ greim díoḃ. Tug comharsa d'áiriġṫe do ṫeagasg do'n ṁnaoi sin dá gcuireaḋ sí Corp Ċríost fá ċuirceóig díoḃ, naċ cuirfidís na beiċ. Dála na mná, do leig uirṫe Corp Ċríost do ċaiṫeaṁ agus do foluiġ in a brollaċ é, agus do ċuir in a ḋiaiġ sin fá ċoirceóig d'á raiḃ in a garḋa é. I gcionn aimsire in a ḋiaiġ sin táiniġ d'ḟios na cuirceóige, agus is aṁlaiḋ fuair séipéal déanta do ċéir maille re h-oibriuġaḋ na mbeaċ, agus altóir 'san t-séipéal agus Corp Ċríost ar an altóir. Ar na ḟaicsin sin do'n ṁnaoi do ġaḃ bioḋga í, agus do ċuaiḋ mar a raiḃ an sagart, agus do innis an sgeul ó ṫús go deireaḋ dó, agus ṫáiniġ an sagart maille ris an bpobal d'ionnsuiḋe an ionaid sin, agus fuaradar an séipéal aṁuil adubairt an bean, agus na beiċ ag tim-ṗearaċt do'n tSacraimint, agus an tan do tóg an sagart an séipéal idir a láṁaiḃ, re triall gus an eaglais, do bádar na beiċ do ġnáṫ ag deunaṁ dordáin dó nó go ndeaċaiḋ isteaċ 'san teampoll, agus níor ċealgaḋ aonduine do'n ċuideaċtain leó ag teaċt no ag imṫeaċt dóiḃ. As an sgeul so is ionṫuigṫe gurab é Corp Ċríost dá rírib bíos 'san ablainn iar n-a ċoisreagaḋ.

Léiġtear 'san leabar dárab ainm "Scala Coeli" go raiḃ bráṫair in ionad d'áiriġṫe do ḃí muinntearḋa re duine uasal do ḃí 'san áit ċeudna, 7 do ḃí múirnín mic ag an duine uasal d'á dtugaḋ an bráṫair breugáin go minic, ionnus gur ṫarraing gean an leinḃ go mór air. Lá n-aon dá ndeaċaiḋ an bráṫair do ráḋ Aifrinn, agus an leanḃ mar aon ris aṁail do ġnáṫaiġeaḋ, agus do ḃí an leanḃ in a ḟoċair ag éisdeaċt an Aifrinn; agus, an tan do ḃí an bráṫair ag tógḃáil an Ċuirp Naoṁṫa suas, do ċonnairc an leanḃ Críost i gcruṫ naoiḋin idir a láṁaiḃ, agus do ḃí an leanḃ agá feuċain aṁluiḋ sin go mbeiṫ ag caiṫeaṁ an tSacraimint do'n ḃráṫair agus ann sin do ċonnairc an leanḃ an bráṫair ag slugaḋ an naoiḋin in a ḃeul go h-obann. Do ġaḃ bioḋga an leanḃ ar na ḟaicsin sin, agus do riṫ go dian as an eaglais amaċ, agus do ċuaiḋ i bfolaċ in ionad diaṁair. Iar gcríoċnuġaḋ an Aifrinn do'n ḃráṫair, do ċuaiḋ féin agus drong de muinntir an duine uasail do iarraiḋ an leinḃ, agus ar n-a ḟaġáil dóiḃ, do sgread go h-árd, agus a dubairt—"A ṁuinntir ċroiḋe m'aṫar (ar sé), gabaim búr gcoimirce."

"Creud is eagal duit?" ar siad, "An bráṫair so dom' iṫe, amail do iṫ sé an leanb ó ċianaib 'san Aifrionn." Agus do innis an sgeul dóib amail adubramar. Is iontuigṫe as an sgeul so, agus as mórán de sgeulaib eile do feudfamaois do ċur síos annso go mbí Corp Chríost dá ríribh 'san ablainn, idir lámaib an tsagairt, ar an altóir.

Bíoḋ a fios agat, a léiġṫeóir go bfuilid ceiṫre moḋa ar a ndéantar claoċlóḋ ar na neiṫib, do réir S. Tomáis, an Doċtúir aingliḋe. An ċéad moḋ díob, niḋ do ṫabairt ó neimniḋ ċum beiṫ in a niḋ, agus is é sin claoċlóḋ ṫáinig ar an domhan mór ar n-a ċruṫugaḋ. An dara moḋ, claoċlóḋ aicíde in aicíd eile, mar atá claoċlóḋ teasa i bfuaċt gan milleaḋ na substainte in a mbíd, mar atá teas do beiṫ i láim, agus an teas sin do ċlaoċlóḋ i bfuaċt gan milleaḋ na láimhe. An treas moḋ, claoċlóḋ substainte leaṫrannaċ mar a dtig malairt ar roinn de'n tsubstaint—eaḋon, ar an bfoirm—agus gan a dul ar an roinn eile—eaḋon, ar an áḋbar. Ag so sompla air sin—eaḋon, an tan iompuiġṫear feoil i gcnuimhaib; óir téid claoċlóḋ ar roinn de'n tsubstaint so na feóla—eaḋon, ar an bfoirm, ar an tsubstaint eile—eaḋon, i bfoirm cnuimh—giḋeaḋ anaiḋ an roinn eile (eaḋon, an t-áḋbar) go hionann in gaċ cuid díob. An ceaṫramhaḋ claoċlóḋ, in a gclaoċluiġṫear substaint iomlán idir áḋbar agus foirm, i substaint iomlán eile, amhail do gniḋṫear 'san ċlaoċlóḋ ċoisreagṫa so, mar a n-iompuiġṫear substaint aráin, idir áḋbar agus foirm, i substaint Chuirp Chríost.

Ag so síos cuid d'argúntaib Chailbin, mar a gcuireann roimhe a áitiuġaḋ naċar bféidir le Dia féin (le n-a Uile-ċumaċtaib) substaint Chuirp Chríost do ċur fá gnéiṫib an aráin. "Do bríġ (ar sé) naċ féidir le Dia aon niḋ amháin do ċur in dá áit in aoinfeaċt." Mo ḟreagra ar Chailbin—gurab breugaċ an niḋ a deir, agus gurab fallsa a réasún sin, mar is follus 'san ċaibidil déiġeanaiġ de leabar na dTaisbeánta ag Eóin, mar a n-abair go bfacaiḋ féin aon ċrann amháin in dá áit in aoinfeaċt. Agus dá réir sin, is breugaċ an reasún úd Chailbin, mar a n-abair naċ féidir le Dia aon niḋ amháin do ċur in dá áit in aoinfeaċt. Ag so briaṫra Eóin 'san gcaibidil úd—"Do ċonnarc (ar sé) abhainn uisge na beaṫaḋ go deallruiġṫeaċ amhail criostal ag buinniuġaḋ i h-ionad Suiḋe Dé, agus crann na beaṫaḋ ar gaċ taoib de'n abhainn, ag tabairt dá ṫoraḋ déug uaiḋ

Is iontuigṫe as na briaṫraib so gurab féidir le Dia aon niḋ amháin do ċur in dá áit in aoinfeaċt, mar gur ċuir Sé an t-aon ċrann ar gaċ taoib de'n abhainn in aoinfeaċt.

Is móide fós is inċreidte an fírinne so, mar go léiġtear 'san gcúigeaḋ caibidil de'n gceaṫramhaḋ leabar de leabraib na Ríoġ go raib Eliseus i ndá áit in aoinfeaċt, an tan do aontuiġ Giezi cumaiḋ nó breab do ġlacaḋ ó Naaman; agus mar léiġtear ag Mata, 'san treas caibidil, gur ṫuirling an Spiorad Naoṁ i gcruṫ coluim ar crann i sruṫ Iordan, aċt ġidéaḋ do ḃí do ġnáṫ ar Neaṁ mar aon ris an Aṫair.

Léiġtear ag Lúcás, 'san treas caibidil, gur labair an tAṫair as an neull ós cionn Ċhríost, ar mbeiṫ i sruṫ Iordan do Ċhríost, agá faisnéis gurab é a Mhac dil féin É; ġidéaḋ atá an tAṫair do ġnáṫ ar Neaṁ gan a ṫréigean riaṁ.

Tig Crisostomus leis an ḃfírinne sin, 'san treas leaḃar do sgríoḃ ar ḋiġnit na sagartaċta, mar a n-abair go ḃfuil Críost in a ṡuiḋe, mar aon ris an Aṫair, ar Neaṁ, agus in aoinfeaċt ar talṁain dá ṫaḃall i láṁaiḃ na sagart.

Léiġtear 'san 28 caibidil de'n ċéad leaḃar de leaḃraiḃ na Ríoġ gur ṫaisbeán Samuel é féin do ḋruing ar an saoġal so re linn beiṫ i ḃprosún na n-aiṫreaċ dó.

Léiġtear 'san naoṁaḋ caibidil de Ġhníoṁarṫaiḃ na nAbstal gur laḃair Críost as an neull re Pól, an tan a duḃairt—"A Sháuil, a Sháuil (ar sé), créud fá ndeuna inġréim no foileaṁain orm."

Is follus an tráṫ so go raiḃ Críost ar Neaṁ, do réir Ċhailbín, agus 'san neull ag laḃairt re Pól, do réir na Sgrioptúra so. Dá réir sin caiṫfiḋ Cailbín a ráḋ gurab breugaċ é féin nó an Sgrioptúir.

Léiġtear fós ag Pól 'san 15 caibidil de'n ċéad Epistil ċum na gCorintiaċ gur ṫaisbeán Críost É féin andiaiġ a ḃáis do mórán de na Deisgioblaiḃ, agus fá ḋeireaḋ ḋo féin.

Léiġtear fós ag S. Antoninus, in a Chroinic, go raiḃ Ambrós Naoṁṫa in aoinfeaċt agus in aonuair ag éisteaċt Aifrinn, 'san ċaṫraiġ d'ára ainm Millán, 'san Iodáil, agus ar aḋnacaḋ Mhairtín Naoṁṫa 'san ċaṫraiġ d'ára ainm Turenn 'san ḃFrainnc, agus do ḋeúnaiġ Dia d'Ambrós Naoṁṫa a leaṫláṁán do ḋearmad láiṁ re h-altóir an teampoill in ar h-aḋlaiceaḋ Mairtín, d'á ḋearḃaḋ naċ taiḋbse ná aisling do ċonnairc an ṁuinntear do ḃí do láṫair aḋlaicṫe Mhairtín, aċt gurabé Ambrós féin in a ċorp ċolluiḋe do ḃí ann. 'San ċaṫraiġ úd Millán, iomorro, fa h-easbog Ambrós, agus is innte do ḃíoḋ do ġnáṫ.

Ag so sompla muinntearḋa do neartuiġ leis gaċ níḋ d'á ndubramar anaġaiḋ ṁíréasúin Chailbín—

Dá mbeiṫ ċeana seanmóiriḋe ag á mbiaḋ guṫ árd ag seanmóir do láṫair míle fear, féaduiġ aonġuṫ aṁáin do ċur in a gcluasaiḃ go coitċionn in aoinfeaċt; agus, dá réir sin, cuiriḋ aon níḋ aṁáin (eaḋon an t-aon guṫ aṁáin) in ionadaiḃ éagsaṁlaḋ in aoinfeaċt (eaḋon i gcluasaiḃ iomḋa na druinge bíos ag éisteaċt ris. Agus mar go gcuireann an seanmóraiḋe an t-aon niḋ aṁáin so in ionadaiḃ eug-saṁla in aoinfeaċt le cuṁaċtaiḃ na nádúire, is eugcóir adeir Cailbin naċ feudfaḋ Ughdar na Nádúra aon niḋ aṁáin—eaḋon, a Chorp Féin—do ċur in ionadaiḃ eugsaṁla.

Agus dá mbeiṫ naċ biaḋ an oiread so de ṡuiḋiuġaḋ nó de ṡomplaiḋiḃ ar an bpunc so Corp Chríost (ḃeanus re n-ár gcreideaṁ) againn, is é dliġṫear dúinn gan ansgrúdaḋ do ḋeunaṁ, aċt ár dtuigsin do ċuib-reaċ 7 a ċreideaṁuin go soiréiḋ, go mbuḋ fíor gaċ niḋ dá mbeiṫ 'san Sgrioptúir, agus an tan naċ dtuigsimis (do réir reasúin) go mbeidís soiḋéanta, gan leanṁain ar cúrsaltaċt ceard aċt éigeaṁ mar do rinne Pól, aṁail léiġṫear 'san t-aonṁaḋ caibidil deug ċum na Ro-ṁánaċ, mar a dubairt—"O, a áirde saiḃbris, eagna, agus eolais De! Creud é diaṁraċt do ḃreiṫeaṁnus, agus creud é deacraċt do ṡliġṫe do leanṁuin!" Agus mar go n-aḋṁann Pól go ndeaċaiḋ de féin a fios do ḃeiṫ aige creud fá go ndearnaḋ Dia mórán de neiṫiḃ, agus cionnus do rinne Sé iad, ní h-ionġnaḋ go raċaḋ de Chailbin agus de'n uile ḋuine, níos mó ioná ċuaiḋ de Phól.

Is mar sin de ṫaoiḃ Chuirp Críost 'san abláinn: mar do ċuaiḋ de Chailbin gan a fios do ḃeiṫ aige cionnus ċuireas Dia ann é, níor ċneasda ḋó (do ḋíolṁuġaḋ a aimḃreasa féin) a ráḋ naċar ḃféidir le Dia a ċur ann; aċt is é do ḋliġfeaḋ do ḋeunaṁ, aṁail adeir Pól, 'san deaċṁaḋ caibidil de'n Dara hEpistil ċum na gCorinnteaċ, go ndliġeann duine a ṫuigsin do ċuibriuġaḋ, do ṫabairt géille agus creideaṁna do ċuṁ-aċtaiḃ Chríost, agus ar dtús is córaide sin do ḋéanaṁ, mar léiġṫear ag Lúcás, 'san oċtṁaḋ caibidil deug—"Na neiṫe atá doḋéanta ag daoiniḃ, go ḃfuilid soiḋéanta ag Dia." aṁail is follus i mórán d'áitiḃ de'n Sgrioptúir, go ndearna Dia gníoṁarṫa le n-a ċuṁaċtaiḃ féin naċ féadfadaois (daoine) do ḋeunaṁ, mar atá Maiġdean do ḃreiṫ mic gan truailleaḋ a hóġaċta, aṁail do ṫairngir Isaias 'san treaċtṁaḋ caibidil: agus mar ṫáinig Críost imeasg na nAspstal 'san árus druidte in a raḃadar gan osglaḋ dorus nó fuinneóige, do réir Lúcáis 'san 24 caibidil; nó mar ṫáinig Críost as an dtuamba do bí iaḋta séaluiġṫe (idir corp agus anam) gan osglaḋ an tuamba, do réir Maṫa, 'san 28 caibidil, agus Marcus, 'san 16 caibidil. Ní h-é, iomorro, Críost do ṫógaiḃ an leac de'n tuamba, aċt aingeal do ṫuirling de Neaṁ (iar n-eiséirġe Chríost) le ar tógḃaḋ an leac, 7 le ar briseaḋ séala Cæzar do bí uirre. No mar do ċuaiḋ Corp Chríost ar Neaṁ, do réir Phóil, 'san gceaṫraṁaḋ caibidil de'n Epistil ċum na nEphesianaċ. Nó mar do ṡiuḃail Críost ar uaċtar na mara, do réir Mhaṫa, 'san gceaṫraṁaḋ caibidil deug. Nó mar do ġaḃ sruṫ Iordan—eaḋon, an t-uisge—anaġaiḋ áird, agus mar do éiriġ i gcosaṁlaċt sléiḃe do gaċ leiṫ, ag leigean pobail Dé ṫairis, do réir Iosua, 'san treas ċaibidil. Nó mar do ċoirmeasg Dia an teine do ḃí 'san tsóirn gan gníoṁ do ḋeunaṁ air an dtriúr leanḃ, do réir Daniel 'san treas caibidil. Agus mar go ndéarnaḋ Dia na míorḃaileaḋa so, agus mórán míorḃail eile do ḃí doiḋeunta ag daoinib, naċ luaiḋtear linn de'n ċor so, is éigneasda do Chailḃin a ṁeas naċ féadfaḋ Críosd (atá 'n a Dhia Ḟírinneaċ) aon niḋ aṁáin do ċur in dá áit in aoinḟeaċt, tar ċeann naċ feudfaḋ duine do ċoṁaċtaiḃ daonda a ḋeunaṁ.

Adeir Cailḃin naċ féidir niḋ mór do ċonnluġaḋ i niḋ ḃeag istiġ, agus dá réir sin naċ féidir Corp Críosd do ċonnluġaḋ i mbairġin ḃiġ aráin is luġa go mór ioná Corp Chríosd. Mo ḟreagra ar an pearsún so, go bḟuil sé breugaċ, do réir Eóin 'san gcéad caibidil mar a n-abair na briaṫra so—"Do rinneaḋ (ar sé) Colann de'n bhréiṫir." Ionann sin re a ráḋ, agus do rinneaḋ Duine de Dhia, agus do réir Lúcáis, 'san gcéad caibidil, is i mbroinn Mhuire do rinneaḋ so, an tan adubairt—"An ġein do ruġaḋ uaiṫ-se (ar sé) is ó'n Spiorad Naoṁ atá sé." agus d'á bríġ gurab Dia an Spiorad Naoṁ, an niḋ do gabaḋ ó'n Spiorad Naoṁ ċum a ġeineaṁna, ní gar naċ Dia é; 7 dá réir sin atá gan críoċ gan foirċeann, do réir mar adeir Ieremias ag labairt i bpearsain Dé, 'san 23 caibidil—"Líonaim (ar sé) neaṁ agus talaṁ." Adeir Pól, 'san seaċtṁaḋ caibidil deug de Ghníoṁarṫaiḃ na nAbstal (dá ċur i gcéill go bḟuil Dia in gaċ aon áit)—"Ní fada ó gaċ aon againn É (ar sé), óir is ann ṁairimíd, gluaistear sinn, agus atámuid." Adeir Dáiḃiḋ, 'san 138 Sailm (dá cur i gcéill go bḟuil Dia 'san uile áit)—"A Ṫiġearna (ar sé), cá háit a dteiṫfead ód' ġnúis? Dá dtriallaiḋ ar Neaṁ, ataoi annsin. Dá ndeaċaiḋ go h-Ifrionn, ataoi-se do láṫair annsin. Má ċuirim cleiteaċ orm féin moċ-ṫráṫ, agus go raċainn in aigéan na mara, gan aṁrus béaraiḋ Do láṁ ar mé, agus greamóċaiḋ Do ḋeas-láṁ mé."

Is follus as na h-ionadaiḃ so go bḟuil Dia 'san uile áit, agus go líonann Sé neaṁ agus talaṁ, agus mar gur ċonnluiġ an Dia so É féin i mbroinn maiġdine, is follus go bḟéadfaḋ níos luġa ioná sin do ḋeunaṁ, mar atá corp beag daonna do ċonnluġaḋ i mbairġin aráin.

Léiġtear 'san gcéad caibidil de Leaḃar na dTaisbeánta ag Eóin niḋ as a dtuigfeam go follus go bḟéadann Dia niḋ mór do ċonnluġaḋ de'n leiṫ istiġ de'n niḋ ḃeag. Ag so ċeana mar adubairt—"Do ċonnarc (ar sé) i meaḋon seaċt gcoinnleóireaḋ samail Mhic an Duine, ag á rabadar seaċt reultanna in a ḋeas-láiṁ."

Is follus, do réir gaċ uile ḟeallsaṁan dár ṫráċt riaṁ ar na h-áirdreannaiḃ, naċ ḃfuil aon reult de na seaċt bplainéidiḃ ná 'san ḃfirmaimint go léir ċoṁ beag re láiṁ aon duine d'á dtáinig riaṁ nó fós dá n-abrainn ċoṁ beag ris an gcnoc is mó 'san doṁan. Agus mar go n abair Eoin annsna briaṫraiḃ réaṁráiḋte, go ḃfacaiḋ sé féin na seaċt reultanna úd sa mó ioná seaċt gcnuic ró-ṁóra, ag á gconnluġaḋ i nglaic aonduine aṁáin, is follus go ḃféadann Dia nió mór do ċonnluġaḋ de'n leiṫ istiġ de nió beag; agus, dá réir sin, gurab breugaċ réasún Chailbin.

Ag so sompla nádúrṫa ar an nió gceudna :—

Is follus, do réir Cleomedes 'san dara leabar do sgrioḃ ar na Soiġneánaiḃ, go ḃfuil oiread na talṁan sé huaire deug ar ṫrí fiċid agus ceud 'san ngréin, agus go ngaḃṫar sgáile iomlán na gréine i sgaṫán beag, agus mar go gconnluiġṫear sgáile an ċuirp ro ṁóir sin na gréine i sgaṫán beag, creud as naċ creidfamaois go mbuḋ féidir le h-Uġdar na Nádúire corp beag daonda do ċonnluġaḋ fá ġnéiṫiḃ na h-ablainne.

Adeir Cailbin, dá mbeiḋeaḋ Corp Chríost fá ġnéiṫiḃ na hablainne, le briseaḋ na hablainne go mbrisfiḋe Corp Chríost; agus, dá bríġ sin, naċ bí Corp Chríost ann. Mo ḟreagra ar Chailbin, go ḃféadtar gnéiṫe an aráin do ḃriseaḋ, agus gan Corp Chríost do ḃriseaḋ, do bríġ gurab go spioradálta sacramainteaṁail bíos Corp Chríost ann. Ag so sompla le n-a ndearḃṫar an fírinne so. An tan, iomorro, gearrṫar meur, nó cos, nó láiṁ de duine, ní gearrṫar aonnid d'á anam; aċt gidheaḋ bíos an t-anam go hiomlán in gaċ cuid díoḃ agus 'san ċorp go léir, mar an gceudna do Chorp Chríost, bíos 'san ablainn go léir agus in gaċ cuid dí.

Ag so sompla eile is soillsiġṫe ioná súd ar a dtuigfiḋear go ḃféadann Corp Chríost beiṫ 'san ablainn go hiomlán agus beiṫ go hiomlán in gaċ aon bloḋ dí an tan brisṫear í — eadon, aṁail bíos dealḃ an duine go hiomlán 'san sgaṫán slán, agus an dealḃ ceudna in gaċ aon bloḋ de an tan brisṫear é, ionnus iar ngabáil briste do'n sgáṫán naċ gabann an dealḃ do ċíḋtear ann briseaḋ ċuige aċt bí go hiomlán an gaċ aon bloḋ de. Mar an gceudna, an tan brisṫear gnéiṫe na hablainne, ní ġabann an corp bíos fúiṫe briseaḋ ċuige, aċt bíḋ go hiomlán in gaċ n-aon bloḋ dí, aṁail bíos an dealḃ go hiomlán in gaċ n-aon ball de'n sgaṫán briste.

Léiġtear fíoġair ar an nió so 'san treas ċaibidil in Ecsodus, mar a ḃfuil sgrioḃṫa go ḃfacaiḋ Maoise lasair ṁór i muine coille, agus gan a beag nó a ṁór de'n muine ag gabáil loisgṫe ċuige. Mar sin do

Chorp Chríosd. aċt, giḋeaḋ ġabaid gnéiṫe na hablainne briseaḋ ċuca i láṁaiḃ an tsagairt, ní ġabann Corp Chríost bíos súṫa a beag nó a ṁór do ḃriseaḋ ċuige.

Adeir Cailbin dá mbeiṫ Corp Chríost fá ġnéiṫiḃ an aráin go dtiocfaḋ as sin do'n tí do ċaiṫfeaḋ aon ablann aṁáin naċ biaḋ aige aċt aon ċorp aṁáin Chríost ar iomċar, agus an tí do ċaiṫfeaḋ a sé nó a seaċt nó dá ṁeud do ċaiṫfeaḋ de na hablannaiḃ, go mbiaḋ Corp Chríost ar iomċar aige anaġaiḋ gaċa hablainne díoḃ.

Mo ḟreagra ar Chalbin, an tí do ċaiṫfeaḋ n-uiṁir do-áiriṁiġṫe d'ablannaiḃ, naċ caiṫfeaḋ aċt aon ċorp aṁáin Chríost.

Ag so sioġair ró-ġaolṁar do so 'san mBhioblá. Léiġtear 'san 16 caibidil in Exodus, an tan, iomorro, do ḃídís Clann Israel 'san oiḋċe ag tiomsuġaḋ an plúir neaṁḋa, do ṫiomsuiġeaḋ duine díoḃ aon ċronnóg aṁáin agus duine eile dá ċronnóig, agus duine eile deiċ gcronnóga, agus mar sin do gaċ aon aca do réir a ċleasa nó a ṁaiṫeasa féin ċum cnuasaiġ do ḋéunaṁ; giḋeaḋ, re huċt an plúir do ċaiṫeaṁ dóiḃ, an tí do ṫionólaḋ na deiċ gcronnóg [nó gsoibín] ní ḃfaġaḋ aige féin aċt aon ċronnóg aṁáin ("Gamor," iomorro, fa hainm do'n tomas do ḃí aca); agus an tí naċ tiomsuiġeaḋ aċt aon ċronnóg aṁáin, do ḃíoḋ aon ċronnóg [nó gsoibín] aige ċoṁ maiṫ agus do ḃíoḋ a ċronnóg ag fear-ṫiomsuiġṫe na ndeiċ gcronnóg.

Mar an gceudna do Chorp Chríost fá ġnéiṫiḃ an aráin, an tí ġlacas deiċ n-ablanna ní ċaiṫeann aċt aon Chorp Chríost aṁáin fá ġnéiṫiḃ an aráin; agus an tí naċ caiṫeann aċt an aon ablann aṁáin, caiṫeann an t-aon Chorp ceudna sin.

Is córaide a ṫuigsin gurab sioġair ḟírinneaċ do Shacraimint na haltóra an plúr neaṁḋa úd. Ag so seaċt moḋa in a ḃfuilid ró-ċosṁail re ċéile:—

An ċéad ṁoḋ díoḃ, gurab 'san oiḋċe do feartaoi an plúr neaṁḋa; mar an gceudna, gurab in oiḋċe an ċreidiṁ (atá in a ċúlus dorċa ann féin, aṁail a duḃramar suas) dáiltear Corp Chríost dúinne.

An dara moḋ, gurab ar an ḃfásaċ do feartaoi an plúr; mar an gceudna, gurab ar ḟásaċ an tsaoġail so dáiltear dúinne Corp Chríost

An tréas ṁoḋ, gurab ar feaḋ na sé hoiḋċe do ḃíoḋ an plúr neaṁḋa d'á ḟeartainn, 7 ní feartaoi é 'san tseaċtṁaḋ hoiḋċe; mar an gceudna re linn na sé n-aimsera so againne 'san tsaoġal so, is ċum soċair luaiġiḋeaċta na sé n-aimsir sin dáiltear Corp Chríost fá ċúm na hablainne dúinn: giḋeaḋ an seaċtṁaḋ haimsear, ní biaḋ againn go sacramainteaṁail i ḃfolaċ fá ġnéiṫiḃ an aráin, aċt do ċífeam é go follus aġaiḋ ar aġaiḋ in a ġlóir féin ar Neaṁ.

An ceaṫraṁaḋ moḋ, do réir mar aduḃramar ṫuas ag mionuġaḋ na briosgraċ in a dtráċtar ar na cronnógaiḃ (nó grainniḃ) agus ar luċt a dtiomsuiġṫe.

An cúigeaḋ moḋ, ar ollṁuġaḋ an plúir, óir an tan cuirṫí re teine é do ḃíoḋ in a ḃiaḋ tirm, daingean, miṫe, agus an tan do cuirṫí sís an ngréin é, do leaġaḋ, agus ní ḃraġṫaoi in a ḃiaḋ miṫe é. Mar an gceudna, an tan cuirṫear Sacramaint Ċuirp Ċríost re teiniḋ ġráḋa Dé agus na gcoṁarsan ḃíos ar lasaḋ i gcroiḋe an fíréin, do ġníḋ ḃiaḋ daingean dílear iontaiṫṁe de, agus teid i n-oileaṁain spioradálta dó; agus do ḃeir ḃríġ agus beoḋaċt dó le a gcaṫuiġeann anaġaiḋ na ndúḃ-áilceaḋ agus na ndroċ-ṁían; giḋeaḋ, an tan ċuirid luċt an díomuis agus na ndroċ-airġean re gréin na glóire díoṁaoine é, leaġaiḋ sé, agus ní ṫéid i ḃfuil ná in a oileaṁain spioradálta dóiḃ.

An seiseaḋ moḋ, ní coimeadṫaoi aon níḋ de'n ṗlúr neaṁḋa tar oiḋċe mar lón; mar an gceudna do'n tSacramaint so, ní dliġṫear lón ná tairḃe saoġalta do ḋeunaṁ de, ná ciste nó ionnṁus do ḋeunaṁ mar ġeall air.

An seaċtṁaḋ moḋ do ġeaḃṫaoi blas gaċa ḃíḋ do ḃíoḋ de ṁian ar ḋuine ar an ḃplúr neaṁḋa, aṁail aduḃramar ṫuas: mar an gceudna do'n tSacramaint so, do ġeiḃṫear grása agus maiṫ uaiḋ in a ḃfuil gaċ uile blas agus mian spioradálta.

Atáid gnéiṫe eile in a dtig an plúr neaṁḋa agus Corp Ċríost le ċéile.

An ċéad ġné, gurab maille re hoibriuġaḋ na n-aingeal do rinneaḋ an plúr neaṁḋa, agus is uime sin goirear Dáiḃiḋ, san 77 Salm, "Arán na n-aingeal," de. Mar an gceudna, is maille re hoibriuġaḋ na n-aingeal—eaḋon na sagart—do ġníḋṫear Corp Ċríost.

An dara gné, naċ de ṫalaṁ nó d'uisge do rigneaḋ an plúr neaṁḋa, aṁail do ġníḋṫear do ġnáṫ na biaḋa coitċeanna, aċt a ṫeaċt de Neaṁ. Mar an gceudna do'n tSacramaint so, is de ċuṁaċtaiḃ Ċríost atá ar Neaṁ cuirṫear 'san aḃlainn ċoisreagṫa é.

An treas gné, is soblasda do ġeiḃidís na fíréin re a ċaiṫeaṁ an ṗlúr, agus fa domblasda do na droċ-ḋaoiniḃ é. Mar an gceudna, is sáḋail soblasda do na deaġḋaoiniḃ an tSacramaint so, agus is dam-anta, droċḃlasda do na droċ-ḋaoiniḃ é, do réir S. Tomáis, 'san iomun do rinne ar Ċorp Ċríost.

An ceaṫraṁaḋ gné, do coiméadaḋ cuid de'n plúr neaṁḋa i n-airc ḋoṫruailliġṫe iomad de ċeudaiḃ bliaḋan. Mar an gceudna coiméad-tar an tSacramaint so, in airc ḋoṫruailliġṫe na heaglaise do ṡíor, d'oirċill ar na Críostuiġṫiḃ, agus mar ċuiṁniuġaḋ ar na grásaiḃ do rinne Dia orra 'san bpáis. amhail do ċoiméadadar an pobal Iúdaiġeaċ an plúr (amhuil a dubhramar) mar ċuiṁniuġaḋ ar na grásaiḃ do rinne Dia orra ar an ḃfásaċ.

An cúigeaḋ gné gurab é an plúr neaṁḋa fá lón do Chloinn Israel ar feaḋ dá fiċead bliaḋan do ḃádar ar an ḃfásaċ, go roċtain Tíre Tairn-gire dóiḃ. Mar an gcéudna is í an tSacramint so lón spioradálta d'anmannaiḃ na ḃfíreun an gcéin ḃíd ar fásaċ an tsaoġail so go dul i dTír Thairngire (an Flaiṫeas Neaṁḋa) ḋóiḃ.

Is iontuigṫe as na samplaiḋiḃ so gurab fioġair agus aiṫġein do'n tSacramint so an plúr neaṁḋa, agus, ó's éigin an níḋ féin do ḃeiṫ níos uaisle ioná a ḟioġair nó a aiṫġein, do réir Ṗóil agus mar is follus i gCríost fa huaisle ioná Melchisedec fá haiṫġein dó, agus 'san bpáis, dob uaisle ioná íoḋbairt Abraham fá haiṫġein di, caiṫfimid adṁáil gurab uaisle an tSacramint so ioná an plúr neaṁḋa fá haiṫġein di, agus is iontuigṫe naċ féidir gurab uaisle an tSacramint so ioná an plúr neaṁḋa; aċt muna ḃfuil níḋ éigin substainteaċ innte is uaisle ioná an t-arán, agus ó naċ ḃfuil níḋ eile substainteaċ innte is uaisle ioná an t-arán aċt Corp Chríost, caiṫfimid adṁáil go ḃfuil Corp Chríost 'san tSacramint, nó go gcumaiḋ Cailbin nó a ċlann ainn nó sloinneaḋ substainte eile is uaisle ioná substaint an aráin do ḃí innte in éagṁais Chuirp Chríost, níḋ naċ ráinig leó do ċumaḋ fós.

Adeir Cailbin, dá mbeiḋeaḋ Corp Chríost 'san ablainn, go mbuḋ féidir go dtuitfeaḋ an ablainn ar lár, agus go dteagṁaḋ i mbeul con nó gaḋair í. "Ní cneasda so do ráḋ (ar sé), ar an aḋḃar sin ní cneasda a ráḋ go ḃfuil Corp Chríost 'san ablainn."

Mo ḟreagra ar Chailbin, dá dteagṁaḋ sin i gcás, naċ misde Corp Chríost é, 7 naċ geabaḋ truailleaḋ ar biṫ uaiḋ, amhail mar naċ gabann an gaṫ gréine truailleaḋ ó ḃeiṫ ag taiṫneaṁ ar an ablaċ truaillighṫe ḃíos lán de ċnuiṁaiḃ neaṁġlana, nó an liag loġṁar ó'n laṫaiġ in a mbí, nó an t-ór ó'n dtalaṁ fá mbí i ḃfolaċ. Freagra eile ar Chailbin —bíoḋ a fios fós ag Cailbin gur ċuir Críost féin a Chorp in ionaḋ buḋ truaillighṫe ioná corp con nó madraiḋ—eaḋon, i gcorp Iúdáis do bí in a ḋuine ḋeaṁnaiḋe peacaċ do réir mar léiġtear 'san 14 caibidil ag Marcus, agus 'san 26 caibidil ag Mata, agus 'san 22 caibidil ag Lúcás; óir do bí sé de'n dá Abstal deug an tan ṫug Críosd a Chorp féin dóiḃ d'á ċaiṫeaṁ 'san tSuipéar. agus mar naċ lúġaide do ḃí Corp Chríost fá ġnéiṫiḃ an aráin do ċaiṫeaṁ le Iúdás, eisean do ḃeiṫ in a ṗeacaċ ḋeaṁnaiḋe ag á ċaiṫeaṁ, is mar sin naċ lúġaide do ḃiaḋ

Corp Chríost 'san ablainn, go gcaiṫfiḋe le coin nó le gaḋar é, agus nac raċaḋ i dtruailleaḋ ar a son.

Atáid, iomorro, trí moḋa ar a gcaiṫtear an tSacraimint so—

An céad moḋ díoḃ go sacraiminteaṁuil aṁáin. Ionann sin ré a ráḋ agus an tan bíos toil duine cum a ċaiṫṁe, agus nac é féin ṫearduiġeas uaiḋ, agus is uime sin a deir S. Augustín—"Creid (ar sé), agus do ċaiṫis é."

An dara moḋ go gníoṁaċ aṁáin. Ionann sin ré a ráḋ agus a ċaiṫeaṁ gan grád do'n tSacraimint, agus i riocht go mbuḋ biaḋ corpordha é, nó ó ċúis eile saoġalta, nó do ṡeaċnaḋ gotha d'ḟaġáil ó'n bpobal nó a ionaṁuil eile sin, agus is mar sin ċaiṫtear le coin nó le madraḋ, nó le heiriceaċ, nó leis gaċ ndroing eile ċaiṫeas go neiṁḋlisteanaċ é.

An treas moḋ ar a gcaiṫtear é, go sacraiminteaṁuil agus go gníoṁaċ—eaḋon, de ṫoil agus de gníoṁ, agus mar sin ġlacaid na fíréin é, an tan ċaiṫid é.

Atá iongantus eile 'san tSacraimint so—eaḋon, an t-oibriuġaḋ bíos 'san arán agus 'san ḃfíon roiṁ an gcoisreagaḋ go bfanann andiaiġ an ċoisrigṫe i ngnéitiḃ an aráin agus an fíona—mar atá sásuġaḋ ocrais agus tart do ṁúċaḋ agus a saṁail eile sin. Giḋeaḋ ní hiongnaḋ sin óir ní h-í an tsubstaint bíos gníoṁaċ aċt na haiciḋiġe, agus ó anaid na haiciḋiġe in a mbí an gníoṁuġaḋ, ní hiongnaḋ iad do ḋéanaṁ an gníoṁa (d'á gcuṁaċtaiḃ féin) bíos ionnta; agus, ó sé is gníoṁuġaḋ d'aiciḋiḃ an aráin sásuġaḋ ocrais, agus d'aiciḋiḃ an fíona tart do ṁúċaḋ, nó a n-ionaṁuil eile, ní hiongnaḋ iad d'á ḋéanaṁ sin andiaiġ substainte an aráin agus an fíona do ḋealuġaḋ riú.

Tuig, a léiġṫeóir, gaċ níḋ d'á ndubramar re Corp Chríost fá ġnéitiḃ an aráin go n-abraim an níḋ ceudna re Fuil Críost fá ġnéitiḃ an fíona. Is leór a ndubramar d'á ċruṫuġaḋ gurab breugaċ Cailbin de ṫaoiḃ na Sacraiminte so na haltóra, mar a n-abair nac bí Corp Chríost fá ġnéitiḃ an aráin.

An Deachmhadh Caibidil.

In a dtráċtar ar an gcuid eile de'n Chanóin go soiċe "Domine non sum dignus, ⁊c."

Is é ċialluiġeas na cúig crosa do ġníḋ an sagart, ag ráḋ "Hostiam puram"—

Ar dtús is é ċialluiġid na trí céad ċrosa díoḃ na trí neiṫe do rinne Críost d'ár neartuġaḋ anns na Trí Subailciḃ Diaḋa—eaḋon,

Creideaṁ, Dóċċas, agus Gráḋ. Oir do neartuiġ Sé sinn in ár gcreideaṁ leis an Eirseirġe, in ár ndóċċas leis an Aifrionn, agus in ár ngráḋ leis an bPáis.

Is é ċialluiġid an dá ċrois déiġionaċa, an dá príoṁ-ċomaoin eile do ċuir Críost orrainn. An ċéad ċomaoin díoḃ, an diaḋaċt do ṫaṫuġaḋ ris an daonnaċt. An dara comaoin, mar ṫug Sé grása fóirleaṫna do gaċ aon le'r b'áil beiṫ ionaṁuil ċum a nglacta.

Is é áḋḃar fá mbuaileann an sagart agus an pobal a láṁa ar a n-uċtaib, ag ráḋ "Nobis quoque peccatoribus," dá ċur i gcéill go ndliġid na peacaiġ, de ḋruim aiṫriġe, a bpeacaiḋe d'aḋṁáil do Ḋia.

Is é ċialluiġid na trí crosa do ġníḋtear ag ráḋ "Sanctificas," na trí guiḋe do rinne Críost re huċt na Páise. An ċéad guiḋe díoḃ, ar son a eascarad, an tan aduḃairt—"A Aṫair, maiṫ dóiḃ so, óir ní feas dóiḃ créud do ġníḋid." An dara guiḋe, ar a son féin, agus ar son a ḋeiḃléan, an tan a duḃairt, do réir Maṫa 'san 27 caibidil—"O Mo Ṫiġearna! agus O Mo Ḋia féin! créud fá'r ṫréigis Mé?" An treas guiḋe, ar son a anma féin aṁáin, an tan aduḃairt—"Ad' Láiṁ-se, a Ṫiġearna, tiomnaim Mo Spiorad féin."

Is é ċialluiġid na trí crosa do ġníḋtear ag ráḋ "Per ipsum," na trí huaire do ḃí Críost 'san gcrois—eaḋon, ó'n seiseaḋ huair de'n ló go roiċe an naoṁaḋ huair.

Is é ċialluiġid an dá crois do ġníḋtear in a ḋiaiġ sin, an dá níḋ ṫáinig as taoiḃ Ċhríost, mar atá fuil agus uisge.

Is é ċialluiġeas léiġean na h-ablainne ar an gcorporas, cur Corp Ċhríost 'san eisléine.

Is é ċialluiġeas an túgḃáil ḃeag do ġníḋtear ar an ablainn andiaiġ an ċoisreagṫa úd aduḃramar fá ḋeireaḋ, an túgḃáil do rinne Muire ar a Mac andiaiġ a léiġṫe as an gcrois.

Dá uair, iomorro, tóigṫear an tSacramaint 'san Aifrionn; ar dtús, an tan taisbeántar do'n pobal í, is é ċialluiġeas an túgḃáil sin, mar do túgḃaḋ Críost 'san gcrois; an dara huair, mar do ċuir Muire Críost in a huċt, aṁlaiḋ aduḃramar.

Is é ċialluiġeas trí hanmana na n-aspal adeirṫear an tan do ġníḋ an sagart é féin do ċoisreagaḋ leis an bpaiténa, d'á ċur i gcéill gaċ naoṁ dá dtáinig riaṁ gurab de ṫrí ḋronġaib é—eaḋon, gurab duine pósta é, nó gurab duine maiġdine é, nó gurab duine aontuṁaḋ é. Mar sin, iomorro, do ḃádar an triúr úd; mar do ḃí Peadar pósta, agus Pól in a ṁaiġdin, agus Aindreas in a aontuṁaḋ.

Is é ċialluiġeas an pax do ḃeir an sagart do'n paitena, dá ċur i gcéill gur ċeannaiġ Críost ár síoṫċáin go daor ar an gcrois.

Is é ċialluiġeas an briseaḋ do ġníḋtear ar an ablainn, ag ráḋ "per eundem," an briseaḋ do rinne Críost ar an arán d'á roinn ar na hab-stalaiḃ 'san tsuipear, mar a dtug Sé a Ċorp féin fá ġnéiṫiḃ an aráin dóiḃ. Is é áḋḃar fá a ndéantar trí coda de'n ablainn, dá ċur i gcéill go raiḃ Críost i dtrí reaċtaiḃ ar an saoġal so; ar dtús, go saoġalta. so-ṁarḃṫa roiṁ an bpáis; in a ḋiaiġ sin, go doṁarḃṫa. deallraiḋṫeaċ tar éis na heiséirġe; an treas reaċt, go diaṁair, do-ḟaicsiona i láṁaiḃ na sagart i sacraimint na haltóra. Áḋḃar eile fós fá ndéantar trí ċuid de'n ablainn, dá ċur i gcéill go ḃfuil Corp fáṫrúnda diaṁairċiallaċ Ċríost in a ṫrí codcaiḃ. An ċéad ċuid díoḃ, Eaglais Ḟlaiṫeaṁnais Dé, dárab ainm Eaglais na mbuaḋ, 7 do ġníḋ-ṫear an tSacraimint d'ofráluġaḋ mar tuilleaḋ buiḋe 7 mar altuġaḋ ris an Eaglais sin. An dara cuid, Eaglais an tSaoġail so, dárab ainm Eaglais an ċaṫaiġ, agus do ġníḋtear an tSacraimint d'ofráluġaḋ ar son na coda so, mar ġeall fuasgailte. An treas cuid, na Naoiṁ atá i bPurgadóir, agus do ġníḋtear an tSacraimint d'ofráluġaḋ ar a son so, mar leóirġníoṁ ar son a bpéine.

Is é áḋḃar fá mbristear ós cionn na cailíse í, ionnus. dá mbeidís bruaireaċ ar biṫ ar long an ḃriste, go dtuitfeaḋ 'san gcailís.

Is é ċialluiġeas an ċuid cuirṫear 'san ċailís sipéin Eaglaise an tSaoġail so, dá ċur i gcéill, an ċuid ḃíos ar an saoġal so gurab éigin dóiḃ Corn na Páise d'ól; agus cialluiġid an dá ċuid eile, Eaglais na mbuaḋ agus na marḃ ḃíos i bPurgadóir.

Is é cialluiġid na trí crosa do ġníḋtear, ag ráḋ "Pax Domini sit semper vobiscum," na trí lá do ḃí Críost 'san uaiġ.

Is é fáṫ fá n-abarṫar "Agnus Dei" trí huaire, i gcuiṁniuġaḋ na dtrí n-olc do ṁaiṫ Críost dúinn—mar atá, peacaḋ an tsinnsir, peacaḋ marḃṫaċ, agus peacaḋ soloġṫaċ.

Is é ċialluiġeas "Sacro Sancto Commixtio," taṫuġaḋ Anma Ċríost re n-a Ċorp 'san Eiséirġe, agus do ġníḋtear trí crosa, dá ċur i gcéill gurab do ċuṁaċtaiḃ na dTrí bPearsana atá 'san Tríonóid ṫáinig an taṫuġaḋ sin do ḋéanaṁ.

Ní tabarṫar an "Pax" in Aifrionn na Marḃ, do ḃríġ gurab do ċur síoṫċána ḃeirṫear é, agus gurab idir na beóḋaiḃ aṁáin iarrṫar an tsíoṫċáin do ḃeiṫ, ó's eatorra is gnáṫ easaonta do ḃeiṫ. Na mairḃ, iomorro, ní ḃí cúis ná caoi easaonta eatorra. An ċuid aca ḃíos i bPur-gadóir, ar an áḋḃar sin ní riġtear a leas "Pax" nó síoṫċáin do ċur dóiḃ.

Is é ċialluiġeas "Domine non sum dignus," go ndliġeann an sagart re huċt an Tiġearna do ṫeaċt go sacramainteaṁail d'á ṫiġ féin—eaḋon, d'á ċorp féin (do ḟlánuġaḋ a ḃuaċalla féin)—eaḋon, a anam féin agus a ċoguas do sgriobaḋ agus do sgiaṁġlanaḋ, ionnus go mbaḋ fiú é Mac Dé teaċt d'áitiuġaḋ a anma. Agus, de ḃriġ naċ féidir an glanaḋ sin do ḋeunaṁ aċt maille ris an ḃfaoisidin do ḋeunaṁ de ġníoṁ, nó maille re rún faoisidineaċ do ḃeiṫ ag duine, maille re comḃruġaḋ croiḋe, agus ní féidir dó gan an ḟaoisidin do ḋeunaṁ. Mar an gceudna adeirim go ndliġeann an uile Críostaiġe, re huċt Ċuirp Ċríost do ċaiṫeaṁ, a ṗeacaiḋe go léir d'aḋṁáil, d'innsin, d'ḟaisnéis, agus do ḟoillsiuġaḋ 'san ḃfaoisidin, agus é féin mar sin d'ullmuġaḋ agus do ġlanaḋ ċum na Sacraminte do ċaiṫeaṁ go dlisdeanaċ, do réir mar adeir Pól 'san aonṁaḋ caibidil deug de'n ċéad epistil ċum na gCoirinnteaċ, mar a n-abair, "Dearbaḋ an duine é féin (ar sé), agus tigeaḋ mar sin do ċaiṫeaṁ an aráin so; óir gibé iṫeas agus iḃeas go neiṁḟiúntaċ é, is damnuġaḋ do féin iṫeas agus iḃeas gan doċar do Ċorp an Tiġearna." Agus is aṁlaiḋ féadfas duine é féin do ḋearbaḋ maille re faoisidin do ḋeunaṁ go haiṫriġeaċ do láṫair sagairt ag á mbeiḋeaḋ úġdarás ó'n Eaglais aige, do réir mar tá sé d'ḟiaċaiḃ ar gaċ aon Críostaiġe 'san mbiṫ, do réir mar ċruṫóċam 'san gcaibidil so ríoṁainn síos.

AN T-AONMHADH CAIBIDIL DEUG.

In a dtráċtar go ḃfuil an Ḟhaoisidin éigeantaċ, iongabṫa, agus gurab ris na Sagartaiḃ dleaġṫar a deunaṁ.

Adeir Eoin 'san ċéad caibidil d'á ċéad Epistil Catoilice—"Dá ndeárnam (ar sé) ár bpeacaiḋe do ḟaoisidin, is dileas agus is ceart Dia ċum ár bpeacaiḋe do ṁaiṫeaṁ dúinn, 7 glanfaiḋ sin ó'n uile urċóid." Adeir Solaṁ, 'san 28 caibidil de Leabar na Seanfocal, "An tí ċeileas a ċeana (ar sé) ní ḃfaġaḋ treóir do ḋeunaṁ dó. Giḋeaḋ, gibé aidṁeóċas a ċeana do ġeoḃaḋ trócaire do ḋeunaṁ air." Léiġtear ag Lúcás, 'san 19 caibidil de Ġhníoṁarṫaiḃ na nAbstal, go ndeárnadar mórán d'á dtáinig ċum ċreidiṁ le na linn féin faoisidin agus foillsiuġaḋ ar a bpeacaiḋiḃ. Adeir S. Séamus, 'san seiseaḋ caibidil, leis na daoiniḃ iad féin do ḋeunaṁ faoisidin le ċéile; dá ċur i gcéill naċ leór do ḋuine a ṗeacaiḋe d'aḋṁáil agus d'innsin do Ḋhia aṁáin, aċt go ndliġeann a ḃfaoisidin agus a ḃfoillsiuġaḋ do ḋuine. Óir, biḋ gur leór faoisidin do ḋeunaṁ le Dia aṁáin an tan do ḃí Sé in a Ḋia ċur gan daonnaċt. ní háil leis anois, ó ṫarla in a Ḋhuine é, gan an peacaḋ d'á ċionntuġaḋ féin do ḋuine, do réir an úġdaráis d'fagaib Críost ag an Eaglais, aṁail léiġtear ag S. Augustín. 'san dara caibidil do sgríoḃ ar Ḟhiosruġaḋ na n-Easlán. "Atáid drong ann (ar sé) saoilear gurab leór dóiḃ ċum a slánuiġṫe dá ndeárnaid a bpeacaiḋe d'ḟaoisidin le Dia aṁáin. ar naċ bfuil aoinniḋ in a ḟoilċeas." Ní háil leó, nó is nár leó, nó ní fiú leó, iad féin do ṫaisbéanaḋ do na sagartaiḃ. tar ċeann gurab iad na sagairt do hórduiġeaḋ le Fear an Dliġe do Chumaḋ—eaḋon, le Críost—do ċum idirḋealaiġṫe do ḋeunaṁ idir lubra agus lubra. Giḋeaḋ is beiṫte dóiḃ so dul go huṁal fá ḃreaṫnuġaḋ an tí d'árḃ ḃfiú leis an dTiġearna ḃiocaire do ḋeunaṁ de, eaḋon, an t-aṫair faoisdine. Agus is córaide sin do ḋeunaṁ an niḋ léiġtear ag Epiphanius, 'san 29 caibidil—"Is í an tsagartaċt (ar sé) ríoġ-ċaṫair Dáibiḋ 'san Naoiṁ-Eaglais." Adeir Críost, 'san deaċṁaḋ caibidil ag Lúcás, ag laḃairt ris na sagartaiḃ—"Gibé éisteas liḃse (ar sé) éistiḋ sé liomsa, agus gibé do ḃeir táir nó tarcuisne orraiḃ, do ḃeirid an niḋ ceudna orm-sa." Léiġtear fós, 'san seaċtṁaḋ caibidil in Deuteronomi, gur órduiġ Dia gibé do raċaḋ in uaill ar na sagartaiḃ, agus ná tiuḃraḋ onór dóiḃ, do ḃreiṫ an ḃreiṫeaṁan, a ċur ċum báis.

Ar na háiṫiḃ so is iontuiġṫe go ndleaġṫear géille do na sagartaiḃ anns na neiṫiḃ beanas re coguás, go háiriġṫe i maiṫeaṁ na bpeacaḋ cuirṫear síos 'san ḃfaoisidin leis an aiṫriġeaċ, do ġníoḋ é féin d'ísliuġ. ó do'n tsagart go huṁal, ag á ḃfuil ar a ḃreiṫ pardún a anma do ṫaḃairt dó, do réir mar ċruiṫeóċam 'san gcaibidil so síos.

Ní h-é, iomorro, fáṫ fá n-órduiġṫear do'n aiṫriġeaċ a ṗeacaiḋe d'ḟaisnéis do'n tsagart d'eagla naċ biaḋ a fios ag Dia aċt muna n-innistiḋe do'n tsagart iad, aċt is é aḋḃar fá n-órduiġṫear é, ionnus go gcluinfeaḋ an Diaḃal an t-aiṫriġeaċ ag á ċionntuġaḋ féin in a ṗeacaḋaiḃ, aṁail adeir S. Augustín, 'san tres seanmóir do sgríoḃ ar an ḃfásaċ ċum a ḃráiṫreaċ, mar a dtráċtann ar an ḃfaoisidin.

Aḋḃar eile, fós, fá ndleaġṫar an ḟaoisidin do ḋeunaṁ ris na sagartaiḃ, do ḃriġ go mbeanann re honóir Dé an peacaḋ dá ċionntuġaḋ féin do láṫair an oide faoisidine, ionnus in a ḋiaiġ sin an tan do ḋéanaḋ Dia trócaire ar an aiṫriġeaċ, de ḋruim na faoisidine, go ḃféadfaḋ an t-oide faoisidine trócaire Dé do ṁaoiḋeaṁ go caiṫréimeaċ ar na Críostaiġiḃ.

Agus is in a ḟioġair so atá an niḋ léiġtear 'san seaċtṁaḋ caibidil de leaḃar Iosue, mar ar ḟuráil Iosue ar Achan an slad do rinne d'aisnéis. "A ṁic (ar sé), taḃair glóir do'n Tiġearna Dia Israel, agus déan faoisidin agus foillsiuġaḋ daṁsa créud do rignis!" Do ḟreagair Achan agus adubairt—"Go fírinneaċ (ar sé) do ṗeacaiġ mise i bfiaḋnaise an Tiġearna Dia Israel, mar so agus mar so," ag adṁáil an tslaid agus gaċ uile uile dá ndeárnaiḋ. Tabair dod' aire, a léiġṫeóir, mar a dubairt Iosue re hAchan faoisidin do ḋeunaṁ ris féin mar onóir do Dhia, dá ċur i gcéill go mbeanann re h-onóir Dé an t-aiṫriġeaċ do faisnéis a ċionnta do'n oide faoisdine.

Gidéaḋ, dá bfiafraiġeaḋ Lúiter nó Cailbin nó a lorgairiḋe—Cia re a ndliġeann an t-aiṫriġeaċ a faoisidin do ḋeunaṁ? bíoḋ a fios aca do bríġ gurab glais 7 géibiona na péacaiḋe in a gcuibriġṫear an t-anam, do réir Solaiṁ 'san gcéad caibidil deug de Leabar na Seanfocal—"Gabaiḋ (ar sé) a uiréid féin an drocḋuine, agus cuibriġṫear le téudaib a ṗeacaiḋe féin é," agus gurab ċum na druinge ag á bfuil na heoċraċa dleaġṫar dul do sgaoileaḋ na gcuibreaċ sin an ṗeacaiḋ. Agus, ó 'sé Peadar, agus gaċ aon dá bfuil 'san órd ṡagartaċt in a raib sé, an dream ag á bfuilid na heoċraċa so, do réir an ġealla ṫug Críost do, aṁuil léiġṫear ag Máṫa 'san seiseaḋ caibidil deug, "is duitse (ar sé), a Ṗeadair, do béarra eoċraċa an Flaiṫis Neaṁḋa," Uime sin, is do na sagartaib atá d'Órd Ṗeadair dleaġṫar dul do sgaoileaḋ an ġlais sin an ṗeacaiḋ. Agus fós mar léiġṫear ag Eoin 'san bfiċeaḋ caibidil go dtug Críost go follus cuṁaċta sgaoilte glais an ṗeacaiḋ do na habstalaib go coitċionn, agus do na deisgioblaib, agus dá réir sin do na hEasbogaib, agus do na sagartaib, an méid gur ab coṁarbaḋa do na habstalaib agus do na deisgioblaib iad, mar a n-abair—"Glacaiḋ (ar sé) an Spiorad Naoṁ, an dream úd ag á maiṫfiḋe a bpeacaḋa, biaid maiṫte aca," 7c.

Atáid, iomorro, dá ġné eoċraċ ann, mar atáid eoċraċa eoluis, nó feasa, nó foġluma, le a mbiaḋ a fios ag an sagart cionnus do ḋeunaiḋ sé idirdealuġaḋ idir ṗeacaḋ agus neiṁṗeacaḋ, idir, fós, miṅṗeacaḋ agus mórṗeacaḋ. An dara gné eoċarac—eaḋon, eoċraċa úġdaráis—eaḋon, dliġe ċuṁaċta do beiṫ ó Cheann na hEaġailse, nó an tí ag á mbeiṫ cuṁaċta fá ċeann na hEaglaise le n-a dtabairt dó.

Dá mbeiṫ in a iongnaḋ ar aon duine cionnus tuigṫear a ionaṁuil so d'úġdarás do beiṫ ag an Eaglais, bíoḋ a fios aige go léiġṫear ag Máṫa, 'san 28 caibidil, gur tugaḋ na huile ċuṁaċta ar Neaṁ agus ar talaṁ do Chríost, agus gur mar sin do ċuir an t-Aṫair uaiḋ é. Léiġṫear fós ag Eóin, 'san ḃfiċeaḋ ċaibidil, mar a n-abair Críost gurab aṁlaiḋ do ċuir an tAṫair É féin ar talṁain do ċuir seisean na hAbstail agus na Deisgiobail. Ionann sin re a ráḋ agus maille re cuṁaċtaib do ḃeiṫ ar Neaṁ agus ar talṁain aca. Agus is coráide a ṫuigsin mar so. mar d'ḟuráil Sé féin orra an Spiorad Naoṁ do ġlacaḋ, agus mar a duḃairt — "Gaċ dream d'á maiṫfiḋís sin a bpeacaiḋe go mbeidís maiṫte aca." 7c. Agus 'san caibidil so ṫug Sé dliġe 7 cuṁaċta do na hapstalaiḃ faoisidin d'éisteaċt. aṁail ṫug dóiḃ, 'san 18 caibidil ag Máṫa cead coinnealḃáṫaḋ do ḋeunaṁ, mar n-abair—"Gaċ niḋ d'a maiṫfiḋ i dtalṁuin bioḋ maiṫte. agus gaċ niḋ d'á gceangaltaoi (ar sé) i dtalṁuin, bioḋ ceangailte ar Neaṁ." 7c. Giḋeaḋ, is 'san 26 caibidil ag Máṫa, i ndáil an tSuipéir, ṫug Sé cuṁaċt an úird uaiḋ. Agus, do ḃríġ gurab ar Ṁháṫa ris na hapstalaiḃ agus ris an Eaglais i gcoitċinne do ḋáil Ċhríost na h-úgdarás so. dá réir sin ní fuláir na úgdarás ceudna do ḃeiṫ ar bun 'san Eaglais do ġnáṫ, do ḃríġ naċ ḃfuil teaċt as in a n-éagmuis aice. Agus, ó naċ raiḃ ar ḃreiṫ do na hapstalaiḃ marṫainn do síor, níor ċneasda dóiḃ an t-úgdarás fuaradar gan a ḟágḃáil ag na ċoṁarbaḋaiḃ atá i seilḃ ard-flaiṫis na hEaglaise in a ndiaiġ, mar atá Pápaiḋe na Róiṁe agus gaċ easbog agus gaċ sagart ag á ḃfuil cuṁaċta uaiḋ agus úgdarás 'san Eaglais.

Agus dá n-abraiḋ Lúitear nó Cailḃin gur baiṫeaḋ an t-úgdarás so in aonfeaċt ris na hapstalaiḃ, bioḋ a fios aca naċ fíor ḋóiḃ é, óir léiġtear 'san ḃfiċeaḋ caibidil de Ġhníoṁarṫaiḃ na nApstal, mar ṫugsad na h-Apstal an t-úgdarás ceudna do ḃí aca féin d'easbogaiḃ agus do sagartaiḃ eile fúṫa féin. Ag so mar a deir Pól 'san caibidil ceudna, ag laḃairt ris an drong úd—"Taḃraiḋ aire ḋíḃ féin (ar sé) agus do'n tréud go léir, ionar ċuir an Spiorad Naoṁ siḃ mar easbogaiḃ d'ḟollaṁnuġaḋ Eaglaise Dé, do ḟoláṫair Sé le n-a ḟuil féin." Is follus as so, ó ṫugaḋ cuṁas follaṁnuiġṫe dóiḃ ar na Críostaiġiḃ, dá réir sin naċ fuláir go mbeidís na cuṁaċta do ḃí ag na hapstalaiḃ aca agus is córaide a ṫuigsin mar so, mar fógras Pól do na Críostaiġiḃ umlaċt agus fóġmór do ṫaḃairt do na Prealáidiḃ, aṁail léiġtear 'san tríoṁaḋ caibidil deug de'n Eipistil do sgríoḃ Pól ċum na n-Eaḃraċ. Adeir fós Pól, 'san treas caibidil de'n Dara h-Eipistil do sgríoḃ ċum na gCoirinnteaċ gurab coṁarba agus luċt ionaid do Ċhríost prealáide na hEaglaise, agus dá réir sin go ḃfuil úgdarás Ċhríost ag na habstalaiḃ agus ag na prealáidiḃ.

Dá n-abraḋ Cailḃin nó Lúitear gurab é Dia aṁáin ṁaiṫeas na peacaiḋe, agus dá réir sin naċ féadaid na sagairt a maiṫeaṁ, bioḋ a fios aca tar a ċeann sin gurab é Dia is Príṁ-ġníoṁaiġṫeóir ag maiṫeaṁ an ṗeacaiḋ, tairis sin gurab é an sagart is cúis urliseaṁuil do sgaoileaḋ glais an ṗeacaiḋ. Ag so sompla ar sin—eadon,

Má tá gurab é an ríġ do ḃeir párdún a anma do'n ḃraiġe ḃíos damanta 'san ṗriosún, maiseaḋ tairis sin is é an féiġleóir sgaoileas amaċ é, agus osglas an glas ḃíos air. Mar an gcéadna, ó do rinne Dia féiġleóiriḋe de na sagartaiḃ, is dóiḃ do ḃeir cumas sgaoilte an aiṫriġeaċ as ṗriosún an ṗeacaiḋ le heoċair úġdaráis na habsolóide, aċt gé do ḃeir Dia pardún a anma dó.

Agus dá n-abraḋ an t-éiriceaċ go ḃféadfaḋ Dia féin an glas sin do sgaoileaḋ de'n aiṫriġeaċ agus a leigean as ṗriosún an ṗeacaiḋ, gan congnaṁ an tsagairt. Mo ḟreagra, ar dtús, ar an éiriceaċ, go ḃféadfaḋ an ríġ dul ar a ċosaiḃ féin ó'n gcúirt go roiċe an ṗriosún, agus an ḃraiġe do leigeann amaċ, gan congnaṁ an tféiġleóra, mar an gcéadna do Ḋia. An dara freagra do ḃeirim air, gurab iomḋa níḋ d'ḟéadfaḋ Dia do ḋeunaṁ uaiḋ féin naċ déanann Sé ar ċor ar biṫ, mar atá, doṁan eile do ċruṫuġaḋ ann, naċar cruṫuiġeaḋ fós, agus créatúiriḋe éagsaṁla eile. Is iomḋa fós neiṫe eile do ḟéadfaḋ do ḋéanaṁ uaiḋ féin, naċ déarnaḋ aċt le congnaṁ nó cóṁoibriuġaḋ na ndaoineaḋ, mar atáid na míorḃailiġe do rinneaḋ leis na hapstalaiḃ, agus le hiliomad naoṁ ó soin a leiṫ, d'ḟéudfaḋ Dia do ḋeunaṁ uaiḋ féin, naċ déarnaḋ aċt maille re cóṁoibriuġaḋ na naoṁ agus na n-abstal. Mar an gcéadna, a deirim, re sgaoileaḋ ġlais an ṗeacaiḋ, tar ċeann go ḃféudfaḋ Dia a sgaoileaḋ uaiḋ féin, maiseaḋ ní sgaoileaḋ aċt maille re cóṁoibriuġaḋ an tsagairt. Is cosṁaile so do ṫuigsin mar léiġtear ag Maṫa, 'san oċtṁaḋ caibidil, an tan táinig an lobar do láṫair Ċríost d'á ṡlánuġaḋ ó'n lubra go ndubairt Críost ris dul 7 é féin do ṫaisbéanaḋ do na sagartaiḃ do sgaoilfeaḋ an glas do ḃí air de. Ionann, iomorra, lubra agus peacaḋ, 7 is iontuigṫe do na héiriciḃ naċ ḋiṫ cuṁaċta do ḃuain do Ċríost gan é féin do sgaoileaḋ an ġlais do ḃí ar an lobar—eaḋon, gan cead do ḃeiṫ aige teaċt imeasg an ṗobail—aċt dá ċur i gcéill tar ċeann gurab é féin ṡlánuiġeas an lobar—eaḋon, an peacaċ—agus do ḃeir pardún a anma dó, gurab ris an féiġleóir—eaḋon, an sagart—adeir Sé glas an ṗeacaiḋ do sgaoileaḋ le heoċair an úġdaráis—eaḋon, leis an absolóid.

Léiġtear, fós, ag Lúcás, 'san seaċtṁaḋ caibidil déug, tar éis mar do leiġeas Críost an deiċneabar lobar, go ndubairt riu imṫeaċt agus iad féin do ṫaisbéanaḋ do na sagartaiḃ, d'á ċur i gcéill gur ṫoil leis breaṫnuġaḋ na sagart do ḃeiṫ orra, agus iad féin do sgaoileaḋ ó'n ġlas do ḃí orra.

Adeir, mar an gcéadna, Pól, 'san deaċṁaḋ caibidil ċum na Rómánaċ, go dtig sláinte na hanman d'ḟaoisidin an ḃéil.

Is é an níḋ ceudna ċialluiġṫear ag Mata, 'san 21 caibidil, mar a n-abair Críost ris an mbeirt ndeisciobal dul do sgaoileaḋ an asail nó an bromaig do ḃí ceangailte 'san gcaisleán ar a gcoṁair agus a ṫabairt ċuige féin. Go faiṫċiallaċ is iad deisciobail do ċuir uaiḋ, na sagairt; agus is é asal nó bromaċ adubairt do sgaoileaḋ, an Cineaḋ Iúdaiġeaċ agus na cineaḋa atá ceangailte i gcuibreaċ an peacaiḋ i gcaisleán an doṁain so.

Is ag tuar Sacraiminte na faoisidine do ḃí an níḋ léiġtear ag Mata, 'san treas caibidil, mar a n-abair an dream do ṫigeaḋ d'á mbaisdeaḋ ċum Eóin go n-innsidís a bpeacaiḋe leó.

Ag so síos fiaḋnaise na n-Aiṫreaċ Naoṁṫa do ḃí i dtús na hEaglaise ann, ag teaċt leis an níḋ gceudna, ag aḋṁáil na faoisidine do ḃeiṫ ag á gnáṫuġaḋ i bfíorṫús na hEaglaise ag na Críostaiġiḃ :—

Adeir S. Denis, 'san Epistil do sgríoḃ go Demophilos, níḋ as a dtuigtear go follus go raiḃ an faoisidin re n-a linn féin ag á deunaṁ ris na sagartaiḃ.

Leiġtear, mar an gceudna, ag Origen, 'san ġluais do ċuir ar an 37 Sailm go raiḃ an faoisidin ag á gnáṫuġaḋ re na linn féin. Ag so mar a deir—"Dliġiḋ tú, a ḋuine, ḃeiṫ go fríoċnaṁaċ, ag feuċain cionnus do ḋeunfaiḋ tú do ṗeacaiḋe d'faoisidin, agus do liaiġ do ḋearbaḋ, agus a ḟeuċain cia d'á ndliġeann tú cúis do ṫinnis d'foillsiuġaḋ dó."

Adeir Basilius, mar ar sgríoḃ sé d'Orduġaḋ na Manaċ—"Do ċiḋtear (ar sé) naċ fuláir do'n droing d'á dtugṫar stiobardaċt na Sacraiminte a bpeacaiḋe d'faoisidin."

Adeir Ieronimus, 'san leabar do sgríoḃ anaġaiḋ Montanus eiriceaċ, "Ní beag (ar sé) mar ḋearbaḋ gurab neaṁbuaiġ eiriceaċt na Montánaċ mar gurab nár leó a bpeacaiḋe féin d'faoisidin do láṫair an tsagairt."

Adeir Cyprian, ag cur ġluaise ar Lebiticus, mar a sgríoḃann sé ar na Seaċt gCeimeannaiḃ Maiṫfeaċais na bpeacaḋ atá 'san treaċtṁaḋ caibidil—"Aċt gé cruaiḋ agus gé saoṫraċ é, maiṫeaṁ na bpeacaḋ maille ris an aiṫrige, an tan ionnlas an peacaċ a leaba le n-a ḋeoraiḃ, agus bíḋ a ḋeora in a n-arán de ló agus d'oiḋċe aige agus an tráṫ naċ nár leis an bpeacaċ faoisidin do ḋeunaṁ le sagart an Tiġearna, agus leiġeas d'iarraiḋ air."

Is follus as na hionadaiḃ so gurab leis an bfaoisidin féadas duine an dearbaḋ úd iarras Pól do ḋeunaṁ air féin re haċt an tSacraiminte do ċaiṫeaṁ. Agus is follus fós asda naċ foġnann aon dearbaḋ eile aċt an faoisidin, do réir mar adeir Solaṁ ṫuas, ní ḋéantar treóruġaḋ ar an tí ċeilfeas a ċionnta féin: agus, fós, atá fiogair 'san mBiobla ag teaċt leis so léiġtear 'san 28 caibidil i leaḃar Deuteronomi, d'á ċur i gcéill naċ bḟuil againn aċt aon raon aṁáin ċum dulta ar neaṁ, agus gurab é sin ród na faoisidine. Ag so mar adeir, ag laḃairt ris an bpeacaċ—"Fá seaċt ródaiḃ (ar sé) ṫeiṫfeas tú, agus brisfiġear díot fá uile ríoġaċtaiḃ an doṁain nó na talṁan, agus aon ród aṁáin ṫriallfas amaċ i gcoinne heascarad." Ionann sin re a ráḋ agus gurab seaċt róid na seaċt bpeacaiḋe marḃṫaċa in a mbí raon maḋma agus móirṫeiṫme ag na deaṁnaiḃ ar an bpeacaċ, agus gurab i n-aon rian na haiṫriġe do ḋruim faoisidine ḃeirear an peacaċ buaiḋ agus triallas ar neaṁ.

Ag so síos sgeul míorḃailleaċ ar a dtuiġtear go bḟuil an ḟaoisidin iomlán éigeanteaċ, do réir mar léiġtear 'san leaḃar dárab ainm "Scala Coeli." Láiṫe n-aon dá rabadar dias seanmóraiḋe ag siuḃal na sliġe, agus fa h-oide faoisidine, iomorro, do'n Ṗápa duine díoḃ, agus fa duine neaṁurċóideaċ naoṁṫa an fear eile, agus ar mbeiṫ ag triall dóiḃ ṫárla i gcaisleán d'áiriġṫe iad in a raiḃ bean uasal do rinne corbaḋ re bráṫair di féin, agus do ḃí náire uirre naċ deárnaḋ an peacaḋ sin d'ḟaoisidin ar feaḋ aon bliaḋan deug, agus ar ḃfaicsin na mbráṫar ndeóranta sin di, do ṁeas a faoisidin do ḋeunaṁ riú, ó's aca naċ biaḋ aiṫne uirre ó soin amaċ go bráṫ. Tháinig sí d'á faoisidin ċum fir aca, agus do seasaiṁ an dara bráṫair i gcúlair eile de'n tiġ, agus re huċt gaċ peacaḋ dá n-innsiġṫeaḋ an ḃean, do ċíoḋ an bráṫair do ḃí in a seasaṁ péist ḟuaṫṁar ag teaċt tar a beul, agus ag dul tar dorus an teampoill amaċ. Agus i ḃfóirċeann na faoisidine do ċonnairc an bráṫair dragún mór ag cur a ċinn amaċ go minic tar beul na mná, agus do súġaḋ sí ċúice seal eile é. Giḋeaḋ, an tan do loc an ḃean an dragún do sgéiṫ do ċonnairc an bráṫair na haiṫpeasċa uile reaṁ-ráiḋte ag filleaḋ tar a n-ais, agus ag dul i mbeul agus i mbroinn na mná. Do ḃí sí mar sin gan an peacaḋ do ḟaoisidin go hiomlán, 7 fuair absolóid. Do ṫrialladar na bráiṫre 'san ród rómpa, 7 iar ndul trí ṁíle ó'n mbaile amaċ dóiḃ, d'innis an bráṫair óg an sgeul aṁail aduḃramar, do'n ḃráṫair eile. Gaḃas biodgaḋ an bráṫair iar gclos an sgéil sin, agus aduḃairt gurab peacaḋ éigin do ċeil an ḃean in a faoisidin, agus d'ḟilleadar tar a n-ais 'san gconair gceudna go luaiṫ, agus fuaradar an ḃean iar ḃfaġáil ḃáis ar a gcionn. Do ġaḃ tuirse ṁór iad an tan sin, agus do leigsiad iad féin ar trosgaḋ agus ar urnuiġṫe do ḋeunaṁ go dioċrac dúṫraċtaċ, d'á iarraiḋ ar Ḋia a foillsiuġaḋ dóiḃ creud ṫárla do'n ṁnaoi sin. Agus i gcionn an treas lá do ċoncadar an ḃean ar marcuiġeaċt ar ḋragún teinntiġe d'á n-ionnsuiḋe, agus fa huaṫḃárac an t-inneall do ḃí uirre—eaḋon, dá n-aṫair nimhe fíoċṁara, fíor-ġrána, timċeall a muinéil, agus iad ag diul a cíoċ, agus dá péist aṫḟuaṫṁara neaṁċosṁla ar a súilib, agus gríos dearg ag séide tar ḃeul na mná, agus dá ṁadrad ċíocraċa ċonḟaḋaċa ag creim a láṁ, agus ḋá ṡaiġid teinntiġe tre n-a cluasaib agus airce luaċra ag snaṁ ṫar a ḃráġaid. Gaḃus ḃíoḋga na ḃráiṫre ag á faicsin ar an mόḋ sin. "Ní heagal daoiḃ, a ċáirde Dé (ar sí), óir is mise an ḃean ṁallaiġṫe úd do rigne a faoisidin an lá fá ḋeireaḋ, agus do ḃríġ gur ċeileas tré náire 'san ḃfaoisidin peacaḋ trom do rigneas atáim damanta go siorruiḋe." "Maiseaḋ," ar an t-oide faoisidine, "cuirim fá ġeasaiḃ ort, as h-uċt Dé, an dá ċeist ċuirfead ort d'ḟuasglaḋ ḋam. An ċéad ċeist—creud ċiallniġeas éagsaṁlaċt na bpian sin ort?" Do ḟreagair an ḃean, "Is é áḋḃar (ar sí) fá ḃfuilid na h-airce luaċra so ar mo ċeann, in éiric a nḋeunainn d'ḟoirneaḋ, do ċíoraḋ, agus d'ḟolcaḋ go díoṁaoin ar mo ċeann. Agus i ndíol an iċiompáiḋ, agus na mbriaṫar mailiseaċa do éistinn go toileaṁuil, atáid na saiġde teinntiġe so tré m' ċluasaib. Is uime atáid na h-aiṫreaċa nimhe so fá m' ḃráġaid, ar son a ṁionca do aomainn go toileaṁail do luċt suirḋe agus poġneasa a láṁa do ċur fá m' ḃráġaid, agus taḃall neaṁġlan do ḋeunaṁ ar mo ḃrollaċ agus ar mo ċíoċaiḃ. Is uime, fós, atáid na madraiḋe so ag creime mo láṁa, tré na ṁionca do ḃeirinn do ċonnaiḃ agus do ṁadraiḋiḃ neiṫ le a ḃfeudfainn boiċt Dé do riar. Agus is uime, fós, atá an dragún so súm dom' losgaḋ tré na ṁionca do ḋeunainn peacaḋ neaṁġlan na drúise." "Guiḋim ṫú (ar an ḃráṫair) fuasgail ḋaṁ an dara ceist—eaḋon, cia hiad na peacaiḋe is mó le ndamantar na daoine anois?" Do ḟreagair an ḃean, agus is é aduḃairt—"Is iomḋa peacaḋ le a dtéid na daoine go h-ifrionn. Giḋeaḋ, atáid ceiṫre gnéiṫe peacaiḋ ann le ndamantar na mná go líonṁar. An ċéad ġné, peacaḋ na drúise. An dara gné, an geur-ċóruġaḋ do ḃeirid orra féin do ṫarraing geana agus gráḋa na ḃfear orra. An treas gné, piseóga. An ceaṫramhaḋ gné, aindiúid ḃíos orra fá'n ḃfaoisidin do ḋeunaṁ go glan." Agus an sin do ḟiafraiġ an ḃráṫair di an raiḃ furtaċt in a cionn féin. "Ní ḃfuil (ar sí) an feaḋ ḃias Dia ag caiṫeaṁ na síorruiḋeaċta." Agus in a ḋiaiġ sin do ḟuadaiġ an dragún leis í go h-oḃann i ḃfoḋoṁain agus i ḃfíoríoċtar ifrinn maille re h-iomad pian.

Is iontuiġṫe as an sgeul so go ḃfuil an ḟaoisidin iomlán éigeantaċ do'n aiṫriġeaċ ċum dulta ar Neaṁ, agus d'á ḃríġ sin is é an t-aon níḋ úd amáin do luaiḋ Maoise 'san ḃfioġair reaṁráiḋte í. Agus dá mbiaḋ naċ biaḋ Sgriopṫúir nó aiṫreaċa ag áitiuġaḋ na faoisidine aṁail atáid, do ḃuḋ leór úġdarás ḃarántaṁuil na h-Eaglaise dá furáiluġaḋ go ḃfuil sí éigeantaċ iongaḃṫa, óir is í an Eaglais ċeudna is riaġail treóraiġṫe dúinn in gaċ uile níḋ ḃeanas re n-ár gcreideaṁ. Agus is uime sin adeir S. Augustín 'san gcúigeaḋ caibidil do sgríoḃ anagaiḋ eipistolaċ eiriċig dár ḃ'ainm "Fundamentum"—"Ní ċreidfinn do'n tSoisgeul (ar sé) muna ḃéaraḋ úġdarás na hEaglaise Chaṫoilice ċuige mé."

Atáid, iomorro, mórán do neiṫiḃ ḃeanas re n-ár gcreideaṁ ris naċ fuil sgriobtúir sgríoḃṫa aċt úġdarás na hEaglaise, coimeádaid na Protestants—mar atá trí lá do ċoimeád in a saoire fá Cháisg, agus trí lá fá Chingcis, 7c., aṁail a dubramar suas 'san Reiṁṫionn-sgnaṁ, agus is iongnaḋ aṁail do ġníd siad an oiread so ar órduġaḋ na hEaglaise, gan Sgriobtúir sgríoḃṫa ag á furáileaṁ orra naċ déinid a b-faoisidin agus go b-fuil Sgriobtúir sgríoḃṫa, agus páirte na n-aiṫreaċ Naoṁṫa, agus órduġaḋ na hEaglaise Caṫoilice ag á furáileaṁ orra.

An Dara Caibidil Deug.

In a dtráċtar agus in a ruiḋtear an faoisidin do ḃeiṫ éigeantaċ ria caiṫeaṁ Chuirp Chríosd agus is ar dá ṁoḋ ċruiṫeóċam sin, mar atá le fioġaireaċaiḃ ar an mBíobla agus le somplaiḋiḃ míorḃuileaċa.

Léiġtear ag Lúcás 'san cúigeaḋ caibidil deug fioġair ró ġaolṁar ar an bfaoisidin, mar a dtráċtar ar an milltеán mic do ċaiṫ a ċuid d'oiġreaċt a aṫar go dioḃlasaċ diombaileaċ; agus ar mbeiṫ in uireasbaiḋ ṁóir dó i gcoigcríċ, agus é ag muiceóiḋeaċt, do luiḋ an oiread sin de ġorta air ionnus go mbíoḋ i gcuiḃreann na muc fá'n mear. Lá n-aon dó aṁlaiḋ sin do ṫuig gurab olc do ċaiṫ sé a ċuid, agus gurab olc do rigne aiṁréir a aṫar do ḋéanaṁ, agus oirḃeart do [illegible]ul eaṁ, i ndéanaṁ poite 7 struiṫasaċais agus iliomad d'olcaiḃ eile ó sin amaċ, agus do ġaḃ aiṫreaċas é agus a dubairt, "Éireóċad (ar sé) agus raċad d'ionnsuiḋe m'aṫar, agus adéarad ris 'A aṫair, do ṗeacaiḋ mé i bfiaḋnuise Dé agus ad' láṫair-se. Anois ní fiú mé do ṁac-sa do ġairm díom. Giḋeaḋ déanaiḋ formálaiḋe mé in gaċ fear tuarasdail eile dá bfuil in do ṫeaġlaċ díom.'" Leis sin, do ġlac an t-aṫair go luaṫġáireaċ é, agus ṫug fá deara ar a stiobard a niġe agus earraḋ álainn ionaonaiġ do ċur uime agus gáirdeaċus agus ceól do ḋéanaṁ in a ṫimċeall. Go fáiṫċiallaċ, cia hé an milltеán mic úd aċt an peacaċ? Agus cia hé an t-aṫair aċt Dia, nó an t-oide faoisidine i bpearsainn Dé? Agus gibé peacaċ le'rab ṁaiṫ Dia do ġabáil leis, agus a niġe ó n-a ṗeacaḋaiḃ agus earraḋ álainn, ionaonaiġ, neiṁċioṁlaiġṫe na ngrás do ċur uime, deunaḋ an gníoṁ aiṫriġe do riġne an millteán mic úd: ar dtús gabaḋ aiṫṁéile agus tuigse inntinne é fá n-a aimsir do ċaiṫeaṁ go h-olc, agus éirġeaḋ ar láiṁ na loċt agus triallaḋ d'ionnsuiḋe an aṫar faoisidne agus abraḋ ris—"A aṫair, ní fiú mé mac Dé nó do ṁac-sa do ġairm díom. Giḋeaḋ gab liom mar ḟormalaiḋe i moġsaine nó in óglaċus peannaide na haiṫriġe."

Is follus as réim na sioġairneaċ so go ndliġṫear an admáil agus an ḟaoisidin do ḋeunaṁ ris an aṫair ḃfaoisidne sul sgaoilṫear glas an ṗeacaiḋ de'n aiṫriġeaċ.

Léiġṫear fíoġair eile ar sdáid aiṫriġe an ṗeacaiġ ag Eóin, 'san t-aonṁaḋ caibidil deug ar aiṫḃeóḋaḋ Lasarus. Ag so, ionnorro, na ċeiṫre neiṫe ċiallaiġṫear na ċeiṫre lá do ḃí Lasarus marḃ. Ciallaiġiḋ an ċéad lá peacaḋ an tsinnsir: na trí lá eile, na trí sáraiġṫe do ġníoḋmaoid ar na trí peaċtaiḃ—eaḋon, peaċt na nádúire, peaċt Maoise, agus peaċt an tSoisgéil. Ciallaiġiḋ fós na ċeiṫre lá úd, na ċeiṫre moḋa ar a ndéin duine peacaḋ—eaḋon, ó ċroiḋe, ó ḃeul, ó obair, agus ó faillige. Do riġneaḋ, ionnorro, seaċt neiṫe timċeall Lasarus do aiṫḃeóḋaḋ do ġníoṫear timċeall an ṗeacaiġ do aiṫḃeóḋaḋ go spioradálta de ḃruim na haiṫriġe. An ċéad níḋ, do músglaḋ Lasarus as suan an ḃáis le cumaċtaiḃ Dé. Mar sin músgaltear an peacaċ as suan na loċt le séideaḋ forḟógarṫaċ grása an Spioraid Naoiṁ le ḃfuráilṫear air maiṫ do ḋeunaṁ. An dara níḋ, an coṁṡólás, ṫug Críost do na mnáiḃ, an tan adubairt go n-éireóċaḋ Lasarus agus naċ raiḃ aċt suan air. Mar sin a deir Críost go foluiġṫeaċ in a inn-tinn ris an bpeacaċ, dá ċur i gcéill dó naċ dliġeann dul in eadóċas ar ġrásaiḃ Dé (an gcéin bíos beó) tré peacaḋ d'á ṁéud d'á ndéin, má do ġníḋ aiṫriġe ann. An treas níḋ, an caoi do rinneadar na mná, tré ḃás Lasarus, an tan do ċonnarcadar Críost. Mar sin dliġeas an t-aiṫriġeaċ caoi do ḋeunaṁ maille re haiṫṁéile agus le coṁ-ḃruġaḋ croiḋe an tan do ġníḋ Críost fiosruġaḋ folaiġṫeaċ air ag bualaḋ dorais a ċoguais, agus ag teaċt ar uaiġ a anman dá aiṫḃeóḋaḋ ó ḃás spioradálta. An ceaṫramaḋ níḋ, d'ḟuráil Críost an tuamba d'osglaḋ. Mar sin ḟuráileas ar an aiṫriġeaċ uaiġ a anman d'osglaḋ—eaḋon a ḃeul—d'ḟaisnéis a ċean agus a ṗeacaḋ. An cúigeaḋ níḋ do rinne Críost—guiḋe ċum a Aṫar tar ċeann Lasarus. Mar an gceudna, do ġníḋ an t-aṫair faoisidne guiḋe ar son an aiṫriġiġ, ag ráḋ na mbriaṫar so—"Dominus sit in corde tuo" 7c.—eaḋon, "go raiḃ an Tiġearna id' ċroiḋe agus id' ḃeul, ionnus go dtioc-faḋ leat go fíunṫaċ, cneasda do ṗeacaiḋe d'ḟaisnéis." An seiseaḋ níḋ do riġne Críost—éiġeaṁ, ag ráḋ, "A Lasaruis (ar sé), tar amaċ."

Mar an gceudna, i ndeireaḋ na faoisidine, adeir an sagart. "Miser-eatur tui." 7c.—eaḋon, "go ndéarnaḋ Dia na n-Uile-Chumaċt tró-caire ort, agus, iar maiṫeaṁ huile ṗeacaḋ ḋuit, go dtreóraiġe Sé ṫú 'san bheaṫa Mharṫannaiġ." An seaċtṁaḋ nið, andiaiġ Lasarus d'aiṫ-ḃeóḋaḋ agus do ṫeaċt amaċ, ar mbeiṫ do'n eisléine ceangailte uime, adubairt Críost ris na hasptalaiḃ a sgaoileaḋ agus leigean dó im-ṫeaċt. Mar sin adeir Críost go laċṫeaṁuil ris na sagartaiḃ sgaoileaḋ do Lasarus—eaḋon, de'n aiṫriġeaċ—ó ġeiḃeannaiḃ an ṗeacaiḋ, tar éis mar do ġníoḋ sé féin aiṫḃeóḋaḋ air, ó ḃás an ṗeacaiḋ.

Is follus as na seaċt bponcaiḃ reaṁráiḋte so an réim díreaċ is inleanta 'san aiṫriġe.

Tabair duit' aire go fríoċnaṁaċ, a léiġṫeóir, an ceaṫraṁaḋ ponc, mar a n-abair go dtug Críost fá deara an tuamba d'ḟosglaḋ, dá ċur i gcéill go ndliġeann an uile aiṫriġeaċ a ḃeul d'ḟosglaḋ, d'ḟaisnéis a ṗeacaiḋe 'san ḃfaoisidin.

Léiġtear síoġair ro ġaolṁar re réim na haiṫriġe 'san naoṁaḋ caibidil de Ghníoṁarṫaiḃ na n-Abstal, ar iompoḋ Phóil ó ḃeiṫ in a ṗeacaċ ċum ḃeiṫ in a ṡoiġṫeaċ toġṫa ag Críosd. Atáid, iomorro, trí neiṫe is iontuigṫa dúinn d'ár n-aire 'san bhilleaḋ úd do riġneaḋ ar Phól ċum creidiṁ agus aiṫriġe—ar dtús, truime na hurċóide do bí ann féin, mar gur ċuir roiṁe go dian, díbfeirgeaċ ingreim agus foirleanṁuin, bruid, agus bás d'imirt ar gaċ n-aon do ġeabaḋ le Críosd mar Thiġearna. An dara nið, doiṁeastaċt na maiṫeasa do ḃí i nDia, mar go dtug solus de Neaṁ do Phól, d'á dtáinig aiṫriġe do ḋeunaṁ dó. An treas nið, is iontuigṫa dúinn, d'ár n-aire, éasguiḋeaċt na huṁla agus an sómór ṫug Pól do Chríost, an tan adubairt, ag freagraḋ do'n ḟiafraiġe do rinne Críost de—"A Thiġearna, creud ḟuráilear tú orm do ḋeunaṁ?" Is é ċialluiġid na briaṫra so, go raiḃ Pól ċoṁ ullaṁ sin fá ṫoil Dé do ḋeunaṁ, ionnus gibé ar biṫ nið a dearaḋ ris do ḋeunaṁ go ndiongnaḋ é fá n-a ḋiṫ-ċioll. Na trí neiṫe ṫárla do Phól teagṁaid siad do'n uile aiṫriġeaċ. Ar dtús, is trom a urċóid. An dara nið, do ġeiḃ sé séideaḋ solais de Neaṁ go solaiġṫeaċ in a inntinn do ṁusglaḋ a ṁeanman do ḋeunaṁ aiṫriġe. An treas nið, éasguiḋeaċt fóġmóir do ṫabairt do'n oide faoisidine 'san mbreiṫ aiṫriġe, ag ráḋ ris, aṁail adubairt Pól le Críost—"A Thiġearna, creud ḟuráilear Tú orm do ḋeunaṁ?" agus dá mbeiṫ in a ċeist ar an aiṫriġeaċ annso creud an teagasg dob' ionntuigṫa do'n oide faoisidine dó, ag cur na ceiste úd Phóil, éisdeaḋ re Críost ag freagraḋ do Phól ag á ṫeagasg úd creud dob' inndeunta dó, agus tuig-fiḋ as an teagasg sin Chríost creud an réim is inleanta do'n uile aiṫriġeaċ. Ag so teagasg Chríosd, ag freagraḋ do ċeisd Phóil, "Imṫiġ isteaċ do'n ċaṫraiġ (ar Sé) agus innéósaiḋ Ananias duit creud is inḋeunta ḋuit." Dála Phóil, do bí dall ó'n troiġnéim do buaileaḋ air, agus do ṫriall go Caṫraiġ Damascus, agus do bí innte trí lá agus trí oiḋċe gan biaḋ gan ċodlaḋ, agus i bfóirċeann na haimsire sin ṫáinig an t-aingeal ċum Ananiais sagairt, agus adubairt ris dul d'fiosruġaḋ Phóil go tiġ Iúdais d'á ṫeagasg creud dob' inḋeunta ḋó. Iar dteaċt, iomorro, do Ananias 'san tiġ in a raib Pól, agus iar n-a aiṫne do Phól, do leig ar a ġlúinib é, i bfiaḋnuise Ananiais. Iar bfáisnéis a ṗeacaiḋe ḋó, tógbas Ananias a láṁ ós cionn Phóil, agus leis sin do ṫuiteadar na bruit bí ar a ṡúilib ó'n troiġnéim Dé, agus do ċonnairc go soiléir an tionaḋ in a ṫimċeall.

Guiḋim tú, a léiġṫeóir eagnuiḋe, a ṫabairt dod' aire go suaiċnaṁaċ gurab í féin an teagasg sin Ċhríosd ċoiméadas an Eaglais Ċhatoilice d'á ṡeólaḋ do'n uile ṗeacaċ cionnus do ḋeunaḋ aiṫriġe.

Tuig, a léiġṫeóir, gion go bfuilid briaṫra soillseaċa 'san gcaibidil úd do haiṫléiġeaḋ linn, in a luaiḋtear Pól do ṡléaċtain d'fáisnéis a ṗeacaiḋe do láṫair Ananiais go measaid úġdair barántaṁla do sgríob ar an sgriopṫúir go ndeárnaḋ sé gaċ nið ḋíob.

Ag so an réim ceudna úd ċoiméadas an Eaglais mar a n-abair — "Eiriġ isteaċ, a Phóil—eaḋon, a ṗeacuiġ atá dall ó'n ṗeacaḋ—do'n ċaṫraiġ—eaḋon, go tiġ na faoisidine — agus do ġeabair Ananias — eaḋon, an t-oide faoisidine — innéósas duit id' ḃreiṫeaṁnas aiṫriġe creud is inndeunta ḋuit." Agus, fós, is amail do bí Pól dall trí lá agus trí oiḋċe, gan biaḋ gan diġ, ag ciallaġaḋ na dtrí rann atá 'san aiṫriġe—mar atá comḃruġaḋ croiḋe, adṁáil ṡirinneaċ an béil, agus leórġníoṁ 'san ḃrolṁaċ. Dliġiḋ an t-aiṫriġeaċ na neiṫe ceudna do ḋeunaṁ, óir do riġne Pól féin iad. Ar dtús, do ġoil sé ar feaḋ na dtrí lá úd agus na dtrí n-oiḋċe, d'á ċur i gcéill go raib cuṁṁa ċroiḋe air. An dara feaċt do ḟaisnéis sé a ṗeacaiḋe do Ananias, d'á ċur i gcéill go ndliġeann an uile aiṫriġeaċ a ṗeacaiḋe d'ḟáisnéis d'á oide faoisidine. Do riġne mar an gceudna an tréas nið, óir do bí ag deunaṁ leórġníoṁa in a loċtaib ar feaḋ a ré, agus i ndeireaḋ a beaṫaḋ do ḋoirt a ḟuil ag iomlánaḋ an leórġníoṁa sin. Mar an gceudna dliġiḋ an uile aiṫriġeaċ leórġníoṁ fullán do ḋeunaṁ in a gcionntaib.

Is é do ċiallaiġeas an tógḃáil láiṁe do rinne Ananias ós cionn Phóil, re haḋṁáil a ṗeacaiḋe ḋó, an tógḃáil láiṁe do ġníḋ an sagart ós cionn an aiṫriġiġ re tabairt na habsolóide ḋó.

Is é ċiallaiġid na bruit úd do ṫuit de ṡúilib Phóil, dailléiaċ agus doirċeadas an ṗeacaiḋ ṫuiteas d'anam agus de ċoguas an aiṫriġiġ, do ḃríġ na habsolóide.

Is é, mar an gcéadna, ċialluiġeas an radharc fuair Pól, an solus sprioradálta do ġeib an t-anam ó ġrásaib Dé.

Is follus ar na briaṫraib so anuas gurab í réim budh ṁaiṫ le Críost do ċoiméad 'san aiṫriġe na trí puinc so do rinne Pól ar a ṫeagasg — mar atá, coṁbruġaḋ croiḋe do ḃeiṫ air, agus a ṗeacaiḋe d'adṁáil do'n tsagart, agus leórġníoṁ do ḋéanaṁ in a loċtaib.

Léiġtear 'san gcúigeaḋ caibidil de'n ċeaṫraṁaḋ leabar de leabraib na Ríoġ fíoġair ar a dtuigṫear an réim is indéanta 'san aiṫriġe — eaḋon, mar do ċuaiḋ Naaman, do ḃí in a loḃar d'iarraiḋ teagaisg ar Elisėus cionnus do ġlanfaiḋe ó'n lubra é, agus mar d'órduiġ Elisėus do Naaman dul go sruṫ Iordain, agus é féin do niġe seaċt n-uaire ann, agus go mbiaḋ glan.

Go saiṫċiallaċ, cia hé an Naaman úd aċt an t-aiṫriġeaċ. Agus cia hé an loḃar aċt an peacaḋ. Agus cia hé an t-Elisėus aċt an sagart faoisidine. Agus cia hé an sruṫ Iordain aċt an sruṫ deaṙċaointeaċ na haiṫriġe. Agus créad fá ndubraḋ re Naaman é féin do niġe fá seaċt, aċt dá ċur i gcéill go ndliġeann an t-aiṫriġeaċ é féin do niġe ó na seaċt bpeacaiḋe marḃṫeaċa.

Agus is cosmaile so do ṫuigsin mar so, mar adeir Dia, 'san 28 caib. in Deuteronomi, go raib a ḃara fá Ċloinn Israel raon maḋma agus teiṫeaṁ do ġabáil ċuca fá seaċt sliġṫib, agus gurab an aon ród aṁáin do luiġfidis anaġaiḋ a naṁad, do ḃreiṫ buaḋa orra. Ionann, iomorro, na seaċt sliġṫe úd agus na seaċt bpeacaiḋe marḃṫaċa, agus is ionann an t-aon ród aṁáin in a mbearadaois buaiḋ agus aon raon na haiṫriġe, aṁail a dubramar ṫuas.

Is fíoġair fós do'n ḟaoisidin an níḋ léiġtear ag Daniel, 'san treas caibidil déug, mar a n-abair go ngnáṫuiġeaḋ Súsanna í féin do niġe agus do ḟoṫraġaḋ go minic i dtobar álainn do ḃí in a hubhall-ġort féin. Agus, lá n-aon dá ndeaċaiḋ d'á foṫraġaḋ féin anns an dtobar sin, do ċuir uaiṫe an dá innilt coiṁdeaċta do ḃí aice re ndul 'san tobar dí. Cia hí an Súsanna so aċt anam na haiṫriġiġ. Agus cia an tobar aċt an ḟaoisidin, óir do ḃeir sí fionnḟuaraḋ do'n anam do ṁúċaḋ teasa na hanntoile, agus glanann í, aṁail glanas uisge an tobair an corp foiṫriġṫear ann. Tabair dod' aire aṁail do ċuir Súsanna an dá ċoṁail ċoiṁdeaċta uaiṫe re ndul 'san tobar dí. Mar sin dliġeas an t-aiṫriġeaċ re ndul i dtobar déaraċ na faoisidine dó, dá níḋ do ruagaḋ ar a inntinn — mar atá, eagla péine Ifrinn agus glóir díoṁaoin. Óir ní d'eagla péine Ifrinn ná d'ḟonn molta d'fagáil 'san tsaoġal dliġeas duine faoisidin do ḋéanaṁ, aċt de ġráin ar an bpeacaḋ, agus de ġráḋ agus d'eagla Dé, agus de ṁian a réire agus a ṫoile do ḋéanaṁ.

Léiġtear 'san gceaṫramaḋ caibidil déug de Leviticus, an dream do glantaoi ó'n lubra gur ḃ'éigin dóiḃ teaċt do láṫair na sagart, agus go mbearradaois na sagairt a ḃfionnfaḋ go léir díoḃ. Mar sin dliġear an lobar—eaḋon, an peacaċ—teaċt d'ionnsuiḋe na sagart soisgeulta, do ḃuain fionnfaiḋ an peacaiḋ díoḃ le deiṁeas na faoisidine. Ní heugcosṁail, iomorro, an fionnfaḋ agus an peacaḋ le ċéile: óir mar is líonṁar an fionnfaḋ is líonṁar an peacaḋ, agus, mar is de'n leiṫ amuiġ de ṡubstaint an duine in a iomarcaḋ ḃíos an fionnfaḋ mar an gceudna do'n peacaḋ, is níḋ é atá de'n leiṫ amuiġ de ṡubstaint an duine.

Léiġtear 'san gceaṫramaḋ caibidil de Leaḃar Esther, an uair do ḃreaṫnuiġ Assuerus Ríġ (ar ṡuráileaṁ Aman) an Cineaḋ Iúdaiġeaċ do ḃí fá n-a smaċt féin do ḋíċeannaḋ, go dtug Mardocheus, captaoin de'n ċineaḋ ċeudna, do ċoṁairle do ḃainríoġain darḃ ainm Esther earraḋ álainn ionaonaiġ do ċur uimpe, agus dul do láṫair an ríoġ do ċur impiḋe air fá ġrásaiḃ do ḋéanaṁ ar an gCineaḋ Iúdaiġeaċ. Ar ndul di aṁlaiḋ sin, agus an tan ċonnairc an ríġ inneall agus éagcosg na mná do líon d'á searc agus d'á síorġráḋ, agus do riġne grása ar an gCineaḋ Iúdaiġeaċ ar a ṡuráileaṁ.

Go páirtċiallaċ, cia hé an t-Assuerus úd, aċt an Dia Aṫair. Agus cia hé an t-Aman úd aċt an t-aiḋḃeirseoir. Cia an Cineaḋ Iúdaiġeaċ aċt na peaċaiġ. Cia hé an Mardocheus aċt an Spiorad Naoṁ. Cia an ḃain-tiġearna aċt an ḟaoisidin. Cia an earraḋ álainn ionaonaiġ úd, aċt grá Dé agus na coṁarran dliġtear do ḃeiṫ i mbun ḃfaoisidine.

Léiġtear 'sa deaċṁaḋ caibidil de'n dara leaḃar de Leaḃraiḃ na Ríoġ gur ċuir Dáiḃiḋ Ríġ teaċta uaiḋ do ḟiosruġaḋ Hanon Ríġ Chloinne Ammoin do ṫaḃairt coṁḟoláis dó, iar mbeiṫ ag déanaṁ cuṁa dó andiaiġ a aṫar. Agus is é do ṁeas Hanon gurab do ḃraṫ a ṫíre féin ṫángadar na teaċta, agus rug go heasaonṫaċ orṫa, agus ṫug fá deara a n-éadaiġe do ġearraḋ ó ṁaolaiḃ a más síos, agus leaṫ a ḃfeasóg do ḃuain díoḃ, agus do léig uaiḋ go doċraċ dian-noċt aṁlaiḋ sin iad. An tan do ċualaiḋ Dáiḃiḋ sin, do ċuir sgeula in a gcoinne, d'á ḟógraḋ dóiḃ gan teaċt in a raḋarc, aċt dul go Gleann Iericho, agus fanṁuin ann go ḃfás d'á ḃfeasógaiḃ, agus go mbeiṫ d'éadaiġiḃ aimdiongṁála umpa.

Go páirtċiallaċ cia hé an Dáiḃiḋ Ríġ úd, aċt Dia Aṫair. Cia hé an Hanon úd aċt an Diaḃal; agus cia an dream d'á ndearnaḋ Hanon cleasana aċt na haiṫriġiġ d'á ndéin an Diaḃal amadáin go minic, an méid go gcuireann d'ḟiaċaiḃ orra le dímeasaċt a ḃfaoisidin do ċiorrḃaḋ, agus leaṫ a bpeacaiḋe go minic do ċeilt innte. Tig de sin naċ leigean Dia Aṫair d'á láṫair iad, aċt cuiriḋ teaċta uaiḋ d'á ḟógraḋ dóiḃ fanaṁuin i ngleann Iericho na haiṫriġe nó go ḃfásaid a ḃfeasóga go hiomlán; ionann sin agus go ndéanaid faisnéis iomlán ar a bpeacaiḋiḃ in a ḃfaoisidin.

Léiġtear 'san gceaṫramhaḋ caibidil déug in Ecsodus, ria ndul do ċloinn Israel tréś an Mhuir Ruaiḋ do'n Eigipt, gurab í treaḃ Iudais an céad ṫreaḃ ṫug rét rómpa ar an ṁuir, d'á ċur i gcéill gurab í an ḟaoisidin ċiallaiġṫear leis an treaḃ úd Iudais, do réir mar ċruiṫeoċam in a ḋiaiġ so, is tosaċ agus tionnsgadal ar oibriuġaḋ na haiṫriġe. Go fáiṫċiallaċ, iomorro, is í an ṫreaḃ úd Israel na peacaiḋe, agus is í an Egipt staid an ṗeacaiġ, agus is é Pharaoh an Diabal, agus is í an Mhuir Ruaiḋ, tonn déor-ċaointeaċ na haiṫriġe. Agus is é an fásaċ in a ndeaċadar, priosún peannaide na haiṫriġe.

Ar na hionadaiḃ so, agus i mórán d'ionadaiḃ eile 'san Sgriobṫúir naċ airiṁiġṫear linn do'n ċor so, is inċreidte go bfuil an ḟaoisidin ion-gabṫa agus fós éigeanteaċ ċum sláinuiġṫe an duine andiaiġ ṗeacaiḋ ġníoṁaiġ nó ṁarḃṫaiġ do ḋeunaṁ.

Agus, bíoḋ a fios ag Cailbin agus ag Lúitear, adeir gurab iongabṫa an céad ċuid de'n aiṫriġe—eaḋon, tuirse ċroiḋe—agus an tres ċuid—eaḋon, leórġníoṁ—naċ mó dearḃaid na fíoġraċa so reaṁráiḋte ceaċtar díob sin do beiṫ éigeanteaċ iná an faoisidin; agus dá réir sin, is le mailís agus le miorún ar a noċt ṡeunaid an ḟaoisidin do beiṫ éigeantaċ; agus saoilim gurab ó n-a Maiġistir féin—eaḋon, an Diabal—fuaradar an teagasg sin, do ḃriġ go ḃfacaiḋ sé naċ raiḃ aon ród eile ag na peacaċaiḃ ċum dulta go Flaiṫeas Dé aċt ród na haiṫriġe de ḋruim na faoisidine.

Léiġtear 'san naoṁaḋ distinċ do Sgaṫán na Somplaḋa sgeul ar a dtuigṫear gurab olc do'n tí naċ creideann an ḟaoisidin do beiṫ éigeanteaċ—"Do bí (ar sé) prionnsa mór d'áiriġṫe ṫug a ḃeaṫa ar go ró olc, 7 ar mbeiṫ d'á ṁnaoi ag cur impiḋe air fá filleaḋ ar Dia fá Cháisg, agus fá n-a ḟaoisidin do ḋeunaṁ go hiomlán in a ṗeacaḋaiḃ go háiriġṫe uair 'san mbliaḋain, do ḟreagair seisean í, 7 adubairt—'Ní ḋéana me (ar sé) ar ḟaoisidin do ḋeunaṁ leis na sagartaiḃ so, d'eagla go gcuirfidís breaṫaṁnas aiṫriġe ró ṁór orm.' 'O! (ar an bean) maiseaḋ cionnus ḟéadfas tú pianta Ifrinn d'iomċar?' Adubairt seisean, ag foċṁuid fúiṫe-se—'an dóiġ leatsa (ar sé), a bean leaṁ, go bfuil Ifrionn, ná Diabal, ná beaṫa ar biṫ eile ann tar éis na beaṫa so? ní bfuil go deiṁin (ar sé), aċt is iad na sagairt so againne do ċúm a mbeiṫ ann, ionnus go mbiaḋ eagla rómpa féin.' O do ċonnairc, iomorra, an bean naċar ḃféidirde di féin beiṫ ag á ṫeagasg, do léig dó fanṁuin in a ḋiṫċreideaṁ 7 in a aṁaideaċt féin. Giḋeaḋ níor ḃfada in a ḋiaiġ sin go dtáinig sluaġ do áiriṁiġṫe de ḋeaṁnaiḃ isteaċ do'n tseomra in a rabadar araon, agus do ṫógbadar an prionnsa léo go hobann, idir corp agus anam, agus do ṫeilgeadar é d'á ilpianaḋ i bfóḋoṁain agus i bfírioċtar Ifrinn."

Léiġtear 'san gceaṫraṁaḋ dirting de'n leaḃar ċeudna sin sompla ar a dtuigtear naċ bí cuiṁne ag an nDiabal ar an bpeacaḋ innisear duine 'san bfaoisidin iomlán. Feaċt n-aon do bí 'san Róiṁ bean uasal ró-ċráibṫeaċ, agus do bí sí aimsir nó seal d'á h-aimsir, agus do ṁeudaiġ sí féin agus a fear tríd sin ar a n-urnaiġṫib agus ar a ndéirc, agus ar a dtroisgaḋ, agus ar a n-oilitre, agus tugsad móide fá ḋeaġoibreaċaib iomḋa do ḋeunaṁ dá dtugaḋ Dia clann dóib. Aċt, ċeana, iar sin do ṫárla gein ṁic eatorra; ⁊ iar dtúirmeaḋ an ṁic do ġab spiorad craḃaiḋ an fear, agus do ċuaiḋ de ṫoil a ṁná ar an bfásaċ do ṫabairt beaṫa diṫreaḃaiġ suas. Dála na mná, iomorra, do hoileaḋ an mac go múirneaċ léi ar a cíoċaib féin, ⁊ do bí in a ċaoṁṫaċ leapṫa aice go beiṫ ionnuaċair dó, agus, maille re séideaḋ an aiḋbeirseóra, do ġríos an ṁáṫair é do ḋeunaṁ corbuiḋ ria féin, ⁊ do ṫárla torraċ uaiḋ í, agus, ar mbreiṫ mic di, do ċuaiḋ leis ós íseal, agus do ṫeilg i ndíg do bí lán de laṫaiġ é, ionnus gur báṫaḋ é, agus níor ḃfeas do aon duine sin aċt di féin aṁáin. Agus in a ḋiaiġ sin do ġab uaṫbás an ḃean tré's an ndroiċbeart do riġne sí, agus ní ḋeunaḋ cóṁnaiḋe aċt ag caoi agus ag deunaṁ urnaiġṫe agus déirce agus troisgṫe ag iarraiḋ trócaire agus maiṫṁeaċais ar Ḋia — óir fá ró-nár léi an peacaḋ sin d'faoisidin — i ndóiġ go ndiongnaḋ Dia trócaire uirṫe. Ar mbeiṫ seal d'á haimsir aṁlaiḋ sin di, ṫáinig an Diabal, i gcruṫ cléiriġ, do'n Róiṁ, agus do ċuaiḋ do láṫair na n-oifigeaċ, do bí 'san baile, agus a dubairt riú — "Is de ṫrócaire Dé (ar sé) naċ leagṫar an ċaṫair so ó ṁullaċ go lár, óir atá bean innte do rug clann d'á mac féin ⁊ do ṁarb an ġein iar n-a breiṫ," agus tug sé ainm agus sloinneaḋ na mná do na hoifigeaċaib, agus do ṁúin dóib an t-ionad in a raib, agus do ġeall féin an sgeul do ḟíoruġaḋ uirre. Dála na n-oifigeaċ, do ġabadar an ḃean, agus do hinnseaḋ di an ċoir do bí ag á cur uirre. Do ġuiḋ sise iad um dul léi d'ionnsuiḋe an Ṗápa, go ndiongnaḋ sí a faoisidin go hiomlán ris. Thángadar na hoifigiḋ léi ann sin do láṫair an Ṗápa, agus, iar na roċtain di, do rinne a faoisidin go hiomlán ris, maille re deorċaoine, ⁊ andiaiġ absolóide d'faġáil di, do rugaḋ do láṫair an ḃreiṫeaṁun í, mar a raib an t-aiḋbeirseóir i gcruṫ [illegible]onda, ar a cionn ar ti dearbṫa uirre. Ar dtoiġeaċt di do láṫair, d'fiafruiġ an breiṫeaṁ de'n Diabal creud do bí aige re cur anaġaiḋ na mná, agus náċar ḃfeas do féin a cionntaḋa. Adubairt an Diabal, ag á freagraḋ, gur dearb leis féin í beiṫ glan ó'n uile ċoir, agus náċar ḋóiġ leis go ndéarnaḋ sí peacaḋ riaṁ. Agus leis sin d'éiriġ an Diabal in a ḋoiġir ṁorgaiġṫe tré ṁullaċ tiġe na cúirte amaċ. O do ċonnairc an breiṫeaṁ sin ṫug fá deara an ḃean do leigean amaċ d'ionnsuiḋe a tiġe féin.

Is iontuigṫe as an sgeul so gaċ peacaḋ ċuireas duine sios 'san ḃfaoisidin iomlan go dtabair an diabal i ndearmad é.

Léiġtear fós 'san ionad ceudna go raiḃ bean d'áiriġṫe ṫárla i gcoir na colna, agus do ḃí do ṁéid a náire tré 'n bpeacaḋ sin gur ċeil sí in a faoisidin é. Giḋeaḋ do ḃí de ló agus d'oiḋċe ag guiḋe Dé go dúṫraċtaċ maille re deoirċaoineaḋ d'á iarraiḋ ar Ḋia an peacaḋ sin do ṁaiṫeaṁ di. Lá n-aon dá raiḃ an ḃean so 'san teampoll ag guiḋe Dé go dúṫraċtaċ agus tug an sagart feuċain ṫairis, agus do ċonnairc deaṁan i gcruṫ aḋḟuaṫṁar ós a cionn ag sgigeaḋ agus ag foċṁuid fúiṫe. "Cuirim ort de ġearaiḃ in ainm Íosa, a ḋeaṁain (ar an sagart), a innsin dam creud is aḋḃar foċṁuide duit?" "Is é aḋḃar m'foċṁuide (ar an deaṁan) an ḃean so ag á rnaiġ agus ag á searġaḋ féin le caoi agus le trosgaḋ, agus gurab áiriġṫe di dul go hifrionn. Oir saoiliḋ an oinṁid diċċéilliġ go ḃfaġaḋ maiṫeaṁ ar an bpeacaḋ trom úd do rinne sí agus gan a ċur i ḃfaoisidin, níḋ naċ féidir di d'fáġail dá mbeiḋeaḋ ag caoi go lá an ḃreiṫeaṁnuis." Iar gcloisin an urġioll sin don tsagart do ġaḃ ag greasaċt na mná dá furáileaṁ uirre an peacaḋ sin do ḟaoisidin. An tan do ṫuig an ḃean gur ḃfíor gaċ níḋ dá ndubairt an deaṁan do leig ar a glúiniḃ í i bfiaḋnuise an tsagairt, agus do rigne a faoisidin iomlán in a peacaḋaiḃ uile, maille re deoirċaoineaḋ agus tug an sagart absolóid di. Dála an deaṁain, an tan do ċonnairc go dtáinig dá urġioll féin an ḃean d'fóiriġṫin ó'n diaḃal do ġaḃ aiṫṁéile ṁór é, agus do sgread agus do sgreaċ go garg, agus do ling is a ġal ḃreun ḋorċaḋ tré ṁullaċ an teampoill suas. Is ionntuigṫe as an sgeul so naċ ḃfuil aon ṁoḋ eile againn in a ḃfeudfamaoid dealuġaḋ ris na peacaḋaiḃ marḃṫaċa do ġníoḋmaoid annaiġ ár mbaistid aċt an ḟaoisidin.

Léiġtear i mbeaṫa an Abaḋ Egidius Naoṁṫa gurab re na linn do ḃí Searlus Mór in a Ríġ ar an ḃFrainge, agus go dtigeaḋ go minic ag cur impiḋe ar an abaḋ guiḋe ċum Dé ar a son fá peacaḋ ró-ṫrom do rigne sé naċ leigeaḋ an náire ḋó d'innsin do'n abaḋ ná d'aon duine eile in a ḃfaoisidin, do ṁaiṫfeaḋ ḋó é, agus má's fíor is corbaḋ do rigne re n-a ḋeirbṡiúir féin. Dála an abaḋ, iomorro, lá n-aon dá raiḃ ag ráḋ aifrinn, ⁊ é ag guiḋe Dé go dúṫraċtaċ ar son an ríoġ, táinig aingeal de neaṁ d'á ionnsaiḋ, ⁊ do leig sgríbinn ar an altóir, ⁊ is é do ḃí 'san sgríbinn an peacaḋ sin do rigne an ríġ agus maiṫfeaċus ó Ḋia ċuige ar ċoinġeall go ndiongnaḋ sé an peacaḋ sin do rigne d'ḟaoisidin agus muna ndiongnaḋ gan maiṫfeaċus do ḃeiṫ aige ar ċor ar biṫ. Iar gcríoċnuġaḋ an aifrinn do'n abaḋ naoṁṫa, do ṫógaiḃ an sgríbinn agus do léiġiḋ í, agus do ċuaiḋ go luaṫġáireaċ mar a raib an ríġ, agus do rug leis i ḃfód fá leiṫ é, do ṫaisbeán an sgríbinn reaṁráiḋte ḋó. Air na ḟaicsin sin do'n ríġ, do ġab maċtnuġaḋ meanman é, agus d'ḟeac a ġlún gan ċáirde, agus do ḟáisnéis an peacaḋ sin agus gaċ peacaḋ eile ar ar ċuiṁnig sé do'n abaiḋ, maille re deoréaoineaḋ, agus fuair absolóid, agus is mar sin do fóireaḋ é.

Is ionntuigṫe as an sgeul so naċ ḃfuil furtaċt ar ḋuine ó'n ḃpeacaḋ marḃṫaċ aċt maille re faoisidin go hiomlán do ḋeunaṁ, de ḋruim ḋoilġiosa, agus maille re rún aisig do ḃeiṫ aige san ḃfolṁaċ do riġne d'á ċoṁarsannaiḃ.

AN TREAS CAIBIDIL DEUG.

In a dtráċtar go haṫċumair ar an réim is cóir do ḋuine do ċoiṁeád ag deunaṁ faoisidine.

O tá an ḟaoisidin ċoiṁ éigeanntaċ sin ionnus naċ ḃfuil teaċt as in a heugmais, ná slánuġaḋ ar aonduine do ġníḋ peacaḋ marḃṫaċ anḋiaiġ an ḃaistiḋ aċt maille re n-a ḋeunaṁ, ni fuláir do ġaċ aon duine a fios do ḃeiṫ aige cionnus do ḋeunfaiḋ í, agus creud iad na coingill dliġṫear doiḃ do ḃeiṫ innte, agus creud an t-órduġaḋ is inleanta innte. A deirid iomorro cuid de na doċtúiriḃ go ḃfuilid sé coingill deug san ḃfaoisidin, agus cuid eile naoi gcoingill. Giḋeaḋ ionnus naċ measgrainn meaḃair an aiṫrigiġ, bioḋ a fios aige go ḃfuil iomlánuġaḋ na faoisidine i gcúig gcoingeallaiḃ cialluiġṫear anns na cúig litreaċaiḃ atá 'san ḃfocal so "iúdas." Ionann iomorro "iúdas" in Eaḃra agus "faoisidin" i nGaoiḋeilg. Agus is córaide a ṫuigsin gurab ionann iúdas agus faoisidin an fioġair léiġtear san gcúigeaḋ caibidil de'n céad leaḃar de leaḃraiḃ na Macaibei, mar a léiġtear go ndeaċaiḋ iúdas tionól sluaiġ do ṫeagṁáil re Timoteus, captaoin Chloinne Amon, agus ar n-a ṫeaċt dóiḃ leaṫ ar leaṫ ar gaċ taoḃ de'n abainn, adubairt Timoteus re n-a ṡluaġ, ar ḟaicsin iúdais dó,—"Dá dtriallfaḋ ar sé iúdas tar sruṫ anall ni feudfaḋ caṫuġaḋ leis; giḋeaḋ dá ngeaḃaḋ meataċt é lingfeam air, agus béarfam buaiḋ air. Leis sin tug iúdas fá deara caismearta caṫa do ċoṁḟeinim, do léir-ṫionól a ṡluaiġ, agus do ṫriall féin i ḃfíorṫosaċ an tsluaiġ go dána, agus tug uċt ar Timotheus agus ar a ṁuinntear, agus do ċuir in a raon maḋma agus mioċosgair iad, ionnus gur fágadar a meirgiḋe agus a n-airm, agus gur ṫeiṫeadar fá ṫearmann do ḃi láiṁ leo. Go fáiṫċiallaċ, cia hé an iúdas úd aċt an faoisidin;

agus cia hé an Timotheus aċt an Diaḃal: agus cia an sluaġ úd do ḃí ag Timotheus aċt daorġar-ṡluaġ na nduḃailceaḋ agus na ndoiḃeus; agus cia an sluaġ úd Iúdais aċt na suḃáilceaḋa agus na soiġníoṁa; agus cia hé an sruṫ úd aċt sruṫ deoirċaointeaċ an doilġeasa agus na faoisidine: agus giḃé aiṫriġeaċ do ṫaiġeóraḋ buaiḋ do ḃreiṫ ar Timoteus—eaḋon, ar an diaḃal—ní fuláir dó dul tar sruṫ deoirċaointeaċ na haiṫriġe anonn le ceannas feaḋna na faoisidine, nó dá ngaḃaḋ meataċt nó diúideaċt é do ċursaḋ toirmeasg air gan an ḟaoisidin do ḋéanaṁ, is áiriġṫe dó go dtiocfaḋ Timoteus—eaḋon, an diaḃal—tar sruṫ an doilġeasa anall d'imirt neirt, brúide, agus báis air.

Atáid, iomorro, dá súil ag an gcaptaoin so—eaḋon, ag an ḃfaoisidin—mar atá súil re faicsin roiṁe, agus súil re faicsin in a ḋiaiġ, agus, dá raiḃ ceaċtar de'n dá súil so d'easbuiḋ air, ní ḃiaḋ infeaḋma ċum buaḋa do ḃreiṫ. An ċéad súil re a ḃfaiceann roiṁe—eaḋon, an tuirse ċroiḋe dliġṫear do'n aiṫriġeaċ do ḃeiṫ air tréis na peacaḋaiḃ do ċuaiḋ ṫairis in a dtárla sé; óir ní ḟéidir an faisidin do ḃeiṫ iongaḃṫa ná soċar ar biṫ do ḃeiṫ innte aċt muna raiḃ tuirse inntinne ar an aiṫriġeaċ le linn a ḋéanta (aṁail adubhramar ṫuas); an dara súil, ċeana, le a ḃfaiceann in a ḋiaiġ, rún an leóirġníoṁa do ḋéanaṁ, óir ní foġnann an faoisidin aċt muna raiḃ do rún ag an aiṫriġeaċ leóirġníoṁ do ḋéanaṁ, fá n-a ḋiṫċioll, in gaċ lot d'á ndéarnaḋ d'á ċoṁarsanaiḃ, dá raiḃ sé ar gcumas dó.

Ag so i Laidin, na cúig coinġill tuigṫear as na cúig leitreaċaiḃ atá 'san ḃfocal so "iúdas," mar atá—"integra, vera, dolorosa, accelerata, et satisfactoria." Ionann sin re a ráḋ agus a ḃeiṫ iomlán, fírinneaċ, doilġeasaċ, deiṫḟreaċ, lóirġníoṁaċ. Ionann a ḃeiṫ iomlán agus gan aon peacaḋ do ċeilt ar a gcuiṁneóċaḋ an t-aiṫriġeaċ. Ionann a ḃeiṫ fírinneaċ agus gan cumasg leiṫsgeul ná breug do ċur innte. Ionann a ḃeiṫ doilġiosaċ agus gan teaċt le gáire ná le subaċas ċuige. Ionann a ḃeiṫ deiṫḟreaċ agus gan a ċur ar cáirde. Ionann a ḃeit leóirġníoṁaċ agus rún airis do ḃeiṫ ag an aiṫriġeaċ in gaċ gné in a ndéarnaḋ foġlaċ nó lot ar ċlú, nó ar ċorp, nó ar ċuid a ċoṁarsan, do réir mar órdóċas an t-oide faoisidine dó é.

Ag so, ċeana, an t-órduġaḋ dleaġṫar do ċoiṁeád 'san ḃfaoisidin, má do ġníḋ duine go [illegible]ne í—a smuaineaḋ, a laḃairt, a ġníoṁ, agus a faillíġe do ċur síos go haṫċumair do'n tsagart. Giḋeaḋ má's duine do ḋéanas a ḟaoisidin go hanaṁ é, dliġiḋ a peacaiḋe ar na ceiṫre modaiḃ so d'ḟáisnéis go hiomlán nó go foirleaṫan, do réir an úird so síos—eaḋon, é féin do ċionntuġaḋ, ar dtús, i gcoir na gcúig gceudfaḋa; an dara feaċt, ins na seaċt bpeacaiḋe marḃṫaċa. An treas feaċt i mbriseaḋ na n-aiṫeantaḋ—mar atáid, Deiċ n-aiṫeanta Dé agus Cúig aiṫeanta na hEaglaise. An ceaṫramaḋ feaċt, in gaċ gné in a ndéarnaḋ faillige ins na neiṫib so síos, eaḋon, i Seaċt n-Oibreaċaib na Trócaire Corparḋa agus i Seaċt n-Oibreaċaib na Trócaire Spioradálta, agus i neaṁċaiṫiḋe na Sacramainteaḋ, agus i neaṁċur le Seaċt dTiodlacaib na Spioraid Naoiṁ, agus i neiṁċreideaṁ an aon airteagal de Dhá Airteagal Deug an Chreidiṁ, agus i neaṁḟaoṫruġaḋ na n-Oċt Sein-bheannaċta, agus i neaṁċoimeád na dTri Subáilceaḋa Dhiaḋa agus na gCeiṫre Subáilceaḋa Sonnráḋaċa, agus in gaċ faillige eile d'á ndéin duine ó sin amaċ. Agus, gibé do ḃiaḋ in ainḃfios aon ċoda ḋíob so, do ġeabaḋ a ṁúnaḋ ḋó 'san Teagasg Criostaiġe.

Tuiġ, a léiġṫeóir, gurab uime naċ tráċtaim níos foirleiṫne ioná so ar Ord na Faoisidine, go measaim go mineóċar gaċ nid ḋíob so go líonṁar do'n aiṫriġeaċ leis an oide ḃfaoisidine eagnaiḋe. Aḋḃar eile fós atá agam, do ḃríġ naċ d'aontoisg ċum na faoisidine do ṁínuġaḋ do ṫráċtas uirṫe annso, aċt tré n-a beiṫ éigeantaċ do gaċ aon duine re h-uċt Chuirp Chríost do ċaiṫeaṁ, ar a ḃfuilim ag tráċt do'n ċor so, an méid go mbeanann ris an Aifrionn.

AN CEATHRAMHADH CAIBIDIL DEUG.

In a dtráċtar ar na deiċ réasúnaib atá ag an Eaglais Chatoilice ar naċ tabraiḋ Corp Chríost do na tuataḋaib fá ġnéiṫib an fíona.

An ċéad aḋḃar, ar eagla na fola do ḋórtaḋ le taisdiol láṁ na dtuataḋ.

An dara haḋḃar, d'eagla go ngeabaḋ an fíon glaoḋaṁlaċt ċuige, aṁail oiġreaḋ nó cuisne.

An treas aḋḃar, d'eagla go ngeabaḋ an fíon truailleaḋ nó éideaċt ċuige.

An ceaṫramaḋ aḋḃar, teirce an fíona i mórán de ríoġaċtaib, aṁail atá an talaṁ so (Eire), in a ḃfuilid mórán d'ionadaib aiṁriata i gcéin ó ḃailtib cuan naċ ḃfaġṫaoi fíon do ḃearṫaoi do'n aiṫriġeaċ do ḃeiḋeaḋ anns na hionadaib allta sin.

An cúigeaḋ haḋḃar, go mbíd mórán de ḋaoine éisdealbaċa ann ar a mbiaḋ déistin fá'n ḃfíon d'ól as aon ċorn ris na daoinib ar a mbiaḋ easláinte gráineaṁla—mar atá bolgaċ, nó cláiṁe, nó gearba, nó a n-ionnaṁla eile d'easláintib.

An seiseaḋ aḋḃar d'eagla go mbeiṫ ceann anḃfann ag an aiṫriġeaċ, agus go n-ibeaḋ iomad de'n fíon, agus go mbeiṫ ar meisge ag fágbáil na haltóra ḋó.

An seaċtṁaḋ ádḃar: do ḟeaċnaḋ neaṁċaḋais do ḃeiṫ ar an Sacraimint, óir, dá mbeiṫ an fíon dá ṫaḃairt dúinn mar Shacraimint, agus iomad de ḋaoinibh maiṫe agus de ḋroċḋaoinibh do ḃeiṫ ag caiṫeaṁ an Sacraimint agus malairt fíona do ḃeiṫ aca mar atá fíon maiṫ ag na daoinibh maiṫe agus droiċḟíon ag na droċḋaoinibh, dob féidir an tan do ḋligfeaḋ an droċduine ḃeiṫ ag bualaḋ a uċta agus ag guiḋe Dé go dúṫraċtaċ, gurab ag iompáḋ do ḃiaḋ sé, ag á ráḋ gurab mó ḃiaḋ a ġean ar ḋuine maiṫ nó saiḋḃir ann, ó is é an duine saiḋḃir do ġeiḃ an fíon is fearr tré ċomaoin do ċur ar an sagart agus ó's aige féin naċ raiḃ breiṫ ar ċomaoin do ċur ar an sagart naċ faġann aċt an fíon is measa.

An t-oċtṁaḋ ádḃar: go ḃfuilid mórán de ḋaoinibh ann naċ féadann fíonn d'ól go bráṫ agus do ḃríġ naċ dtáġbann Dia an duine i nglas 'san mbeaṫa so gan dáil cabra ar ċor éigin in a ċionn, is follus naċ ḃfuil Sacraimint na fola éigeantaċ re a ċaiṫeaṁ do'n aiṫriġeaċ i bpéin peacaiḋ ṁarḃṫaiġ.

An naoṁaḋ hádḃar: do ḟeaċnaḋ iomaid costais do ḋéanaṁ; óir do ḃuḋ deacair do'n tsagart ag á mbeiṫ míle aiṫriġeaċ uair gaċa míosa ag caiṫeaṁ comaoineaċ a riar míle d'ḟíon ar a ċostus féin.

An deaċṁaḋ hádḃar: mar ḟreagrugaḋ ar na heiricib, adeir go ḃfuil d'fiaċaiḃ ar gaċ aon aiṫriġeaċ Sacraimint na Fola do ċaiṫeaṁ fá ġnéiṫiḃ an fíona.

Ag so cuid d'argúintiḃ na n-eiriceaċ ar a gcuirid rómpa a ċruṫuġaḋ go ḃfuil d'fiaċaiḃ ar an uile ṫuata Sacraimint na haltóra do ċaiṫeaṁ fá ġnéiṫiḃ an fíona.

Ag so an ċéad argúin ḃeanaid siad as an seiseaḋ caibidil ar ḟiċid ag Mata mar a n-abair Críost 'san tSoisgeul, re linn an tSuipéir—"Iḃiḋ uile de so eaḋón, de'n ċailís.

Mo ḟreagra orra ann so, gurab ag labairt ris na habstalaiḃ (d'á ndéarnaḋ Sé féin an tráṫ sin sagairt) do ḃí Sé agus naċ ris na tuataḋaiḃ do ċreid d'á seanmóir roiṁe sin. Agus is córaide a ṫuigsin mar so, go n-abair Sé féin i ndiaiġ na mbriaṫra úd re a ndubairt rú uile an corn d'ól, briaṫra fá n-ab' ionnṫuigṫe gurab ris na habstalaiḃ do labair—"Agus (ar Sé) d'iḃidear go léir as an gcorn." ag ciallugaḋ na muintire do ḃí ag caiṫeaṁ an tSuipéir maille ris, agus ní léiġtear 'san tSoisgeul go raiḃ maille ris aċt an Dá Abstal Deug aṁáin do ḃí in a sagartaiḃ. Ar an ádḃar-sonn níor ḟuráil sé an fíon do ċaiṫeaṁ aċt ar an Dá Abstal Deug do ḃí in a Sagartaiḃ, agus gaċ sagart eile do ḃiaḋ in a bpearsannaiḃ sin. Agus is é ádḃair fá'r órduiġ do na habstalaiḃ an tSacraimint do ċaiṫeaṁ fá ġnéiṫiḃ aráin agus fíona, do ḃríġ gurab íoḋbairt í sa dual d'ofrálugaḋ fá ġnéiṫiḃ aráin agus fíona.

agus gurab ris na sagartaiḃ ḃeanas ioḋbairt do ḋeunaṁ, agus go rabadar-san in a sagartaiḃ an tráṫ sin.

Atáid, iomorro, dá níḋ 'san Aifrionn mar atá ioḋbairt agus sacraimint. An ioḋbairt, dligiḋ sí Páis Chríost d'eisiomplárugaḋ dúinn. Dá ḃríġ sin, ó do ḃí Corp Chríost agus a Ḟuil sgarṫa le ċéile 'san Pháis, dligiḋ, mar an gceudna, ioḋbairt Chuirp Chríost agus a Ḟola do ḃeiṫ dealuiġṫe re ċéile 'san Aifrionn. Ionann sin re a ráḋ agus an Corp, do ḃríġ na mbriaṫar coisreagṫa—eaḋon, "Hoc est enim Corpus Meum," do ḃeiṫ fá ġnéiṫiḃ an arain, aċt gé ḃíos a anam agus a Ḟuil in a ċoṁḋeaċt, agus an Ḟuil do ḃeiṫ fá ġnéiṫiḃ an ḟíona, do ḃríġ na mbriaṫar gcoisreagṫa—eaḋon, "Hic est enim calix Sanguinis Mei," ⁊c.—maille ris an gCorp agus ris an anam do ḃeiṫ in a ċoṁḋeaċt.

An dara níḋ atá 'san Aifrionn—eaḋon, Sacraimint—agus an méid gurab Sacraimint é is leór a ċaiṫeaṁ fá ġnéiṫiḃ an aráin aṁáin, agus is mar sin caiṫeas gaċ aon é, leaṫ amuiġ de'n Aifrionn idir ṡagart agus tuata, agus dá n-abraḋ Cailḃin nó Luitear go ndéin an sagart leaṫċumaiḋ ar an dtuata, an méid go gcaiṫeann féin Corp Chríost fá ġnéiṫiḃ an aráin agus an ḟíona agus naċ taḃair do'n tuata aċt fá ġnéiṫiḃ an aráin aṁáin, bíoḋ a ḟios aca go dtaḃair an sagart annso do'n tuata an oiread agus do ḃeir do féin, an méid ḃeanas ris an Sacraimint, leaṫ amuiġ d'aiċidiḃ cupa an ḟíona, óir ní ṫaḃair do féin aċt an Corp, Fuil, Anam ⁊ Diaḋaċt Críosd, agus do ḃeir na neiṫe ceudna do'n tuata. Ar dtús do ḃeir an Corp gan aṁras dó, agus do réir Phóil, 'san seiseaḋ caibidil ċum na Róṁánaċ is Corp beó dáiltear ann. Ag so mar adeir Pól—"Iar n-eiséirġe," ar sé, "do Chríost ó ṁarḃaiḃ ní ḟuil anois ag fáġail ḃáis ó so amaċ, ní ḋeunaiḋ an bás tiġearnuġ ó air." Agus, ó naċ ḃí corp beó gan anam, is iontuigṫe go mbí an t-anam ann, agus do réir na ḃfisigeaḋ nó na leaġa ní ḃí corp beó gan fuil, agus dá ḃríġ sin bí an fuil ann. Bí fós an Diaḋaċt ann, do réir Damascenus, 'san ceaṫraṁaḋ leaḃar do sgríoḃ ar an gCreideaṁ gCoitċeann, "An níḋ do ġlac an Diaḋaċt," ar sé, "aon uair aṁáin, ní ṫréigfeaḋ sí go bráṫ é." Agus is follus gur ġlac an Diaḋaċt corp daonna ó Ṁuire, do réir Lúcáis 'san ċéad ċaibidil, agus ó naċ sgarfaiḋ an Corp ceudna ris an Diaḋaċt go bráṫ do réir Damascenus, ní ḃíonn sgarṫa re Sacraimint Chuirp Críost, aċt bí táiṫte ris an tan ḃeirṫear do'n tuata é, agus gaċ uile tráṫ. Ar an aḋḃar sin na ċeiṫre neiṫe ċaiṫeas an sagart ar an altóir do ḃeir do'n tuata na neiṫe ceudna—eaḋon, Corp, Fuil, Anam, agus Diaḋaċt Chríost. Ar an aḋḃar sin, ní ḋéin an sagart leaṫċumaiḋ ar an dtuata.

Ag so, ċeana, argúin ċuireas Lúiteár agus a lorgaireaḋa síos ar a gcuirid rómpa a ċruṫuġaḋ gurab saoḃ, éigcearta do ġníoḋ an Eaglais Chatoilice gan an Fhuil do ṫaḃairt fá ġnéiṫiḃ an ḟíona do na tuataḃaiḃ, amail do ḃeirid an Corp fá ġnéiṫiḃ an aráin dóiḃ, agus a deirid go ḃfuil d'ḟiaċaiḃ ar gaċ n-aon, i bpéin a slánuiġṫe, an Corp agus an Fhuil do ċaiṫeaṁ.

Ag so an barántas do ḃeirid ar a son féin as an mBíobla, mar a n-abair Críost ag Eóin 'san seiseaḋ caibidil—"Muna n-iṫear liḃ feóil Mhic an Duine (ar Sé), agus muna n-iḃṫear liḃ a Fhuil, ní biaḋ an ḃeaṫa maille riḃ."

Ag so mo ḟreagraḋ ar Lúiteár, ar an aḋḃar gurab é níḋ in a gcuireann sé bríġ, mar a n-abair Críost "Muna n-iḃṫear liḃ mo Fhuil," 7c. Bíoḋ a ḟios aige an coiṁċeangal úd "agus" gurab ionann é, de ṁóḋ laḃarṫa na n-Eabrac, agus an t-iar ḃeurla so "nó." Ag so suiḋeaṁ ar sin ó Mhaoise, 'san 21 caibidil in Exodus, mar a n-abair—"An mac ṁuirḃfeas a aṫair agus a ṁáṫair cuirṫear ċum báis é." Ionann sin re a ráḋ agus—"Gibé ṁuirḃfeas a aṫair nó a ṁáṫair cuirṫear ċum báis é." Oir is follus naċ é is ciall do'n ċoṁráḋ úd gan an mac do ḃásuġaḋ aċt muna marḃaḋ an t-aṫair mar aon ris an máṫair. Mar an gceudna is ionntuiġṫe na briaṫra úd Chríost amail a déaraḋ. "Muna n-iṫiḋ siḃ feóil Duine, nó muna n-iḃiḋ siḃ a Fhuil, ní biaḋ an ḃeaṫa maille riḃ."

Ag so ionad eile ag Eóin, 'san gcúigeaḋ caibidil deug, ag neartuġaḋ leis an tuigsin so ḃeanmaoid as briaṫraiḃ Chríost 'san seiseaḋ caibidil úd. Ag so, mar adeir Críost, 'san gcúiġeaḋ caibidil reaṁráiḋte—"Muna ṫiginn agus muna laḃrainn, ní biaḋ peacaḋ aca." Ionann sin re a ráḋ—"Muna dtigeaḋ nó muna laḃraḋ Críost ní biaḋ peacaḋ orra."

An dara freagraḋ do ḃeirim ar Lúiteár—eaḋon, an tí ċaiṫeas Corp Chríost fá ġnéiṫiḃ an aráin aṁáin go gcóiṁlíonann an aiṫne úd, do ḃríġ an tan ċaiṫṫear an Corp naċ Corp gan Fuil ċaiṫṫear ann, do réir mar do suiḋeaḋ linn ṫuas. Ar an aḋḃar sin, ó's Corp in a ḃfuil Fuil caiṫṫear linn, cóiṁlíontar an aiṫne úd Chríost linn, mar a n-abair a Chorp agus a Fhuil do ċaiṫeaṁ. Oir ní abair Críost 'san text reaṁráiḋte a ċaiṫeaṁ fá ġnéiṫiḃ an ḟíona.

Ag so an treas freagraḋ do ḃeirim ar Lúiteár--eaḋon, adeir Críost 'san seiseaḋ caibidil ag Eóin na mbriaṫra so—"Gibé íosas (ar Sé) an t-arán so biaḋ beó go síorruiḋe.' Is ionntuiġṫe as na briaṫraiḃ so naċ fuil d'ḟiaċaiḃ ar an dtuata, i bpéin a slánuiġṫe, an Fhuil d'ól fá ġnéiṫiḃ an ḟíona, óir má do ġeiḃ sé an ḃeaṫa ṁarṫanaċ trés an arán aṁáin d'iṫeaḋ, do réir an ġeallaḋ úd tug Críosd, is follus naċ fuil d'ḟiaċaiḃ air, i bpéin a slánuiġṫe, an fíon d'ól, agus d'á réir sin gurab olc ṫuigeas Lúitear briaṫra Ċhríost ag Eóin 'san seiseaḋ caibidil, mar a ṁeasann gur ċeangail Críost ar gaċ aon duine ċum na fola do ċaiṫeaṁ fá ġnéiṫiḃ an ḟíona.

Ag so síos neartuġaḋ leis an ḃfírinne so, do réir mar léiġtear 'san dara caibidil de Ghníoṁarṫaiḃ na n-Abstal ag Lúcás, mar a n-abair, dá ċur i gcéill go dtugṫaoi Comaoin fá ġnéiṫiḃ an aráin do na tuataḋaiḃ gan an fuil fá ġnéiṫiḃ an fíona do ṫabairt leis dóiḃ—"Do ḃadar (ar sé) ag buanuġaḋ i ḃfoġluim na nabstal agus i mbriseaḋ an aráin." Is é, iomorro, ċialluiġeas le briseaḋ an aráin ann so, mar do dáiltí Corp Ċhríost fá ġnéiṫiḃ an aráin do na tuataḋaiḃ. Giḋeaḋ, tabair dod' aire naċ luaiḋeann Lúcás fíon ann so, agus, dá réir sin, in aimsir na nabstal, go dtaḃarṫaoi Corp Ċhríost fá ġnéiṫiḃ an aráin do na tuataḋaiḃ, agus gan an ḟuil fá ġnéiṫiḃ an ḟíona do ṫabairt leis dóiḃ. Ar an aḋḃar sin níor ṫuigeadar na habstail go raiḃ d'ḟiaċaiḃ ar gaċ aon duine i bpéin a ṡlánuiġṫe fuil Ċhríost do ċaiṫeaṁ fá ġnéiṫiḃ an ḟíona.

Léiġtear fós ag Lúcás 'san gceaṫraṁaḋ caibidil ar ḟiċid ar ndul do Ċhríost leis an dís deisgiobal go Caisleán Emaus, gur roinn Sé an t-arán orra, giḋeaḋ ní tigṫear tar an ḃfíon. Measaid, iomorro, cuid de na doctúiriḃ gurab é a Ċhorp féin tug Sé fá ġnéiṫiḃ an aráin do na Deisgioblaiḃ reaṁráiḋte.

Is follus as gaċ resún dá dtugamar anaġaiḋ Lúiteir naċ éigeantaċ do na tuataḋaiḃ fuil Ċhríost do ċaiṫeaṁ fá ġnéiṫiḃ an ḟíona i gComaoin ċoirpeaċta na haltóra.

Bíoḋ a ḟios agat, a léiġṫeóir, gurab é aḋḃar fá dtugṫar an fíon do'n tuata andiaiġ Ċhuirp Ċhríost do ċaiṫeaṁ, d'eagla go mbeiṫ an tSacraimint nó aon ċuid di ag leanṁain d'á ċarbad no d'á ḟiaclaiḃ, ionnus go mbéarfaḋ an fíon an ċuid sin do leanfaḋ d'á ḃeul de'n taoiḃ istiġ, síos in a ċorp mar aon ris an gcuid eile, agus is cuma do'n duine fíon nó uisge d'ól, óir ní cuid de'n tSacraimint ceaċtar díoḃ, agus dá sluigeaḋ an t-aiṫriġeaċ an tSacraimint go hiomlán, gan fíon gan uisge d'ól in a diaiġ is féidir leis gan ceaċtar díoḃ d'ól.

Ag so an cuigeadh caibidil deug.

In a dtráċtar ar an moḋ ar a ndliġṫear do'n t-aiṫriġeaċ Corp Ċhríost do ċaiṫeaṁ.

Léiġtear ag Maoise 'san dara caibidil deug in Ecsodus, an moḋ ar a n-ittí an t-Uan Cásga le Cloinn Israel. Ag so síos trí coinġill do'n ṁoḋ sin. Ag so an céad coingeall díoḃ—fá héigeann do gaċ aon re h-uċt a ċaiṫme beiṫ 'n a seasaṁ. An dara coingeall, maide do ḃeiṫ 'n a láiṁ. An treas coingeall, luiḃ dárab ainm fiaiḋleitiús do ċaiṫeaṁ mar aḃlann leis. Agus do ḃríġ gurab fioġair do'n tSacraimeint so na h-altóra an t-Uan Cásga, ní fuláir do'n aiṫriġeaċ na trí coingill ceudna úd do ḃeiṫ aige re huċt na Sacraiminte do ċaiṫeaṁ. Ar dtús, ní fuláir ḋó seasaṁ do ḋeunaṁ do ṫoil agus do rún a láib na loċt, do réir mar léiġtear 'san naoṁaḋ caibidil deug de'n treas leaḃar de leaḃraiḃ na Ríoġ ar Elias. An tan, iomorro, do ḃí Elias ag teiṫeaṁ roiṁ an mbainríoġain urcóidiġ—eaḋon, Iesabel—ag dul go Sliaḃ Oreb dó, do ċodail ar an sliġe, agus táinig an t-aingeal d'á ṁusglaḋ, do ṫaḃairt sursaċta agus lóin ċum na sliġeaḋ ḋó. "An ḃfaice (ar an t-aingeal) láiṁ red' ċeann an toirtín fá luaiṫ aráin? Eiriġ (ar sé) agus iṫ níḋ ḋe, is fada an ród atá roṁad."

Taḃair dod' aire, a léiġṫeóir, mar aduḃairt ris "Eirġe" ar dtús agus ann sin an t-arán do ċaiṫeaṁ. Mar an gceudna, adeirṫear rinne "Eirġe as suan na loċt," agus annsin Corp Ċríost do ċaiṫeaṁ. Tuig ċeana go faiṫċiallaċ, gurab é an t-Elias úd an t-aiṫriġeaċ, agus gurab í an ḃainríoġan aingiḋe úd an antoil, agus gurab ionann an díbirt úd do riġne Iesabel ar Elias as a ḋúṫaiġ agus an díbirt do ġníḋ an antoil ar ḋuine ó ḋúṫaiġ Ḟlaiṫis Dé. Is ionann, mar an gceudna, an codlaḋ úd do riġne Elias agus an codlaḋ nó an suan do ġníḋ an duine 'n a ṗeacaḋaiḃ. Ionann, fós, an t-arán fuair ag á ċeann agus Sacraimint na haltóra. Ionann Sliaḃ Oreb gus a raiḃ Elias ag triall, agus Flaiṫeas Dé is ceann cóṁranta ḋúinne.

An dara níḋ, ní fuláir Maide an Ċreidiṁ do ḃeiṫ i láiṁ an aiṫriġiġ, do ċongnaṁ d'á ḋá ċois nádúra—eaḋon, d'á ṫoil agus d'á ṫuigsin, óir ní tualaing iad-san ar aon d'iomċar sírinne na Sacraiminte so, aċt muna raiḃ Colaṁuin an Ċreidiṁ do ċongnaṁ riú.

An treas níḋ dliġeas an t-aiṫriġeaċ do ḃeiṫ aige mar aḃlann leis an Sacraimint so fiaiḋleitiús—eaḋon, an aiṫriġe, 'n a ḃfuilid trí coda, do réir mar aduḃramar. Agus is córaide ḋúinn an aiṫriġe do ḃeiṫ againn mar aḃlann ris an Sacraimint so, nó fós ag á froṁaḋ róimpe, gurab í aṁáin is íocluiḃ sláinte ḋúinn d'ár dtaḃairt ó ḃás an ṗeacaiḋ go beaṫa na ngrás, do réir mar do fuiḋeaḋ linn ṫuas. Agus, ó's biaḋ sprioradálta Sacraimint na haltóra, agus naċ téid biaḋ ar biṫ i soi-lear na sláinte aċt do ḋuine beó, agus naċ féidir linn beiṫ beó go sprioradálta aċt maille re híocluiḃ na haiṫriġe do froṁaḋ, ní fuláir ḋúinn a froṁaḋ, ionnus go raċaḋ an biaḋ úd, .i. Corp Críost i soċar ḋúinn; agus is córaide ḋúinn sin do ḋeunaṁ an tan ċaiṫtear linn i bpeacaḋ marḃṫaċ é, naċ é aṁáin do ġníḋ linn gan sóċar do ḋeunaṁ ḋúinn, aċt gurab damnaḋ dúinn a ċaiṫeaṁ, do réir mar a deir Pól 'san t-aonṁaḋ caibidil deug de'n ċéad Epistil ċum na gCorinnteaċ, mar a ndubairt—"Gibé iṫeas agus ibeas go neiṁḋlisdeanaċ, iṫiḋ agus ibiḋ damnuġaḋ do féin, gan ḋuċar do Ċhorp an Tiġearna." Adeir fós, 'san caibidil céadna—"Gibé ar biṫ íosas an t-arán so, agus íobas an corn so an Tiġearna go neiṁḟiúntaċ, biḋ ciontaċ é tré Ċhorp agus tré Ḟhuil an Tiġearna"—eadon, do ġeabaiḋ peannaid tríd sin, aṁail do ṁuirḃfeaḋ Críost, do réir Ambrós.

Adeir Pól 'san seiseaḋ caibidil ċum na nEabraċ, ag labairt ar an droing ċéid go neiṁḟiúntaċ do ċaiṫeaṁ an Sacraiminte—"Croċaid (ar sé) arís ionnta féin Mac Dé." Creud is iontuigṫe as na briaṫraib so aċt gurab é meas Phóil ar an ndroing ċéid go neaṁġlan do ċaiṫeaṁ Chuirp Chríost gurab luċt dúnṁarḃṫa nó diaṁarḃṫa do ḋeunaṁ ar Chríost iad.

Is córaide dúinn toiḋeaċt go huṁal, eaglaċ, ionnraic do ċaiṫeaṁ na Sacraiminte so. an sompla tugsad na habstail dúinn mar go rabadar féin fáiteaċ fá buain re Corp Chríost ar ṁéid a n-onóra air, do réir mar léiġtear ar Marcús Soibsgeulaiḋe gur ġeárr sé órdóg a láiṁe amaċ d'eagla go n-aibeórad sé Aifrionn; óir do ṁeas naċar ḃfiú é féin ḃeiṫ ag glacaḋ Chuirp Chríost. Mar an gceudna adubairt Peadar, an tan ṫáinig Críost ċuige gus an loing iasgaireaċta in a raib—"A Thiġearna (ar sé) druid uaim, do ḃríġ gurab duine peacaċ mé." Léiġtear fós ag Mata, 'san oċtṁaḋ caibidil, mar a dubairt an "centurion" re Críost, an tan do ṫogair dul d'á ṫiġ do leiġeas a buaċalla—"A Thiġearna (ar sé) ni fiú mé do ṫeaċt fám' ċleiṫ," 7c.

Is follus fós, 'san treas caibidil deug ag Eóin, naċ déin ċaiṫeaṁ na Sacraiminte maiṫ ar biṫ do'n ti ḃíos neaṁġlan ag á ċaiṫeaṁ, aċt go ndéin olc róṁór dó, do réir mar adeir 'san gcaibidil ceudna sin, go ndeaċaiḋ an diabal i gcorp Iúdais, iar gcaiṫeaṁ Chuirp Chríost 'san tSuipéir dó, tré ḃeiṫ neaṁġlan dó ag caiṫeaṁ Chuirp Chríost. Adeir S. Tomás, 'san iomun do rigne do Chorp Chríost gurab bás do na peacaḋaib Corp Chríost do ċaiṫeaṁ, aṁail is beaṫa é do na fíreunċaib an tan ċaiṫid é.

Dá ḃfiafruiġeaḋ duine cionnus is féidir a ṫuigsin go ndiongnaḋ an tSacraimint, ḃíos ionann innte féin do ġnáṫ, olc do'n ṗeacaċ agus maiṫ do'n ḟíreun, mo ḟreagra air go ndéin an ṁairtfeóil, ḃíos ionann innte féin, doċar d'fear an ḟiabruis agus sóċar do'n duine slán. Mar an gceudna do Chorp Chríost téid sé i ndíoġḃáil do'n tí ar a mbí fiabrus an ṗeacaiḋ agus téid i sláinte do'n ḟíreun.

Léiġtear ag Plinius gurab fallán do'n duine "amigoolum" re n-a iṫiú, 7 gurab nimh do'n ḟaolċoin é. Mar an gceudna, is fallán Corp Chríost do na daoinibh do ḃeir a mbeaṫa as go maiṫ, agus is nimh do'n ḟaolċoin—eaḋon, do'n peacaċ—é. Is cosṁail Corp Chríost i gcáilíḃ ris an gcloiċ dárab ainm "diaspers," óir atá íoc gaċa heasláinte dá mbí ar ḋuine, an fad bíos beó, innte; giḋeaḋ, ní ḋéin furtaċt ar ċorp duine andiaiġ a ḃáis. Mar an gceudna do Ċhorp Chríost, íocaiḋ gaċ easláinte nó gaċ easbaiḋ sprioradálta d'a mbí ar an té bíos leaṫ amuiġ de peacaḋ marḃṫaċ (tar ndeunaṁ faoisidne agus aiṫriġe), giḋeaḋ ní téid i bfoġnaṁ ar biṫ do'n tí ċaiṫeas é i bpeacaḋ marḃṫaċ.

Is cosṁail, fós, Corp Chríost ris an gcloiċ dárab ainm "ergiter"—cloċ sin do ġeibṫear i nead an fiolair, agus ní mó ioná oiread gráinne sise bíos innte. Dearḃṫar léi an nimh is easláinte do'n oċar. Má's nimh is easláinte do'n oċar, ní ḟéadfaiḋ ar ċor ar biṫ le biaḋ ná le diġ ná le niḋ eile dá milse, an ċloċ do ṡlugaḋ in a ċorp. Giḋeaḋ, muna nimh is cúis easláinte dó, féadfaiḋ a ċaiṫeaṁ go soiréiḋ. Mar an gceudna do Ċhorp Críost, an tan ċaiṫear an t-oċar—eaḋon, an t-aiṫriġeaċ—É, maille re rún peacaiḋ marḃṫaiġ, ní ḟéadann a ṡlugaḋ go sprioradálta in a anam, ná a ċaiṫeaṁ go cóir, aċt giḋ ċaiṫear i mbeul agus i ngoile an ċuirp é. Giḋeaḋ, an tan naċ peacaḋ marḃṫaċ is easláinte dó, slugṫear leis go hiomlán i ngoile na hanma é. Ní heugcosṁail, iomorro, an nimh ris an bpeacaḋ; óir bí an nimh oṁ, fuar, marḃṫaċ. Mar an gceudna do'n peacaḋ, bí sé cóṁ fuar sin go múċtar leis teasġráḋ Dé 7 na gcoṁarsan; bí fós cóṁ oṁ sin naċ loisgfeaḋ teine ifrinn go síorruiḋe aon peacaḋ aṁáin marḃṫaċ, agus is cuid do na h-aḋbaraiḃ fá mbíonn pian síorruiḋe ar an anam in ifrionn sin.

Atáid trí haḋḃair fá n-a daoire do'n droing féin go neaṁġlan do ċaiṫeaṁ Chuirp Chríost ioná do'n Ċhineaḋ Iúdaiġeaċ le'r croċaḋ Críost. An céad aḋḃar díoḃ, do ḃríġ gurab in A Ċhruṫ féin, mar Dhia agus mar Dhuine ċaiṫid na peacaiġ É, agus do réir Ṗhóil 'san seiseaḋ caib. ċum na n-Eabraċ is ionann Corp Chríost do ċaiṫeaṁ go neaṁġlan agus Críost do aṫċroċaḋ. Ní mar sin do'n ċineaḋ Iudaiḋeaċ ní in A Ríoċt féin do ċroċadar Críost, do réir mar adeir Pól 'san dara caibidil de'n ċéad Epistil ċum na gCoirinnteaċ—"Dá n-aiṫeantaoi (ar sé) Ríġ na glóire leó, ní ċroċfadaois go ḃráṫ É." An dara haḋḃar, do ḃríġ gurab mó comaoin Chríost ar na peacaċaiḃ úd ioná ar an gCineaḋ Iúdaiġeaċ, an méid gur ḋeúnuiġ Sé A Ċhreideaṁ 7 A Reaċt agus a Shacraiminte soċaraċa féin do teaċt ó'n gCineaḋ Iúdaiġeaċ ċuca. An treas aḋḃar, do ḃríġ gurab uaisle an staid in a mbí Corp Chríost dá ċaiṫeaṁ ag na peacaċaiḃ ioná an staid in a raiḃ d'á ċur ċum báis ag na huṁlaib; óir Corp doṁarḃṫa, glórṁar, ċaiṫid na peacaiġ, agus Corp neaṁglórṁar, soṁarḃṫaċ, do ċuireadar na huṁail ċum báis. Ar na hadḃaraiḃ sin, is cionntaiġe na peacaiġ féin go neaṁġlan do ċaiṫeaṁ Ċuirp Ċríost ionáid na huṁail.

Léiġtear ar sagart soisgeulta d'áiriġṫe go raiḃ sé ag ráḋ Aifrinn, agus ar mbeiṫ do ḋuine craiḃṫeaċ caoinḋúṫraċtaċ eile ag éisteaċt an Aifrinn, re huċt Ċuirp Ċríost do ċaiṫeaṁ do'n tsagart (ar mbeiṫ do'n tSacraimint ar an bpaiteana), do ċonnairc an fear craiḃṫeaċ úd Críost i gcruṫ naoiḋe ar an bpaiteana, agus an tan do ḃí an sagart ag tógḃáil na Sacraiminte suas de'n ṗaiteana, ċum a ċaiṫeaṁ, do ċonnairc an fear úd an Naoiḋin ag filleaḋ a ḋroma ris an sagart, agus ag cur a láṁ i mbruaċ an ṗaiteana, d'á ṫoirmeasg ar an sagart é féin do ċaiṫeaṁ, 7 sa minic an duine craiḃṫeaċ ceudna ag faicsin an niḋ sin. In a ḋiaiġ sin ṫárla an sagart i gcoṁluadar 7 ag cóṁlaḃairt ris an fear úd, 7 adubairt ris—"A ċompánaiġ ionṁuin (ar sé), is mór atá in a iongnaḋ orm méid an docaṁail bíos orm ra caiṫeaṁ na Sacraiminte." "Guiḋim ṫú (ar an fear eile) déin leasuġaḋ ar do ḃeaṫa 7 ceartuiġ ṫú féin, óir do ċonnairc-sa go ró-ṁinic an toirmeasg bíos ag á ċur ort." agus d'innis an sgeul reaṁráiḋte dó. Gabas bioḋgaḋ an sagart trés an niḋ sin, agus do riġne aiṫriġe ḋioċrac ḋuṫraċtaċ in a ṗeacaḋaiḃ. Agus i gcionn aimsire in a ḋiaiġ sin, iar mbeiṫ do'n tsagart in a ḟíreun, do ḃí sé ag ráḋ Aifrinn, agus ṫárla an fear ceudna do láṫair an Aifrinn, agus do ċonnairc sé Críost i gcruṫ naoiḋe ar an bpaiteana idir láṁaiḃ an tsagairt (re linn na Sacraiminte do ċaiṫeaṁ dó), agus é maille re gean gáire, agus le forḃfaoilteaċus ag táṫaḋ a láṁ re céile, agus ag feiċeaṁ gnúise an tsagairt, agus do ċonnairc ag lingeaḋ go luaṫġáireaċ i mbeul an tsagairt isteaċ é, agus fós níor ṁoṫuiġ an sagart docaṁal 'san mbiṫ air féin fá n-a ċaiṫeaṁ aṁail do ċleaċtaḋ roiṁe sin.

Is iontuiġṫe as an sgeul so naċ maiṫ le Dia duine neaṁġlan do ḃeiṫ ag caiṫeaṁ Ċuirp Críost.

Is móide is iontuiġṫe fírinne na neiṫe so an niḋ léiġtear 'san seaċtṁaḋ caibidil ag Mata, mar adubairt Críost, ag labairt ar na peacaċaiḃ féin go neaṁġlan do ċaiṫeaṁ Ċuirp Ċríost—"Ná tabraiḋ (ar Sé) an niḋ naoṁṫa do na madraḋaiḃ." Ionann sin re a ráḋ agus "A sagarta, ná dáiliḋ an niḋ naoṁṫa so—eaḋon, Corp Ċríost—do na daoiniḃ madraṁla bíos i bpeacaḋaiḃ marḃṫaċa." Adeir fós Críost ris na sagartaiḃ gan na liaga loġṁara dárab ainm "Margarita" do ċur i bfiaḋnuise na muc, dá ċur i gcéill naċ dliġtear a Ċorp féin do ṫabairt do na peacaċaiḃ bíos ag á mearga féin i mullaċ na mailíse agus i láṫair na loċt, agus an tan caiṫtear mar sin é ní caiṫtear go spioradálta sóċarach é. Agus is córaide a ṫuigsin mar so go léiġtear síoġair ro ġaolṁar do'n niḋ so 'san gcuigeaḋ caib. deug in Exodus, mar a n-abair naċar ḟear Dia aon ruḋ de'n ṗlúr neaṁḋa do Chloinn Israel an feaḋ do ṁair aoinniḋ de ṁin na hEigipte aca ar an bfásaċ, iar dteaċt trés an Mhuir Ruaiḋ ḋóiḃ. Mar an gceudna do'n ṗeacaċ ċuirear roiṁe teiċeaḋ ó Pharaoh—eaḋon, an diabal—as an Eigipt—eaḋon, as staid an ṗeacaiḋ agus na huṗeóide—trés an Mhuir Ruaiḋ—eaḋon, trés an ndoilġeas inntinne ar fásaċ na haiṫriġe, ní bfaġaiḋ an plúr neaṁḋa—eaḋon, Corp Chríost—re a ċaiṫeaṁ go spioradálta, an feaḋ ṁairfeas aon ruḋ de ṁin na mailíse nó de ṗlúr an ṗeacaiḋ ṁarḃṫaiġ i gcirte nó i gcliaḃ an ċoġúais aige.

Ag so dá sgeul ar a dtuigtear go ndéin Dia dioġaltas ar an ndroing ṫéid go neiṁḟiúntaċ do ċaiṫeaṁ Chuirp Chríost :—

Léiġtear ar dtús go bfacaiḋ sagart d'áiriġṫe ag teaċt do ċaiṫeaṁ Chomaoine ċuige féin neaċ do rinne a ḟaoisidin sul roiṁe sin, air naċ raiḃ aiṫreaċas 'san mbiṫ, ná doilġeas, ná rún a ṗeacaiḋe do ṫréigeann. An tan do ṁoṫaiġ an sagart mar sin é, adubairt ris fanṁuin ó'n gCorp Naoṁṫa do ġlacaḋ. Adubairt sean go dásaċtaċ naċ bfanfaḋ, agus go gcaiṫfeaḋ an Corp Naoṁṫa d'fáġáil mar aon re các. "Ní misde (ar an sagart) go ndéiniġ Dia breiṫeaṁnus eadrainn araon." Agus leis sin tug an sagart an tsacrameint dó, agus ní ráinig leis a ṡlugaḋ síos in a ċorp an tan do ḃris dorus ar a ḃraġaid agus táinig an tSacraimint tré n-a ḃráġaid amaċ, agus fuair bás mar sin. Is iontuigṫe as an sgeul so, go ndéin Dia dioġaltus go minic ar an saoġal so féin ar na daoiniḃ ṫéid do ċaiṫeaṁ na Sacraiminte go neiṁḟiúntaċ.

Ag so an dara sompla. Léiġtear i leabar na bPápaḋ go raiḃ drong d'áiriġṫe 'san Róiṁ lé'r caiṫeaṁ Corp Chríost i ló Cásga, agus tug iad féin 'san ló ceudna do ċraosól agus do ṁeisge, agus do ḋroċ-ċoṁairle, agus do rinne Dia dioġaltus orra an lá sin féin, ionnus go dtárla dorta fola as a mbeulaiḃ dóiḃ, agus do ḃí de bréuntas agus de ḋombolaḋ ar an bfuil gur múċaḋ iad go hobann. Agus an lá ceudna táinig díle fearṫana agus tuile aḋbalṁór tar fonn agus tar fearann na muinntire sin, ionnus gur sgriosaḋ de gaċ feur agus gaċ geaṁar agus gaċ sóċar eile dá raiḃ air; agus táinig sgáileaḋa na droinge ceudna i riocṫaiḃ dragún ar an bfearann, agus ní leigidís duine ná ainṁiḋe ann gan marḃaḋ. Tharla do ḋuine naoṁṫa do ḃí 'san gcaṫraiġ do ḃeiṫ ag guiḋe Dé go minic, maille re dúṫraċt, ar son na droinge sin, agus táinig aingeal do labairt ris, agus adubairt ris—

"Innis damsa (ar sé) créud dob' indéunta ris an tí do chuirfeadh aonmhac impire i bpriosún dorcha in a mbiadh bréuntas dofulaing?" Adubhairt an duine naomhtha gurab teasgadh ball budh dual do thabhairt ar an tí do dhéunfadh an t-olc sin. "Maiseadh (ar an t-aingeal) créud an bhreith do bhearthá ar an tí do chuirfeadh an chómhra in a mbiadh Corp Chríost cumhdaighthe (i bhfiadhnaise an tsluaigh) i láib nó i lathaigh, agus do mheasgfadh i gcampa bréun truaillighthe é?" "Is é so mo bhreitheamhnas (ar an duine naomhtha) ar an tí do dhéunfadh sin, gurab eiriceach 7 gurab ceallairgtheach é, agus gurab'é a losgadh budh dual." "An é nach ndéarnadar (ar an t-aingeal) a ionamhail so, an drong ar a bhfuilse ag guidhe? Oir do chuir siad i ló Cásga Corp Chríost i gcómhraibh—eadhon, in a gcorpaibh agus do mheasgsad an Corp céudna sin i meisge, i gcraos agus i gcampa iliomaid cean agus peacadh ó sin amach. Agus dá bhrígh sin, ní bhfuil tairbhe duitse ná do dhuine eile 'san domhan bheith ag guidhe ar a son, óir atáid damanta an fead bhias Dia ag caitheamh na glóire síorruidhe. Ar gclos an sgéul sin do mhórán dá raibh 'san gcathraigh, do chuir siad druim re dubhailcibh, agus tugsad ucht ar aithrighe, agus do ronsad leóirghníomh in a lochtaibh.

AN SEISEADH CAIBIDIL DEUG.

Trácht ar an gcuid eile de'n Aifrionn, nó de'n Chanóin.

Iar gcaitheamh Chuirp Chríost fá ghnéithibh an aráin, agus iar n-ól na fola fá ghnéithibh an fíona, téid an sagart go corr deis na haltóra do ghlacadh fíona nó uisge 'san gcailís, agus dlighidh a chur innte i gcaindigheacht is ró mhó ioná sliocht na fola bhíos 'san gcailís, agus is é adhbhar fá ndlighthear a dhéunamh mar sin, ionnus go ndiongantaoi claochlódh ar an bhfuigheall sin na fola i substaint fíona nó uisge sul do bhiadh sé do ghnáth 'san cuid bheag le a nglantar an chailís, agus is é fáth fá n-abraim go ndéuntar claochlódh ar fhuigheall na fola i substaint an fhíona nó an uisge, do bhrígh nach bhí fuil Chríost go sacramainteamhail ann acht an fead mhairid aicíde an fhíona ar a ndéintear an coisreagadh; agus an tan thig fíon eile nó uisge i gcaindigheacht is ró mhó ioná an chaindigheacht do bhí 'san fíon do bhí fá na haicídibh úd, fa fhuigheall na fola in a mheasg, múchtar aicíd na caindigheachta is lúgha.

Ag so sompla ar sin. An tan chuirear an t-aithrigheach Corp Chríost in a ghoile ní bhí Corp Chríost ar marthainn ann acht an fead mhairid ghnéithe an aráin gan claochlódh do ghabháil chuca i gcruth eile. Mar sin do'n fhuigheall úd na fola, ní ṁaireann 'san gcailís aċt an fead ṁairid na haicíde fíona fá mbí i bfolaċ go sacramainteaṁail; agus ó ċuirṫear iadsan ar gcúl, tréigiḋ fuil Ċríost an t-iarṁar sin do bí 'san gcailís, de nós dá mbeiṫ braon fíona in íoċtar gloine, agus uisge do ḋórtaḋ in a ċeann i gcaindiġeaċt budh ró ṁó ioná an braon, go ndiongantaoi claoċlóḋ ar substaint an ḃraoin ó ḃeiṫ in a ḟíon ċum beiṫ in a uisge, aṁail is follus do'n tí do ċuirfeaḋ roiṁe so do ḋearḃaḋ; óir ní ḟaicfiḋ blas ná daṫ an fíona ar an níḋ do ḃiaḋ 'san ġloinne, aċt daṫ agus blas uisge, agus dá réir sin ní bí ann aċt uisge, agus mar an gceudna do'n níḋ ṫuas.

Is é ċialluiġeas an "Communio" an t-altuġaḋ buiḋeaċais dliġṫear do ṫabairt do Ḋia tré mar do ḟágaib Sé an fleaḋ soblasda so na haltóra mar oileaṁuin spioradálta ag na Críostaiġṫiḃ. Agus is é an t-altuġaḋ so ċialluiġeas Dáibiḋ, 'san 21 Sailm mar a n-abair (ag tairngire an altaiġṫe so)—"Iosfaiḋ na boiċt (ar sé), agus sáiseoċar iad, agus molfaid an Tiġearna," dá ċur i gcéill andiaiġ an tsásaiġṫe do ġeibhdís na boiċt—eadhon, na haiṫriġiġ—iar gcaiṫeaṁ na proinne úd na haltóra go ndliġid buiḋeaċas do ṫabairt do Ḋia. Ciallaiġiḋ fós an t-altuġaḋ úd an gáirdeaċas do bí ar na hAbstalaiḃ iar bfaicsin Ċríost d'éis na heiséirġe, do réir mar a deir Innocentius agus Alexander.

Is é ċialluiġeas an "Dominus Bobiscum" a deirṫear in a ḋiaiġ sin an impiḋe ċuireas an sagart 'san Aifrionn d'á iarraiḋ ar Ḋia grása do ṫabairt do'n pobal 'san mbeaṫa so, agus glóire 'san mbeaṫa ṁarṫannaiġ.

Is é aḋbar fá dtéid an sagart ċum láir na haltóra i ndeireaḋ na horrṫann, d'á ċur i gcéill go raiḃ Críost in a ṁeaḋon idir an gcineaḋ Iúdaiġeaċ agus na ciniḃ eile, agus fós go raiḃ in a ṁeaḋon idir an dá reaċt—eadhon, an Seinreaċt agus an Reaċt Nuaḋ.

Is é ċialluiġeas an "Dominus Bhobiscum" a deirṫear in a ḋiaiġ sin, impiḋe do ċuireas an sagart re hoibriuġaḋ do ṫoil agus d'inntinn re Dia, do réir Albertus.

Is é ċialluiġeas "Ite Missa est," cead do ṫabairt do'n pobal filleaḋ d'á n-árusaiḃ féin iar n-éisteaċt an Aifrinn, dá ċur i gcéill naċ dliġeann an pobal an eaglais d'fágbáil ó'n oifig diaḋa aċt d'aonta an tsagairt, agus is fios bíos agaiḋ an tsagairt re ráḋ na mbriaṫar sin, do ḃriġ gurab ris an bpobal bíos an sagart ag labairt.

Is é ċialluiġeas "Benedicamus Domino" furáileaṁ an tsagairt ar an bpobal um altuġaḋ re Dia tar éis íoḋbarta an Aifrinn.

Is é aḋbar fá n-iompuiġeann an sagart a aġaiḋ ar an altóir ag ráḋ

Requiescant in pace, do ḃriġ gurab ar na marḃaiḃ naċ bíonn do láṫair laḃrar.

Is é ċialluiġeas an ḃeannaċt do ġníḋ an sagart ar an bpobal i ḃfóirċeann an Aifrinn, ag tóġḃáil a láṁe i ḃfioġair na Croise, an beannuġaḋ do rinne Críost ar na Deisgioblaiḃ ag tóġḃáil a láṁe ós a gcionn re huċt dulta ar Neaṁ dó, do réir mar léiġtear ag Lúcás 'san gcaibidil ndeiġionaiġ—"ar dtóġḃáil a láṁe (ar sé) do ḃeannuiġ iad agus do ṫriall uaṫa, agus do rugaḋ ar Neaṁ é."

Léiġtear fós fioġaraċa 'san mBiobla ar an níḋ ceudna so. Ar dtús 'san naoṁaḋ caibidil in Leḃiticus, mar a n aiṫristear go ndearnaḋ Maoise agus Aaron, iar gcríoċnuġaḋ na hioḋbarṫa, an pobal do ḃeannuġaḋ.

Léiġtear an níḋ ceudna ag Solaṁ 'san oċtṁaḋ caibidil de'n treas leaḃar de leabraiḃ na Ríoġ.

Is é ċialluiġeas an Soisgeul Deiġionaċ na ċomaoineaċa do ċuir Dia orruinn an méid gur ḃrú leis a Mhac féin do ċur i gcolann d'ár ḃfuasglaḋ, agus a Ḟhuil agus a Ḟheoil féin do ṫabairt dúinn mar oileaṁuin spioradálta.

Adeir S. Augustín 'san 118 eipistil do sgríoḃ ċum Ianuarius gurab ó na hAbstalaiḃ do fríṫ mar ġnáṫuġaḋ an t-Aifrionn do ráḋ ar céadlongaḋ, agus ní gan aḋḃar do lean an Eaglais de sin ó soin anuas. Ar dtús go n-abair Dia linn Flaiṫeas Dé d'iarraiḋ ó ṫosaċ, 7 ina ḋiaiġ sin gaċ níḋ saoġalta, agus do ḃriġ gurab níḋ diaḋa an t-Aifrionn, do réir mar suiġeaḋ linn ṫuas, is cóir tús do ṫabairt dó tar na biaḋaiḃ saoġalta; agus fós beanaiḋ re honóir na Sacraiminte caiṫtear 'san Aifrionn a ċaiṫeaṁ ar céadlongaḋ, ó's ar céadlongaḋ is mó caon-dúṫraċt an duine ċum crábaiḋ; agus fós gurab ar céadlongaḋ is glainne bíos ciall agus inntleaċt an duine, agus is mó a suaimneas agus a ṫromḋaċt agus naċ andiaiġ bíḋ nó díġe do ċaiṫeaṁ. Dá ḃriġ sin is maiṫ an fáṫ do ḃí ag an Eaglais fá'r órduiġ an t-Aifrionn do ráḋ ar céadlongaḋ, óir dá mbiaḋ cead ag an dtuata an tSacraimint do ċaiṫeaṁ tar éis bíḋ nó díġe do buḋ féidir gur re linn ḃeiṫ ar baoiṫċéill dóiḃ ó meisge nó ó ċraos do raċadaois dá ċaiṫeaṁ.

Bíoḋ a fios agat, a léiġṫeóir, an t-uisge coisreagṫa croiṫtear ar an bpobal andiaiġ an Aifrinn go ḃfuil ag á ġnáṫuġaḋ ó aimsir an ċéad Pháipa d'ar b'ainm Alexander do réir mar léiġtear ag Decretales 'san gceaṫramaḋ distinct de con. caibidil aqua; 106 bliaḋna andiaiġ Chríost do ḃí an Alexander so ann; agus fa hé an seaċtṁaḋ pápaḋ andiaiġ Pheadair é. Agus fa fioġair do'n uisge coisreagṫa an níḋ úd do ġníḋṫí le sagartaiḃ na Seinreaċta, do réir mar léiġtear 'san gcéad caibidil déug in Lebiticus do críoċtí leó, iomorro, do naoṁaḋ an pobal, luaiṫ laoiġ tré na mearġéaoi fuil.

Atáid trí h-aḋbair fá ndliġṫear go speisialta aifrionn d'éisteaċt go dúṫraċtaċ. An ċéad aḋbar, do ḃríġ go ḃfuil sé d'ḟiaċaiḃ ar gaċ aon duine aifrionn d'éisteaċt, i bpéin peacaiḋ marḃṫaiġ, go háiriġṫe gaċ aon Lá Saoire agus Domnaċ, má's féidir dó a ḟáġail, aċt muna raiḃ cúis dlisteanaċ aige, do réir mar léiġṫear ag Decretalis.

An dara h-aḋbar, áirde na neiṫe ċiallaiġṫear an t-aifrionn, óir ciallaiġiḋ an t-aifrionn íoḋbairt Críost do réir S. Tomás, 'san gcéad alt de'n 83 ceist de'n treas rann d'á Dhiaḋaċt. Mar an gcéadna adeir S. Augustín, 'san leaḃar ro sgríoḃ ar Bheaṫa Phrosper—" Aon uair aṁáin (ar sé) do híoḋbraḋ Críost ann féin, giḋeaḋ do ġníṫear a íoḋbairt go laeṫeaṁail 'san tSacraimint so.

An treas aḋbar, tré ṁéid na dtarḃeaḋ do ġeiḃṫear ó n-a éisteaċt. Ar dtús do ġníḋ duine páirteaċ re soċar Pháise Chríost; do ġníḋ fós páirteaċ é le soċar an ṁolta ḃríoġṁair ḃíos i mbriaṫraiḃ an Aifrinn, agus an treas feaċt re guiḋe caondúṫraċtaiġ an tsagairt ḟíoraonda.

Taḃair dod' aire, a léiġṫeóir, gurab córa dul d'ḟios an Aifrinn ná d'ionnsaiġe ar ṫaisiḃ na naoṁ ná ar ṁionn dá uaisle ar talṁain, mar atá an Chroċ Naoṁ, nó Bainne Cíoċ Mhuire, nó ionar Chríost, nó geiḃionn Phóil, nó baċall Pheadair, nó fós Coirp na n-Aspal féin, nó naoṁ eile d'á uaisle, ar dá aḋbar. An ċéad aḋbar, do ḃríġ gurab ró uaisle an níḋ atá 'san Aifrionn, mar atá Diaḋaċt agus Daonnaċt Chríost, aṁail do suiḋeaḋ linn ṫuas, ionáid na neiṫe do luaḋmar. An dara h-aḋbar, do ḃríġ go ḃfuil d'ḟiaċaiḃ orrainn i bpéin peacaiġ marḃṫaiġ gaċ aon Domnaċ agus Lá Saoire an t-Aifrionn d'ḟios agus d'éisteaċt, do réir órdaiġṫe na hEaglaise, aṁail a duḃramar. Ní hionann agus na neiṫe eile do luaḋmar, óir ní ḃfuil d'ḟiaċaiḃ ar aon duine fiosruġaḋ do ḋéanaṁ ar na neiṫiḃ reaṁráiḋte, aċt muna raiḃ móide air um dul d'á ḃfios, no muna gceangaltar do leiṫ aiṫriġe air é.

Tuig, a léiġṫeóir, gurab leór gaċ níḋ d'á ndubramar do ṡubstaint an Aifrinn, agus do gaċ níḋ éigeantaċ eile ḃeanas ris ó sin amaċ; agus bíoḋ a ḟios agat naċ le dearmad do ḟágḃamar an Phaidir gan ṁíniuġaḋ, aċt do ḃríġ go gcaiṫfimís tráċt fada do ḋéanaṁ uirre, do ḃiaḋ liosda re a léaġaḋ, agus fós a ṁínea do ṁínigeaḋ go fóirleaṫan le húġdaraiḃ eile í. Atáid fós roinge eile de'n Chanóin ar naċar leanamar d'á lóirṁíniuġaḋ naċ riġid na tuataḋa a leas do ṁíniuġaḋ dóiḃ, agus d'á ḃríġ sin d'ḟágḃamar amuiġ iad gan teaċt tarsa.

Anois, ċeana, ó ċríoċnuiġeaḋ linn suim an Aifrinn go roiċe so, ní fuláir dúinn a ḟoillsiuġaḋ ⁊ a ḟionnoċtaḋ go cinnte créud an soċair in a dtéid sé do ḃeóḋaiḃ agus do ṁarḃaiḃ. Agus an méid ḃeanas ris na marḃaiḃ, do ḃriġ go seunaid na heiriciġe go hainnáireaċ naċ ḃfuil ionad eile ann tar éis na beaṫa so (mar atá purgadóir) in a mbeiṫ dáil cabra i ndán do na fíreunaċaiḃ ar a mbi sal na péine aimsearḋa tré naċ deunaid leórġníoṁ iomlán in a gcionaiḃ, do réir na breiṫe aiṫriġe cuirṫear orra 'san mbeaṫa so. Cruiṫeóċam 'san gcaibidil so síos go ḃfuil purgadóir ann, agus dá réir sin go ḃfuil ionad ann tar éis na beaṫaḋ so in a ḃféadtar furtaċt do ṫaḃairt do na fíreunaċaiḃ.

AN SEACHTMHADH CAIBIDIL DEUG.

In a ṡuiḋtear Purgadóir do ḃeiṫ ann, agus dá réir sin go dtéid an t-Aifrionn i socar do na h-anmannaiḃ ḃíos innte.

Adeirid na heiriciġe naċ ḃfuil purgadóir ann, agus do ḃeirid Sgriop-túir (dar leó féin) dá aiṫniuġaḋ sin as an gcéad caibidil deug in Eccle-siastes, mar a n-abair Solaṁ—" Dá dtuiteaḋ an crann ċum na háirde buḋ ḋeas nó ċum na h-áirde buḋ ṫuaiḋ, gibé ionad in a dtuitfeaḋ is ann ḃias." Is ionann sin re a ráḋ agus dá ndeaċaḋ an t-anam go Flaiṫeas Dé, ċum na háirde buḋ ḋeas, nó go h-ifrionn, ċum ná hairde buḋ ṫuaiḋ, gibé ḋíoḃ gus a raċaiḋ is ann ḃias. Ar an aḋḃarsoin (ar an t-éiriceaċ) ní ḃfuil ann aċt an dá ionad sin aṁáin do réir na Sgriop-túra, agus dá réir sin ní ḃfuil an treas ionad ann—eaḋon, Purgadóir.

Mo ḟreagraḋ ar an eiriceaċ gurab é tuigear Solaṁ 'san ionad reaṁráiḋte úd naċ ḃfuil aċt dá ionad ann ċum áitiġṫe go síorruiḋe ionnta, mar atá Flaiṫeas Dé agus ifrionn, agus naċ ionad áitiġṫe go síorruiḋe Purgadóir, agus dá ḃriġ sin naċ ráinig a leas laḃairt ar Purgadóir 'san áit úd; agus is córaide ḋúinn a ṫuigsin mar so go ḃfuilid áite 'san Sgriopṫúir in a laḃartar go heidirḋealḃṫa ar ifrionn íoċtaraċ agus ar Phurgadóir.

Ag so, iomorro, mar adeir Iób, 'san seaċtṁaḋ caibidil, ag laḃairt ar Ifrionn íoċtaraċ—"An tí ṫéid síos (ar sé) ní raċaiḋ suas, agus ní ḟillfiḋ d'á ṫiġ féin"—eaḋon, go Flaiṫeas Dé.

Adeir fós an Sgriopṫúir in ionad eile naċ ḃfuil fuasglaḋ ar biṫ ar an tí ḃíos in ifrionn, giḋeaḋ adeir Isaias, ag laḃairt ar Phurgadóir go fáṫrúnda 'san gceaṫramaḋ caibidil ficead—" Iaḋfuiġṫear iad (ar sé) 'san ḃpríosún, agus tar éis iomad laeṫe fiosróċar iad." Dá ċur i gcéill an muinntear ḃíos i bpríosún purgadóra go mbíonn dáil cabra a gcionn. agus 'san bhfioġair so léiġtear ar Iónas, mar do fóireaḋ i mbroinn an ṁíl ṁóir é, óir, mar do fóireaḋ eisean i mbroinn an ṁíl ṁóir, is mar sin atá i gcinneaḋ do'n droing bhíos i bpríosún peannaideaċ purgadóra, tiocfaid as andiaiġ coṁlíonta na péine aimsearḋa bhíos d'fiaċaiḃ orra do íoc ann.

Agus is córaide so do ṫuigsin mar so an níḋ léiġtear ag Pól, 'san tríos caibidil de'n ċéad eipistil do sgríoḃ ċum na gCoirinnteaċ—"Gibé aiteóċas (ar sé) ar ḟundaimint an ċreidiṁ soirmeaṁuil, ór nó airgead, nó cloċa buaḋa, nó crannġal, nó feur tirim, no barraċ lín, dá ngabhaid losga ċuca biaid slán." Ionann (do réir Lira) na trí neiṫe úd—eadhon, crann, feur tirim, 7 barraċ lín, 7 na peacaiḋe ṫug duine i ndearmad in a ḟaoisidin, nó na peacaiḋe do ċuir duine in a ḟaoisidin, 7 gaċ naċ ráinig leis leorġníoṁ do ḋeunaṁ, nó na peacaiḋe soluġṫa, dá ċur i gcéil gibé raċas le ceaċtar de na trí gnéiṫiḃ úd go purgadóir go nglantar a anam uaṫa le teine purgadóra.

Is maiṫ fós an fuiġeaṁ ar purgadóir an níḋ léiġtear 'san dara caibidil deug de'n dara leaḃar de leaḃraiḃ na Machaibei, mar a n-innistear gur ċuir Iúdas Macabeus suim ṁór airgid go Caṫraiġ Ierusalem, d'á oḟráluġaḋ mar ioḋḃairt ar son peacaiḋ na marḃ; agus fós adeir i ndeireaḋ an ċaibidil ceudna gur naoṁṫa agus gur soċaraċ an smuaineaḋ guiḋe do ḋeunaṁ ar na marḃaiḃ d'á sgaoileaḋ ó n-a bpeacaḋaiḃ.

Is follus as an áit so go bhfuil purgadóir ann; óir do budh díoṁaoin guiḋe do ḋeunaṁ ar son na marḃ atá in Ifrionn íoċtaraċ, do ḃriġ naċ bhfuil dáil ċaḃra 'san mbiṫ i ndán dóiḃ, 7 naċ fóġnann guiḋe ná maiṫ ar biṫ d'á ndeintear ar a son dóiḃ, do réir na Sgrioptúra. Mar an gceudna, ní dliġṫear guiḋe do ḋeunaṁ ar na marḃaiḃ atá i bhflaiṫeas De, do ḃriġ go bhfuil an uile sásuġaḋ dliġṫear do ḃeiṫ aca in a seilḃ, do réir Dáiḃid 'san 18 Sailm, mar a n-abair, i bpearsain an anma, ag labairt go fíorsonda—"Sáiseóċar mé (ar sé) an tan ḃus leór dam dod' ġlóire-se." Do ḃriġ naċ féidir fortaċt do ṫaḃairt do na marḃaiḃ bhíos i n-Ifrionn, 7 naċ bhfuil riaċtanas ar na naoṁaiḃ atá i bhflaiṫeas Dé, ní fuláir an tríos áit do ḃeiṫ ann d'á raċaḋ déirc, guiḋe, 7 deaġ-oibreaċa na droinge bhíos ar an saoġal so i soċar, agus fós bhíos i ngeall na nguiḋe agus na ndeaġoibreaċa ceudna; 7 ó naċ é Ifrionn ná Flaiṫeas Dé a ionaṁuil so de ionad, ní fuláir an tríos ionad d'fágail, agus ní bhfuil an tríos ionad ann aċt purgadóir, nó má tá, inniseaḋ an t-éiriceaċ é. Ar an aḋḃarsoin atá purgadóir ann.

Agus is córaide a ṁeas go bhfuil purgadóir ann an níḋ léiġtear ag Maṫa 'san dara caibidil deug—"Gibé do ḋeunaḋ peacaḋ (ar sé) anaġaiḋ an Spioraid Naoiṁ, ní maiṫfiḋear ḋó é 'san mbeaṫaiḋ so ná andiaiġ an ḃáis." Creud is ionntuigṫe as na briaṫraiḃ so Mhata aċt go ḃfuil peacaḋ éigin ann in eugmais an ṗeacaiḋ úd anaġaiḋ an Spioraid Naoiṁ, mar atá peacaḋ sologṫa, maiṫtear tar éis na beaṫaḋ so. giḋeaḋ ní maiṫtear peacaḋ ar biṫ i n-ifrionn íoċtarac, agus ní téid peacaḋ ar biṫ go flaiṫeas Dé, agus ar an aḋḃar sin atá ionad eile ann in a ḃféidir peacaḋ éigin do ṁaiṫeaṁ tar éis na beaṫaḋ so in eugmais an dá ionaid úd, agus is é sin purgadóir, aṁail adubramar.

Léiġtear 'san gceaṫraṁaḋ caibidil ag Tholias briaṫra as a dtuigṫear purgadóir do ḃeiṫ ann, mar a labrann leis an ndéirceac—"Cuir (ar sé) d'arán ⁊ d'ḟíon féin ar uaiġ an ḟiréin, ionnus na boiċt sásóċar leó sin go nguiḋeadaois ar son anmann na marḃ." Adeir, fós, Solaṁ, 'san seaċtṁaḋ caibidil, in Ecclesiastes, niḋ tig leis an áit ceudna—"Sin do láṁ (ar sé) ċum na mboċt, ionnus go raċaḋ do ṫrócaire agus do ḃeannaċt i soilear dóiḃ; ⁊ ná cuir toirmeasg ar ġrásaiḃ d'ḟaġáil do'n ṁarḃ." As na hionadaiḃ so, ⁊ as mórán d'áitiḃ eile 'san Sgriop-túir, is iontuigṫe go dtéid guiḋe na mboċt agus na ḃfireun agus an deaġmoḋṁarṫa i soċar do na marḃaiḃ ḃíos i purgadóir. Agus is ion-tugṫa dúinn d'ár n-aire gurab iad an dronġ ḃíos beó ar an saoġal so ḟóirear an dronġ úd ḃíos i mbruid i bpurgadóir, ⁊ naċ iad féin ḟóirear a ċéile an fead ḃíd i bpurgadóir. Agus is in a ḟíoġair so atá an niḋ léiġtear 'san tres caibidil in Exodus mar a n-abair naċ daoirseaċ ar biṫ dá raiḃ 'san Eigipt féin do ċuir Dia d'ḟóirisġin Chloinne Israel ar an mbruid agus ar an moġsainne in a raḃadar ag Pharaoh, aċt Maoise ó ṫalaṁ Midian, do ḃí in a ḋuine saor. Mar an gceudna, aṁail a duḃramar, ní haon anam dá mbí i ndaoirse i bpurgadóir ḟóirear na hanmanna eile ḃíos i bpurgadóir an gcéin ḃíos féin eatorra, aċt saoirsiġ beaṫaḋ an tsaoġail so. Agus dá mbeiṫ in a ion-gnaḋ ar neaċ creud as naċ go flaiṫeas Dé téid anam an ḟiréin gan ṫáirde andiaiġ an ḃáis, bioḋ a ḟios aige gurab é snas nó sal an ṗeacaiḋ, mar atá salaċar na coire agus salaċar na péine aimsearḋa, agus má tá de ḋruim na haiṫriġe agus na habsolóide go nglantar an t-anam ó salċar na coire, biḋ cáiḋeac ó ḟalaċar na péine, muna ndeárnaḋ leóirġníoṁ 'san tsaoġal so re linn a ḃeaṫaḋ, agus is sé sin ċongḃas ó ḋul ar neaṁ é, do ḃríġ go n-abair Eóin 'san dara caibidil deug de leaḃar na dtaisbeántaḋ naċ téid niḋ ar biṫ cáiḋeac nó neaṁġlan isteaċ 'san ḃflaiṫeas neaṁḋa.

As so sompla ar an niḋ ceudna. Dá mbeiṫ sladaiġe i bpriosún tré ċionn bó do ġoid ó ná ċóṁarsain, féadaiġ an ríġ an ċoir do ṁaiṫeaṁ ḋó, agus gan a ċur ċum báis. giḋeaḋ, is éigean dó sanaṁuin 'san bpríosún go ndeunaiṁ lóirġníoṁa le n-a ċoṁarsain 'san ngaoiḋġeaċt do ríġne air. Mar an gceudna do'n tsladuiġe—eadon, an peacaċ—giḋ do ḃeir an Ríġ Uile-Ċhuṁaċtaċ pardún 'san gcoir dó, gan a ḋamnuġaḋ go síorraiḋe i mbás ifrinn, do ḃeir air ḃeiṫ i bpríosún purgadóra go ndeunaiṁ leóirġníoṁa dó in gaċ lot dá ndeárnaḋ 'san mbeaṫa so, do réir mar adeir Maṫa 'san gcúigeaḋ caibidil—"An tí (ar sé) naċ ndéin réiḋteaċ re n-a ċóṁarsain in a ḟiaċaiḃ 'san mbeaṫa so, cuirfiġear i bpríosún é, in a mbeiṫ ceangailte ag na ceusdúnaċaiḃ nó go ndíolann an ṗiġin deiġeanaċ."

Adeir Pól 'san dara caibidil ċum na bPhilipenseaċ briaṫra as a dtuigfeam go bfuil purgadóir ann—"In ainm Iosa (ar sé) feacfuiġear an uile ġlún ar neaṁ, ar talṁain, agus in ifrionn." Agus adeir Eóin, 'san gcúigeaḋ caibidil de leabar na dTaisbeántaḋ, go dtabair an uile ċreatúir ar neaṁ, agus ar talṁain, agus fá ṫalṁain, cádus, glóire, agus onóir do Dhia tré saoġal na saoġal.

Tuig, a léiġṫeóir, go bfuilid dream fá ṫalṁain do réir an dá ionad so, do ġníḋ feacaḋ ġlún in ainm Iosa, agus do ḃeir onóir agus glóir do Dhia, giḋeaḋ adeir Dáibiḋ, 'san 118 Salm, naċ molaid na mairḃ féin go h-ifrionn íoċtaraċ an Tiġearna. Ar an adḃar sin atá ionad eile fá ṫalṁain in a moltar Dia, agus is í sin purgadóir, nó munab í, abraḋ an t-eiriceaċ an t-ionad eile.

Tig Chrysostomus leis an níḋ so, 'san 21 Homilia ar Ġníoṁarṫaiḃ na nAbstal—"Ní díoṁaoin (ar sé) do ġníḋṫear íoḋbairt ar na marḃaiḃ, ná úrnaiġṫe, ná deirc." Adeir S. Augustin, 'san 22 Seanmóir ar Bhriaṫraiḃ na nApstal, níḋ ṫig leis an bfírinne so—"Ní h-ion-ċuir (ar sé) i gconntaḃairt, urnaiġṫe agus déirc agus íoḋbairt na hEaglaise, go dtabair furtaċt ar na marḃaiḃ."

Léiġtear 'san 31 caibidil de'n ċéad leabar de Leabraiḃ na Ríoġ go ndeárnaḋ fir na Galaad troisgaḋ seaċt lá andiaiġ adlaicṫe Shauil agus Ionathan. Léiġtear 'san ċéad ċaibidil de'n dara leabar de Leabraiḃ na Ríoġ, an tan do ċualaiḋ Dáibiḋ bás na droinge ceudna gur ċaoiḋ sé féin agus an drong do bí in a ḟoċair, agus go ndeárnaḋ siad troisgaḋ go heasparṫain.

Léiġtear fós 'san dara caibidil deug de'n seiseaḋ leabar do sgríoḃ S. Augustin in a "Fhaoisidin," go n-abraḋ an t-aifrionn go minic ar anam a ṁáṫar, d'ár b'ainm Monica. Adeir Dáibiḋ, 'san 85 Salm, níḋ as a dtuigtear purgadóir do ḃeiṫ ann—"Is mór, a Thiġearna (ar sé), do ṫrócaire orm, do ḃriġ gur ḟaoṙais m'anam ó ifrionn íoċtaraċ." Creud is ionntuigṫe as so aċt go n-adṁann Dáibiḋ go bfuil ifrionn íoċtaraċ ann, mar atá purgadóir.

Is follus, do réir a nduḃramar, gibé tuigfeas go glinn na háite do haiṫleiġeaḋ linn go ḃfuil purgadóir ann, in a mbid anamna na ḃfíreun ar a mbí sal na péine aimsearḋa; agus, fós, go ndliġṫear guiḋe do ḋeunaṁ orra, 7 go ḃféadṫar a saoraḋ 7 a nglanaḋ ó'n tsalaċar le déirc agus le deaġoibreaċaiḃ na droinge ḃíos beó ar an saoġal so.

Adeir S. Augustín 'san naoṁaḋ caibidil de'n leaḃar dárab ainm "Enchiridion" briaṫra ar a dtuigṫear go dtéid an t-aifrionn i ḃfoġnaṁ do na marḃaiḃ—"Ní hiṫte ḃeiṫ ag á seunaḋ (ar sé) go dtugṫar saorṫáil d'anmannaiḃ na marḃ an tan offráltar íoḋbairt an tSlánuiġṫeóra ar a son.

Léiġṫear ag Greagóir Naoṁṫa, 'san 55 caibidil de'n ċeaṫraṁaḋ leaḃar de leaḃraiḃ na hAgallṁa go raiḃ sagart d'áiriġṫe in Eaglais Céin 'san mbaile dárab ainm Taurena, agus go gcleaċtaḋ dul d'á foṫragaḋ i dtobar do ḃí 'san mbaile ceudna ar a mbuinniġeaḋ uisge teiṫ do ġnáṫ. Agus lá n-aon dá ndeaċaiḋ an sagart reaṁráiḋte dá foṫragaḋ féin 'san áit sin, 7 iar ndul isteaċ do'n ásus do ḃí ós cionn an tobair, fuair óglaoċ anaiṫniḋ ar a ċionn istiġ, 7 do rinne an t-óglaoċ timṫireaċt go h-uṁal, 7 do ḃain a éudaċ de'n tsagart, agus do ġníoḋ an níḋ ceudna dá ṁinica ṫigeaḋ an sagart ann. Dála an tsagairt, uair éigin dá dtáinig ċum an tobair, tug leis dá ḃairġin aráin ċum a dtaḃairt do'n ḟear reaṁráiḋte. Agus an tan do ḃí ag á dtairgsin do'n óglaoċ, do laḃair-sion go truaiġméileaċ, tuirseaċ, agus aduḃairt naċar ḋuine beó é féin, aċt gurab é sprioraḋ an tiġearna do ḃí ar an ḃfearann' sin é uair éigin. "Guiḋeaḋ (ar sé), déin-se an t-arán so d'offráluġaḋ do Ḋia Uile-Chuṁaċtaċ ar son mo ṗeacaiḋ, agus is aṁlaiḋ ḃias a ḟios agat an éisteiġear leó' guiḋe, muna ḃfaġair mise ann so ar do ċionn." Leis na briaṫraiḃ sin d'imṫiġ sé as aṁarc an tsagairt, ionnus gur ḃfollus do'n tsagart gur sprioraḋ do ḃí ann. Dála an tsagairt, do ḃí ar feaḋ seaċtṁuine ag ráḋ aifrinn gaċ aon lá, agus i gcionn na haimsire sin, táinig d'ionnsuiġ an tobair, agus ní ḃfuair an fear reaṁráiḋte ann, agus do ṫuig gur sóireaḋ ó ṗurgadóir é.

Léiġṫear ag an úġdar ceudna, 'san áit ceudna, go raiḃ in aon ṁainistir ris manaċ d'ár ḃ'ainm Iustus, ag á raiḃ trí coróinníḋe d'ór i ḃfolaċ, fuair sé de ṡoċar leiġis do ḋeunaṁ. Agus an tan do ġaḃ galar euga é, fríṫ na trí coróinníḋe sin i ḃfolaċ aige. Do ġaḃ fearg Greagóir uime sin, agus tug iṁḋeargaḋ mór do'n ṁanaċ, agus tug fá deara (ar ḃfáġail ḃáis do'n ṁanaċ go haiṫriġeaċ) a ċorp d'aḋlacaḋ 'san gcarn aoiliġ, 7 na trí coróinníḋe mar aon ris: agus níor ḟulaing guiḋe do ḋeunaṁ air go ceann trioċad lá; agus i gcionn na rae agus na h-aimsire sin do ġab truaġ Gregóir d'anam an ṁanaiġ, agus d'ḟuráil ar ṁanaċ eile do bí istiġ trioċad aifrionn do ráḋ ar a anam. Agus, iar ráḋ na n-aifrionn uile do'n ṁanaċ, do ṫaisbéin an manaċ-soin fuair bás é féin do ḃráṫair d'ár b'ainm Coppriosus, ⁊ d'ḟiafruiġ Coppriosus de creud an cruṫ in a raiḃ, agus do ḟreagair-sean é, agus adubairt gur b'olc an riocht in a raiḃ go soiċe sin, giḋeaḋ go raiḃ an tan-soin slán ó'n uile péin; agus leis sin do ċuaiḋ as aṁarc Coppriosuis. Dála Choppriosuis, do ċuaiḋ d'ḟios na mbráṫar, d'innsin an sgéil sin dóiḃ, agus fuaradar gurab é an lá-san do ċríoċnaiġ an manaċ an t-aifrionn deiġionaċ, agus as sin do ṫuigeadar gurab de ḃuaḋaiḃ na n-aifrionn sin do saoraḋ anam an ṁanaiġ ó ṗurgadóir.

Léiġtear i "Sgáṫán na Somplaḋ" gur ċuir easbog naoṁṫa, d'ár b'ainm Tiobóid, dronġ d'iarraiḋ éisg in aimsir an ḟóġṁair, agus gur gabaḋ leó blod mór de leic-oiḋreaḋ in a líon, agus fa luaṫġáireaċ leó sin d'ḟaġáil do ḃríġ go raiḃ tinneas cos ar an easbog. Tugsad leó an t-oiḋreaḋ, agus do ċuireadar re bonnaiḃ an easbuig, ag tabairt ionnḟuaraḋ dó. Feaċt n-aon, ar mbeiṫ do'n leic-oiḋreaḋ re bonnaiḃ an easbuig, do ċualaiḋ an t-easbog guṫ duine 'san oiḋreaḋ, ag labairt go truaiġṁéileaċ. Iar gclos an ġoṫa sin do'n easbog, do ċuir fá ġeasaiḃ (as huċt Dé) ar an sbiorad do bí ann, sgeula d'innsin dó cia hé féin, nó creud a ċoisg. Freagras an guṫ, agus adubairt—"Anam mé (ar sé) atá ag á ṗianaḋ 'san oiḋreaḋ so tré m' ṗeacaḋaiḃ, agus do fuasgeólṫaoi mé dá n-abarṫaoi triocad aifrionn triocad lá, diaiġ in ḋiaiġ, ar mo ṡon, gan aon lá eatorra." Dála an easbuig, do ṫionnsgann na haifrinn do ráḋ, ⁊ an seiseaḋ lá deug, ria ndul dó ċum an aifrinn do ráḋ, do séid an diabal cogaḋ agus combloiċt idir caṫruiġṫeoiriḃ nó luċt áitiġṫe na caṫraċ; ⁊ leis sin do cuireaḋ teaċta d'ionnsuiḋe an easbuig, d'á iarraiḋ air teaċt do ċeannsuġaḋ an ċaṫa sin. Cuireas an t-easbog leis sin an ċulaiḋ aifrinn de, agus téid d'á n-ionnsuiġe ionnus go ndeaċaiḋ ó aifrionn an lae sin, agus i gcionn aimsire in a ḋiaiġ sin, iar gcríoċnuġaḋ dá dtrian na n-aifrionn do'n easbog, do foillsiġeaḋ dó sluaġ líonṁar do beiṫ re huċt na caṫraċ ar tí mórṁaḋmaiġṫe uirṫe, ionnus gur b'éigean do'n easbog aifrionn an lae sin do leigean de. Agus iar tionnsgnaḋ an aifrinn deiġionaċ dó, dar leis féin, do ċonnairc an baile go léir agus a ṫeaġlaċ féin tré ṫeine, agus adubradar cuid d'á ṁuinntir féin ris an t-aifrionn do leigean de, agus dul d'ḟóiriġṫin a ṫiġe. Agus adubairt-sean dá loisgṫí an baile go léir tríd naċ leigfeaḋ an t-aifrionn de. Agus, iar gcríoċnuġaḋ an aifrinn dó, do ġab an leac-oiḋreaḋ in a raiḃ an t-anam leaġaḋ ċuice, agus an teine fanntaiseaċ do ċonnarcadar ċáċ do ċuaiḋ sí in éugaiḃ, gan doċar ar biṫ do ḋéunaṁ.

Is iontuigṫe as an sgeul so go ḃfóirigṫear leis an Aifrionn ar na hanmannaiḃ ḃíos i bpurgadóir.

Léigṫear 'san leaḃar céudna go raiḃ i mḃreatannaiḃ bráṫair d'ár ḃ'ainm Iuo, agus fa "prior" 'san Talaṁ Naoṁṫa seal d'á aimsir an fear so, agus fa ḋuine uṁal, caondúṫraċtaċ, grásaṁail é. Aċt, ċeana, ar mbeiṫ ḋó 'san oiḋċe ag ráḋ a ṫráṫaḋ 'san eaglais, do ċonnairc sé samuilt bráṫar eile in a ṡeasaṁ láiṁ ris an loċrann do ḃí 'san gcorr, ⁊ aibíd ṡalaċ, riaḃaċ, aṫċaiṫte uime. "Cia ṫú?" ar Iuo. "Mise (ar sé) an bráṫair so d'áirigṫe fa ḃionṁuin leatsa lá éigin, fuair bás beagán de laeṫiḃ ó ṡoin, ⁊ atá d'ḟiaċaiḃ orm beiṫ i bpurgadóir cúig bliaḋna déug, muna ḃfagad furtaċt, ⁊ táinig dá iarraiḋ orta guiḋe ar mo ṡon ċum Dé." Dála Iuo, iar dteaċt na maidne, adubairt Aifrionn ar anam an ḃráṫar sin, agus filleaḋ dá dtug seaċa, iar ráḋ an Aifrinn, do ċonnairc an bráṫair reaṁráiḋte in a ṡeasaṁ láiṁ ris an loċrann, agus earraiḋe áluinn ionaonaiġ uime. "Cia ṫú?" ar Iuo. "Mise an bráṫair (ar sé), agus, go raiḃ maiṫ agatsa, fuarais ó Ḋia, maille red' ġuiḋe, mo ṡaoraḋ óm' ṗianaiḃ, agus atáim anois ag dul i gcaiḋreaṁ na sprioraid mḃeannuiġṫe." Agus leis sin do ċuaiḋ as neaṁníḋ uaiḋ.

Is iontuigṫe as an sgeul so go dtaḃair íoḋbairt agus guiḋe an Aifrinn furtaċt do na hanamnaiḃ ḃíos i bpurgadóir.

Léigṫear 'san treas leaḃar do sgríoḃ Béda ar ġníoṁarṫaiḃ na Sagsan go raiḃ dá ríġ ar Ṡagsaiḃ do ḃí ag cogaḋ anaġaiḋ céile, ⁊ tugsad caṫ dá ċéile, ⁊ do fágḃaḋ i gcruṫ ṁarḃ duine-uasal óg de ṁuinntir an ríġ ar a dtugaḋ an maiḋm, agus rug an ríġ le a rugaḋ buaiḋ leis é d'á ṫiġ féin, agus do ċuir leiġeas air; giḋeaḋ, do ċuir geiḃeanna faoi, agus do sgaoileaḋ gaċ geiḃeann d'á mbíoḋ air uaṫa féin ar an naoṁaḋ buille de'n ċlog gaċ lá, ⁊ do ḃí aṁlaiḋ sin go beiṫ slán dó. An tan do ċonnairc an ríġ go sgaoiltí na glais do ġnáṫ go míorḃuileaċ gaċ aon lá uaṫa féin, do ḃuḋ ionġnaḋ leis é, ⁊ tug uaiḋ an bráiġe d'iarla onórach d'á ṁuinntir i ngeall re fuasglaḋ, agus do sgaoiltidís na glais de ag an ḃfear sin aṁail do ġníḋdís roiṁe. Do ḟiafruiġ an t-iarla lá éigin de an raiḃ a ḟios aige créud an t-aḋḃar fá sgaoilidís na glais. Aduḃairt-sean náċar ḃfeas do féin sin, aċt aṁáin go raiḃ abb de ḋearḃráṫair aige do ċleaċtaḋ Aifrionn do ráḋ timċeall na huaire sin de'n ló, "agus is dóiġ (ar sé) gur ṁeas an t-abb gurab bás fuaras-sa, agus dá ḃrí sin go n-abraḋ sé Aifrionn gaċ lá ar mo anam, ⁊ go mbuḋ de sin do ṫiocfaḋ na glais do sgaoileaḋ." An tan do ċualaiḋ an t-iarla na briaṫra sin do rigne grása ar an duine uasal, agus tug cead imṫeaċta dó d'fios a ċarad ar ċoimġeall go gcuirfeaḋ fuasglaḋ tar a éis gus an iarla. Ar dtoiḋeaċt dó-san mar a raiḃ a ḋearḃráṫair—eaḋon, an t-ab—fuair sgeula uaiḋ go n-abraḋ sé aifrionn gaċ lá ar a anmuin ó'n uair fá'r gcualaḋ a ṫásg gus an tráṫ sin.

Is iontuigṫe as an sgeul so go saorann an t-aifrionn as bruid na daoine ḃíos beó 'san ḃeaṫa so.

Léiġtear, fós, go raiḃ duine uasal d'áiriġṫe ag fáġail ḃáis, agus go dtug de ṫeagasg d'á ṁac trí neiṫe do ċoiméad. An céad niḋ ḋíoḃ, gan ḃeiṫ i gcaidreaṁ ná i gcómhluadar droċ-ċuideaċtan. An dara niḋ, aifrionn d'éisdeaċt gaċ laoi. An treas niḋ, é féin do ċur in oireaṁuin do na deaġḋaoinib. Agus in a ḋiaiġ sin do ḟágaiḃ sé cúram an ṁic ar ríġ na críċe in a raiḃ. Do ġlac an ríġ an macaoṁ go honórac, agus do ḃí fá cion aige. Do ḃí, iomorro, feaḋmannaċ formadaċ ag an ríġ, agus do líon sé de ṫnúṫ ris an macaoṁ ar ṁéid an ċeana do ċonnairc air, ionnus go ndéarnaḋ tuaiṫleas agus tromuiḋeaċt air ris an ríġ, annsaċt antoile do ḃeiṫ aige do'n ḃainríoġan, 7 d'á ḋearḃuġaḋ gur ḃfíor an sgeul sin, an tan do ḃíaḋ brón nó dólás ar an mbainríoġan go mbíaḋ-san lán de ḋólás léi ar ṁéid a ġráḋa ḋí. Dála an ríġ, go grod in a ḋiaiġ sin, ar mbeiṫ ḋó ag comráḋ ris an mbainríoġain, do ḃuail sé bas cruaiḋ ar a leacain uirre, ionnus gur ġuil sí. Ar n-a ḟaicsin sin do'n ṁacaoṁ, do ġuil sé go hobann ar a cóṁair tré ró-ṁéid a ġráḋa ḋí. Giḋeaḋ, ní gráḋ mailíseaċ do ḃí aige ḋí, aṁuil aduḃairt an feaḋmannaċ. An tan do ċonnairc an ríġ sin, do ṫuig gur ḃfíor gaċ niḋ d'á nduḃairt an feaḋmannaċ, 7 do ḟiafraiġ de cionnus do ċuirfeaḋ ċum báis an macaoṁ go foluiġṫeaċ. Aduḃairt an t-aṁleasaċ gur ṁaiṫ an gliocas do'n ríġ fios do ċur ar luċt aoil do losgaḋ do ḃí aige i gcoill ḋiaṁair láiṁ ris an mbaile, agus a fógraḋ ḋóiḃ an céad duine do ṫiocfaḋ in ainm an ríġ d'á n-ionnsaiḋe, do ṫeilgeann d'á losgaḋ 'san troirnéis teinntiġ imeasg an aoil, agus rún do ḋeunaṁ ar an ngníoṁsan. Dála an ríġ, do ċuir sé an macaoṁ go moċ ar na ṁárac le gnóṫaiḃ go luċt an aoil do losgaḋ; agus, ar mbeiṫ ḋó ag triall trés an gcoill do ḃí roiṁe, do ċualaiḋ sé clog an aifrinn ag á bualaḋ i séipéal beag do ḃí láiṁ ris an sliġe, agus, ar na ċlos ḋó, do ċuaiḋ d'á ḟios, 7 do ḟan ag éisteaċt an aifrinn no gur ċríoċnuiġeaḋ é. Iomṫúsa an ḟeaḋmannaiġ, do lean sé go moċ an macaoṁ 'san gconair ċeudna d'eagla naċ ndiongantaoi cóṁairle an ríġ ris, agus do buḋ luaiṫe é go luċt an aoil do ḋeunaṁ ioná an macaoṁ, agus do ḟiafraiġ díoḃ a ndéarnadar an niḋ aduḃairt an ríġ riú do ḋeunaṁ. Aduḃradar-san naċ dearnadar fós, aċt go ndiongnadaois gan ṁoill é. Leis sin, do ġlacadar an feaḋmannaċ go hobann, agus do ṫeilgeadar 'san troirnéis teinntiġ d'á losgaḋ é; agus an tan ṫáinig an macaoṁ d'á n-ionnsuiḋe, ní ḋeárnadar dioġḃáil ar biṫ ḋó. D'fill an macaoṁ tar a ais mar a raiḃ an ríġ, agus do ḟiafraiġ an ríġ sgeula ḋe, agus do innis-sean a sgeula agus a iomṫursa féin ó ṫús go deireaḋ ḋó, aṁail a duḃramar. Ar leanṁain an sgéil go hiomlán do'n ríġ, do innis an macaoṁ ḋó na cóṁairleaċa-san ṫug a aṫair ḋó, agus mar a duḃairt a aṫair leis aifrionn d'éisteaċt gaċ laoi, agus gur ṁeas gurab de ṫairḃe na gcóṁairleaċ sin agus de ḃuaḋaiḃ an aifrinn ṫáinig a ḟaoraḋ ó ḃás. Ar n-a ċlos sin do'n ríġ, do ṫuig gur cealg do riġne an feaḋmannaċ ar an mbainríoġain agus ar an macaoṁ, agus do ṫréig sé an mío-ḋóċas do ḃí aige asta roiṁe sin. Is iontuigṫe as an sgeul so go ḃfóireann an t-aifrionn duine ó ḃás obann.

Léiġtear i Sgaṫán na Somplaḋ go rabadar drong de luċt oibre ag saoṫruġaḋ mianaiġ airgid in ionad d'áiriġṫe, agus ar ndul dóiḃ i ḃfad i dtalṁain, do ṫuit bloḋ mór de'n talṁain orra, ionnus gur ṁarḃ iad uile aċt aon duine aṁáin, a tárla i gcuas de leaṫ taoiḃ na huaiṁe. Agus an tan do ċualaiḋ bean an fir sin a ṫásg, rug sí báirġean arán, agus buidéal fíona, agus coinneall, d'ḟios an tsagairt, d'á iarraiḋ air aifrionn do ráḋ ar anmuin a fir, agus do ġníoḋ sí an niḋ ceudna gaċ lá ar feaḋ bliaḋna, aċt trí lá aṁáin do ṫoirmisg an t-aiḋḃeirseóir í, ar mbeiṫ i gcruṫ ḋaonda, d'á ċur i gcéill ḋi go raiḃ an t-aifrionn ráiḋte gaċ lá ḋíoḃ sin róimpe. Aċt, ċeana, i gcionn bliaḋna iar marḃaḋ na droinge a duḃramar, tangadar drong eile do ṫoċailt na háite ceudna d'iarraiḋ mianuiġ ann, agus fuaradar an fear reaṁráiḋte beó ar a gcionn, agus an tan do ḟiafruiġeadar de cionnus do saoraḋ ó ḃás é agus creud do ċoṫuig beó é ar feaḋ na haimsire sin, do innis do ċáċ go mbíoḋ báirġean arán, agus buidéal fíona, agus coinneall aige gaċ lá go n-oiḋċe, aċt trí lá aṁáin; agus do fríṫ gur ḃ'iad sin na trí lá do ċuir an t-aiḋḃeirseóir toirmeasg ar an ṁnaoi gan an aifrionn do ċur d'á ráḋ, aṁuil buḋ follus do luċt ṁeasda na haimsire é. Is iontuigṫe as an sgeul so, go ḃfóireann an t-aifrionn duine ó ḃás corporḋa.

Léiġtear go raiḃ duine saiḋḃir in ionad d'áiriġṫe do ġnáṫuiġeaḋ dul ar marcuiġeaċd d'ḟeuċain a ḟuinn ⁊ a ḟearainn an tan do ċluineaḋ sé clog an aifrinn ag á bualaḋ. Lá n-aon, d'á ndeaċaiḋ amaċ mar sin in aimsir an aifrinn, tárla an diabal air, agus a duḃairt ris tuirling d'á eaċ, agus a aifrionn féin d'éisteaċt ó naċ éisteaḋ aifrionn ċáiċ. Agus leis sin do ṫarraing anuas go heasaontaċ é, agus rug leis ós cionn deirce doiṁne é, agus do ṫeilg i ḃfoḋoiṁain agus i ḃfíríoċtar ifrinn idir ċorp agus anam é.

Is ionntuigṫe as an sgeul so go ndéin Dia díoġaltas ar an dronng do ḃeir tarcuisne ar an aifrionn.

TUILLE EILE SUIGHTE AR PHURGADOIR.

Léiġtear 'san gcúigeaḋ caibidil deug de'n seiseaḋ siosmaḋ de Ċhomhairle Ṫhrionnt go mbíd peacaiḋe soloġṫa ar na fíreunċaiḃ. Tig Solaṁ leis so 'san 24 caibidil de Leabar na Seanfocal—"Tuitiḋ (ar sé) an fíreun seaċt n-uaire 'san ló, agus aiṫéirġiḋ ċeana; tuitiḋ an míoṫróċaireaċ 'san olc."

Is iontuigṫe as na briaṫraiḃ so naċ tréigeann duine neaṁurċóideaċ ḃeiṫ in a fíreun tré ṫuitim i min-ċeanaiḃ, agus naċ tuilleann easċairdeas Dé ná bás siorraiḋe ifrinn, agus de na min-ċeanaiḃ goirṫear peacaiḋe soloġṫa.

Adeir Eoin mar an gceudna 'san gcéad caibidil de'n ċéad Eipistil Chanónta níḋ as a dtuigṫear peacaḋ soloġṫa do ḃeiṫ ann—"Dá n-abrainn (ar sé) naċ ḃfuil peacaḋ againn, atámaoid d'ár meallaḋ féin." Agus adeir S. Séamus 'san treas ċaibidil—"Is ciontaċ sinn go léir (ar sé) i mórán de neiṫiḃ."

Is follus as an dá áit sin go mbíd peacaḋ soloġṫa ann, mar go n-admhuiġid an dá Abstal so go raiḃ peacaḋ aca féin agus gurab ciontaċ iad i mórán de neiṫiḃ, giḋeaḋ ní ḋearnadar peacaiḋe marḃṫaċa ó ġlacsad an Spiorad Naoṁ i ló Cingcise, do ḃriġ go raḃadar an tan sin ar na ndaingniuġaḋ i ngrásaiḃ Dé naċ féidir do ḃeiṫ maraon ris an bpeacaḋ marḃṫaċ 'san anam.

Is inmheasda fós (do réir reasúin) go mbíd peacaiḋe soloġṫa ann do ḃriġ naċ inċreidte go mbiaḋ Dia ċoṁ díoṫċúiseaċ sin, go n-aigeoraḋ in a ċoir báis ar ḋuine briaṫar ḋíoṁaoin do ráḋ, nó gáire neaṁ-ṁaiṫeasaċ do ḋeunaṁ, nó a ionsaṁail eile sin.

Is follus do réir a ndubramar go mbí peacaḋ soloġṫa ann, féadas ḃeiṫ ar anam an fíréin (ria fagáil báis dó) tré na mbí pian aimsearḋa ar an anam: agus, ó naċ bí pian aimsearḋa in ifrionn íoċtarac, aċt pian siorraiḋe, agus naċ ionad péine d'fágail Flaiṫeas Dé, ní fuláir an treas ionad do ḃeiṫ ann, in a mbí pian aimsearḋa, 7 in a ḃféadtar a fulaing, agus ní ḟuil an treas ionad sin ann, aċt purgadóir.

Tuigṫear a mbriaṫraiḃ S. Augustín 'san 41 Seanmóir do sgríoḃ ar na Naoṁaiḃ go ḃfuilid peacaiḋe soloġṫa 7 purgadóir ann—"Na min-peacaiḋ (ar sé) naċ marḃann an t-anam, aċt giḋeaḋ cuirid in cuspuṫ é ; ó naċ ḃfuil tearmann ag na naoṁaiḃ 'san beaṫa so gan teagṁáil ionnta, tig díoḃ na fíréin do ḃeiṫ i dteine ṗurgadóra nó go nglantar uaṫa iad, muna ndéarnaid leóirġníoṁ ar a son 'san tsaoġal so."

Adeir Ieronimus Naoṁṫa, ag cur gluaise ar an cúigeaḋ caibidil ag Maṫa, briaṫra ar a dtuigtear peacaḋ sologṫa agus purgadóir do ḃeiṫ ann—"Ní raċaiḋ (ar sé) an fíreun ar an gcarcair nó go dtugaiḋ díoluiġeaċt ann sna min-ṗeacaḋaiḃ is ró-luġa do riġne."

Adeir Pól, 'san gcúigeaḋ caibidil de'n Dara h-Epistil ċum na gCoirinnteaċ go gcaiṫfiḋ gaċ aon teaċt do láṫair ċaṫaoireaċ breiṫeaṁnuis Ċhríost, 7 go roinnfiġear leis gaċ aon duine do réir a uilc agus a ṁaiṫeasa. As so is ionṫuigṫe an drong ċaiṫeas a n-aimsir go holc ar an saoġal so, agus do ġníḋ aiṫriġe re linn a mbáis, ó naċ bí aga aca ar leóirġníoṁ do ḋéanaṁ 'san mbeaṫa so, go gcaiṫfid a ḋéanaṁ tar éis a mbáis, agus ní ḃfuil áit eile ann in a ndéuntaoi an leóirġníoṁ so andiaiġ an ḃáis aċt purgadóir. Ar an aḋbar sin atá purgadóir ann.

Adeir Ciprian Naoṁṫa 'san 25 Epistil do sgrioḃ ċum Anthonius, go mbí teine ann le n-a nglantar na hanmanna ó ṗeacaḋaiḃ d'áiriġṫe, agus is inṁeasta gurab í sin teine ṗurgadóra.

Atá Ambrós Naoṁṫa ag teagasg na fírinne ceudna, ag sgríobaḋ ar an 14 caibidil de leaḃar na Taisbeántaḋ—"Atáid (ar sé) anma na naoṁ gan smal, óir má ġabadar címeal ar biṫ ó ḃeiṫ ag aiṫiuġaḋ an tsaoġail so, sgriosaidar é le haiṫriġe agus le deoraiḃ agus le hoibreaċaiḃ an ġráḋa, nó le sgiursaḋaiḃ, nó go deiṁin tar éis a mbáis le teine ṗurgadóra."

Adeir fós S. Augustín 'san gceud caibidil de'n leaḃar do sgrioḃ ar an gcuram dleaġtar do ḃeiṫ timċeall na marḃ. "Dá mbeiṫ (ar sé) naċ biaḋ Sgriopṫúir ag suiḋiuġaḋ purgadóra, do buḋ leór úġdarás na hEagluise ag á ráḋ go ḃfuil sí ann, do ḃríġ gurab é ainm goireas Pól di, 'Colaṁuin 7 Fundaimeint na Fírinne,' do réir mar léiġtear 'san treas ċaibidil de'n ċéad Epistil ċum Timotheus,'' agus fós go ḃfuil seanċuiṁne sinnsir aguinn ar ṗurgadóir do ḃeiṫ ann glún ar ġlún ó aimsir na n-Apstal i leiṫ, do réir fiaḋnuise na n-aiṫreaċ do haiṫ-léiġeaḋ linn, agus iomad eile naċ luaiḋfeam de'n ċor so. Agus do ḃeir Pól oiread measda ar ṡean-ċuiṁne ṡinnsir agus do ḃeir ar Sgriop-túir sgríoḃṫa, aṁuil léiġtear 'san dara caibidil de'n dara hEpistil ċum na Tessalonisenses, agus, mar go n-abair an tsean-ċuiṁne ṡinnsir linn purgadóir do ḃeiṫ ann ; ar an aḋbar sin caiṫfeam a aḋṁáil go ḃfuil sí ann.

Do ḃárr ar gaċ ruiġeaċt dá dtugamar linn anuas, adeir Clemens

Mairtíreaċ 'san gcéad eipistil do sgríoḃ go S. Séamus abstal, bráṫair an Tiġearna, go mbíoḋ cion ag na daoiniḃ re na linn féin ar ḋéirc agus ar urnaiġṫe do ḋéunaṁ ar na marḃaiḃ. Tig Tertulian leis an níḋ ceudna 'san leaḃar do sgríoḃ do Ċhoróin an Ridire, agus Isidorus 'san oċtṁaḋ caibidil deug de'n ċéad leaḃar do sgríoḃ do na hOifigiḃ Eaglaiseaṁla, agus Origines i ndeireaḋ an treas leaḃar do sgríoḃ ar leaḃar Ióḃ. Admuiḋ, fós, Lúitear féin purgadóir do ḃeiṫ ann, 'san díospóireaċt do ḃí idir é féin agus doctúir d'ár ḃ'ainm Esticus.

As gaċ níḋ dá ndubramar go soiċe so is inċreidte go ḃfuil purgadóir ann in a nglantar anmanna na ḃfíreun ó ṡalċar na péine aimsearḋa le deaġoibreaċaiḃ fíreun an tsaoġail so agus go háiriġṫe de ṡoċar an Aifrinn.

An t-Ochtmhadh Caibidil Deug.

In a dtráċtar gá minca dliġtear Aifrionn do ráḋ, nó d'éisteaċt, agus an áit in a dliġtear a éisteaċt, agus cia ó ndliġtear a éisteaċt,

Bíoḋ a fios agat, a léiġṫeóir, an méid ḃeanas ris an gcéad níḋ, do ḃreaṫnuġaḋ mórán doctúir, naċ ḃfuil d'ḟiaċaiḃ ar an sagart (an méid gurab sagart é) i bpéin ṗeacaiḋ ṁarḃṫaiġ Aifrionn do ráḋ aċt ceiṫre huaire 'san ḃliaḋain—mar atá, Lá Nodlag, agus Lá Cásga, Lá Cingcise, agus Diardaoin Alumn. Giḋeaḋ ní ḃfuil aon lá 'san ḃliaḋain naċ feudfaḋ an sagart Aifrionn do ráḋ aċt Aoine an Cheusda aṁáin, agus atáid, do réir Tolesus, cúig aḋḃair fá ḃfeudann an sagart dá Aifrionn do ráḋ in aon ló:—An ċéad aḋḃar, má ḃíonn dá ṗarráisde in a gcúram ar an sagart ó'n Eaglais, agus naċ féadfaḋ a riar araon le haon Aifrionn, feudaiḋ dá Aifrionn do ráḋ, mar atá Aifrionn in gaċ parráisde díoḃ. An dara haḋḃar, dá raiḃ an sagart i ndeireaḋ an Aifrinn agus easbog do ṫeaċt do láṫair, agus gan sagart eile ann a déaraḋ Aifrionn do'n easbog, feudaiḋ an sagart an dara hAifrionn do ráḋ dó, má lá saoire nó oibre ḃíos ann. An treas aḋḃar, dá dtigeaḋ iomad oiliṫreaċ do láṫair re deireaḋ an Aifrinn i ló saoire, agus gan sagart eile ann a déaraḋ Aifrionn dóiḃ, feudaiḋ an sagart ḃíos do láṫair an dara Aifrionn do ráḋ dóiḃ. An ceaṫramaḋ haḋḃar, dá dteagṁaḋ duine easlán ar a mbeiṫ easbaiḋ Comaoine do ċaiṫeaṁ, agus gan Sacramint ann re a ṫaḃairt dó, feudaiḋ an sagart an dara haifrionn do ráḋ, ċum Comaoine do ṫabairt do'n easlán. An cúigeaḋ haḋbar, feudaiḋ an uile ṡagart trí haifrinn do ráḋ lá Nodlag, gion go bḟuil ceangailte air do ráḋ aċt aon aifrionn, mar naċ bḟuil ceangailte ar an dtuata d'éisteaċt aċt aon aifrionn 'san ló ċeudna, aċt giḋeaḋ is somholta na haifrinn eile do ráḋ agus d'éisdeaċt.

Atáid ceiṫre reasúin ag an Eaglais fá'r orduiġ sí na trí haifrinn do ráḋ Lá Nodlag, do réir na gceiṫre gciall atá ag an Sgrioptúir—mar atá ciall litearḋa, ciall áirdeagnaċ, diaṁarċiall, agus fáċrún. Do réir na céad ċéille, is é ċiallaiġeas an ċéad aifrionn a deirṫear i meaḋon oiḋċe, an fiosruġaḋ do rinneadar na haingil ar na haoḋaireaḋaiḃ i meaḋon oiḋċe. An dara haifrionn, a deirṫear ar maidin, ciallaiġiḋ an fiosruġaḋ do rinneadar na haoḋaireaḋa ar Chríost maidin Laoi Nodlag 'san Bheitil. Ciallaiġiḋ an treas aifrionn, a deirṫear timċeall meaḋoin an lae, an fiosruġaḋ do rinneadar pobal na Beitile ar Chríost timċeall meaḋoin Laoi Nodlag.

Do réir na dara céille ciallaiġiḋ an ċéad aifrionn mar do fóireaḋ corp gaċ ḟírén ó ḃás síorruiḋe. Ciallaiġiḋ, fós, an dara haifrionn mar do saoraḋ le Críost anam gaċ ḟírén ó ḃás síorruiḋe. Ciallaiġiḋ an treas haifrionn mar do osgail Críost dúinne an Ḟlaiṫis Neaṁḋa i meaḋon Laoi Nodlag.

Do réir na treas céille, is é ċiallaiġeas an ċéad aifrionn adeirṫear i meaḋon oiḋċe, an ċéad dliġe do ḋroing Dia ar dtalṁain, mar atá dliġe na nádúra; óir, mar is i ndorċadas na hoiḋċe adeirṫear an ċéad aifrionn, do ḃuḋ dorċa, diaṁar, doiléir dliġe na nádúra i gcroiḋṫiḃ na ndaoineaḋ. Ciallaiġiḋ an dara haifrionn, adeirṫear ar maidin, an reaċt sgríoḃṫa; óir mar bíos dorċadas na hoiḋċe agus soillse an lae ag dréim re ċéile 'san maidin, is mar sin bíos dorċadas dliġe na nádúire agus soillse an Reaċta Soisgeulta ag dréim re céile 'san reaċt sgríoḃṫa—eaḋon, i nDliġe Maoise. Ciallaiġiḋ an treas aifrionn a deirṫear i meaḋon an laoi, soillse agus soiléire an Reaċta Soisgeulta.

Do réir na ceaṫraṁaḋ céille, is é ċiallaiġid na trí haifrinn úd a deirṫear, na trí moḋa ar a mbeirṫear Críost, mar atá go síorruiḋe ó'n Aṫair, go spioradálta i n-inntinniḃ na bḟíreun, go hinṁeaḋonaċ agus go foirimealaċ ó Ṁuire Óig.

Ciallaiġiḋ, fós, an ċéad aifrionn a deirṫear i meaḋon oiḋċe, geineaṁain an Ṁic go síorruiḋe ó'n Aṫair, óir aṁail bíos an meaḋon oiḋċe dorċa, mar sin is diaṁair doloirgṫe do geineaḋ an Mac ó'n Aṫair, aṁail adeir Isaias 'san 53 caibidil, ag labairt ar ġeineaṁain an Ṁic ó'n Aṫair—"Cia inneósas (ar sé) a ġeineaṁuin súd?"—dá cur i gcéill gur ḋeacair lorgaireaċt do ḋéunaṁ uirre. Is é ċialluiġeas an dara h-aifrionn a deirṫear ar maidin, mar geintear Críost go h-inṁeaḋonaċ i n-aigeantaiḃ na bfíreun, amail léiġtear ag Mata 'san gcéad caibidil—"An níḋ (ar sé) rugaḋ uaiṫe [eaḋon, ó aigneaḋ an ḟírein] is ó'n Spiorad Naoṁ é," agus do ḃriġ naċ gaḃṫar ó'n Spiorad Naoṁ aċt Mac Dé, is é Mac Dé ġaḃṫar i n-aigeantaiḃ na bfíreun, agus tar ċeann go mbí solus folaiġṫeaċ ó ġrásaiḃ an Spioraid Naoiṁ i n-inntinn an ḟírein, ní dearḃ leis féin an solus sin do ḃeiṫ aige, amail adeir Pól naċ feas do ḋuine cia ḋioḃ do ḋíol gráḋa nó fuaṫa é féin, agus is uime sin a deirṫear an t-aifrionn, idir iomḋorċadas na h-oiḋċe agus soillse an laoi. Cialluiġiḋ an treas aifrionn an treas moḋ ar ar gineaḋ Críosd—eadon, ó Mhuire, 7 is uime sin adeir Críost 'san seaċtṁaḋ caibidil ag Eóin (dá ċur i gcéill gur follus do na daoiniḃ é féin do ḃeiṫ ar n-a ḃreiṫ ó Mhuire)—"Atá M'aiṫne (ar sé) agaiḃ, agus atá a ḟios agaiḃ cia ó dtánag."

Tuig, a léiġṫeóir, naċ féadann an sagart tré aon aḋḃar de na ċúig aḋḃaraiḃ reaṁráiḋte, an dara h-aifrionn do ráḋ in aon ló, dá raiḃ tar éis an ḟíona ċurṫar 'san gcailis (andiaiġ na fola do ċaiṫeaṁ) d'ól. Giḋeaḋ, dá dteagṁaḋ a beag nó a mór de ḃruar nó de ṁinḃrisreaḋ na habluinne coisreagṫa d'ḟanṁuin 'san gcailis nó ar an bpaitena nó ar an gcorporas nó i n-ionad eile andiaiġ iḃṫe an ḟíona, no an uisge re a nglantar an ċailis, dliġiḋ sé a ċaiṫeaṁ, do ḃriġ gurab ar céadlongaḋ ċionsgantar an Sacraimint do ċaiṫeaṁ, agus naċ bí oifig an Aifrinn críoċnuiġṫe an tan sin.

Adeir S. Augustin, 'san Epistil ċum Ianarius, briaṫra fá nab iontuigṫe go bfuil sé in a ġnáṫuġaḋ 'san Eaglais ó aimsir na n-abstal i leiṫ, Corp Críost do ḃeiṫ d'á ċaiṫeaṁ ar céadlongaḋ—"Fa ṫoil leis an Spiorad Naoṁ (ar sé) agus d'orduiġeadar na h-abstail é, agus atá dá ċoimeád ar feaḋ an doṁain, gan biaḋ do ċaiṫeaṁ roiṁ Chorp Chríost."

Is in a ḟioġair so atá an ḟógraḋ ṫug Dia d'Aaron agus d'á ċloinn, amail léiġtear 'san deiċṁeaḋ caibidil in Lebiticus, mar do ṫoirmeasg Dia orra gan fíon ná níḋ ar biṫ eile do ċuirfeaḋ ar meisge iad d'ól re huċt dulta isteaċ 'san tSanctóir dóiḃ.

Aċt, ċeana, dá mbeiṫ sagart nó tuata ag niġe nó ag glanaḋ a ḃeoil re huċt na Sacraiminte do ċaiṫeaṁ dó, agus go raċaḋ braon de'n uisge re n-a anáil dá aiṁḋeoin, ní ḃriseann an céadlongaḋ agus ní luġaide ḋliġear an tSacraimint do ċáiṫeaṁ go soṁolta é; agus, fós dá mbeiṫ duine anḃfann easlán re broinn báis, ní luġaide dliġṫear an tSacraimint do ṫaḃairt dó re a ċaiṫeaṁ go mbiaḋ air dul ó ċéadlongaḋ.

Ní dliġṫear, iomorro, Sacraimint Chuirp Chríost do ṫabairt do leanbaiḃ ag naċ beiṫ ciall, nó naċ roiċfeaḋ i n-aois deisċréideaċ, nó do luċt buile, nó baoiṫċéille, ná d'óinṁidiḃ, nó d'amadánaiḃ ar a mbiaḋ easbaiḋ céille folláine.

Ní dliġṫear, fós, do ṡagart ná do ṫuata do ċaiṫfeaḋ biaḋ ná deoċ tar éis meaḋoin oiḋċe, Comaoin do ċaiṫeaṁ ar na ṁáraċ, dá mbeiṫ go gcodlaḋ iar gcaiṫeaṁ an ḃiḋ nó na diġe dó; giḋeaḋ, dá mbeiṫ gan biaḋ ná deoċ do ċaiṫeaṁ tar éis meaḋoin oiḋċe, ní lúġaide feudas Comaoin do ċaiṫeaṁ, dá mbeiṫ sé in a ċodlaḋ, ó do ċaiṫ sé biaḋ roiṁe sin, má sagart nó tuata é.

Tuig, fós, dá dteagṁaḋ do ḋuine roiṁ Chomaoin bruar nó iarṁar an ḃiḋ do ḃeiṫ in a ḟiaclaiḃ do ṡlugaḋ go neaṁṫoil do féin, naċ cuireann sin toirmeasg air gan an tSacraimint do ċaiṫeaṁ go fiúntaċ.

Tuig, fós, naċ dliġṫear do ṫuata ar biṫ Comaoin do ċaiṫeaṁ in aon ló aċt aonuair aṁáin. Ní hionann agus an sagart, ḃíos in a ṗearsain ṗuibliḋe, le a ḃféadtar aifrionn do ráḋ níos ṁionca ioná aon uair aṁáin, do réir an riaċtanais, aṁail aduḃramar.

Dá ḃfiafruiġeaḋ duine ar ḃ'ionċaiṫṁe do'n Chríostuiġe Comaoin gaċ aon lá, mo ḟreagraḋ air go ḃfuil dá níḋ 'san gCríostuiġe mar atá grád agus eagla, agus dá raiḃ grád an Chríostuiġe ag méadugaḋ gaċ lá, feudaiḋ Comaoin do ċaiṫeaṁ gaċ laoi; giḋeaḋ, dá raiḃ eagla air ċoṁ mór sin, ionnus naċ measfaḋ é féin do ḃeiṫ ionċuiḃe do ġlacaḋ na Sacraiminte, feudaiḋ go soṁolta fanṁuin uaiḋ, agus is uime sin do ḃeir S. Augustín sompla uaiḋ ar Sacheus tug cuireaḋ do Chríost le rói-ṁéid a ġráḋa dó, 7 ar an "Centurion" do ġaḃ leiṫsgeul ris ar ṁéid a eagla roiṁe, mar a n-abair go raḃadar araon soṁolta leaṫ ar leaṫ tré na neiṫiḃ sin do ḋeunaṁ dóiḃ.

Bíoḋ a ḟios agat, a léiġṫeóir, gurab i dteampallaiḃ nó in ionadaiḃ beannuiġṫe aṁáin dliġṫear an tAifrionn do ráḋ, aċt muna raiḃ cead speisialta ag an sagart ċum a ráiḋte in ionadaiḃ eile neaṁ-ċoisreacta.

Tuig, fós, naċ dliġṫear éisteaċt re haifrionn an t-sagairt ar a mbeiṫ coinnealbáṫaḋ, nó insce na hEaglaise; agus ní dliġṫear fós, i bpéin peacaiḋ ṁarḃṫaiġ, Aifrionn do ráḋ gan altóir ná gan solus gcoinnleaḋ; giḋeaḋ, do réir Toletus, ní héigeantaċ an ċoinneall do ḃeiṫ de ċéir, i bpéin peacaiḋ ṁarḃṫaiġ. Feudaiḋ, fós, an sagart, tré ċúis dlisdionaċ Aifrionn do ráḋ sul a déanaḋ a ṫráṫa,

AG SO SIOS FUASGLADH

ar na cásaiḃ teagṁaiseaċa in a dteagṁann an sagart ria ráḋ an Aifrinn, agus creud is indeunta ḋó re huċt gaċ cáis díoḃ.

An ċéad ċás, dá dteangṁaḋ anḃfainne nó bás do'n tsagart sul a ḋéaraḋ na briaṫra coisreacṫa, ní riġtear a leas an tAifrionn do ċríoċnuġaḋ le sagart eile. Giḋeaḋ, dá dteagṁaḋ ceaċtar de na neiṫiḃ sin andiaiġ na mbriaṫar coisreacṫa do ráḋ, feudaiḋ an sagart eile teagṁas do láṫair, an tAifrionn do ċríoċnuġaḋ. Giḋeaḋ, ní abrann go bfuil d'ḟiaċaiḃ ar an sagart beó, dá raiḃ gan a ḃeiṫ ar ċéadlongaḋ, an tAifrionn do ċríoċnuġaḋ. Agus, dá ndéarnaḋ é, atá sé somolta aige, aċt muna raiḃ sagart eile ar ċéadlongaḋ do láṫair. Agus is uime sin a deirim gurab ceaduiġṫeaċ do'n tsagart an tAifrionn do ċríoċnuġaḋ dá mbeiṫ gan a ḃeiṫ ar ċéadlongaḋ, do ḃriġ go bfuilid dá aiṫne 'san ċás so naċ féidir do ċoiṁlíonaḋ i n-aoinfeaċt—mar atá aiṫne Dé fógras an íoḋbairt do ḃeiṫ iomlán; agus aiṫne na h-Eaglaise, adeir beiṫ ar ċéadlongaḋ ag deunaṁ na h-íoḋbarṫa. Agus, 'san gcás so, is cúra aiṫne Dé (adeir an íoḋbairt d'iomlánuġaḋ) do ċoiméad ioná aiṫne na hEaglaise (adeir dul ar ċéadlongaḋ). Giḋeaḋ, dá teagṁaiḋ i gcás gan sagart eile do ḃeiṫ do láṫair, dliġṫear Sacraimint an Ċuirp agus na Fola do ċoiméad no go gcaiṫtear le sagart eile iad, nó dá mbeidis an fad sin i gcoiméad nó go ngabaḋ an fíon truailleaḋ sul do ṫiocfaḋ sagart eile dá ċaiṫeaṁ, dliġṫear a ḋórtaḋ 'san ċoisreacán—eaḋon, 'san "Sacrarir."

An dara cás, dá dteagṁaḋ do'n tsagart re linn Aifrinn do ráḋ go gcuimneoċaḋ ar peacaḋ ṁarḃṫaċ ar biṫ d'á ndéarna sé agus náċar ċuir in a faoisdin, má's andiaiġ na mbriaṫar coisreacṫa ṫiocfas sin ċum a ċuiṁne, dliġiḋ dul ar a aġaiḋ go deireaḋ an Aifrinn, 7 doilġeas do ḃeiṫ air tré'n bpeacaḋ sin agus rún a faoisdine do ḃeiṫ aige, agus dá ndéarnaḋ aṁlaiḋ sin, ní ḋéin peacaḋ nuaḋ, do ḃriġ an Aifrinn do ráḋ: agus, fós, dá dteagṁaḋ an cás ceudna ḋó sul adéaraḋ na briaṫra coisreacṫa, déanaḋ an níḋ ceudna. Giḋeaḋ, dá n-airiġeaḋ an sagart é féin ar neiṁċéadlongaḋ, nó bang, no inse, nó coinnealḃáṫaḋ air roiṁ na mbriaṫar coisreacṫa do ráḋ, dliġiḋ an ċuid eile do'n Aifrionn do leigeann de, aċt muna raiḃ i nguais a ċlú do ċailleaṁuin do ṫaoiḃ an neiṫ sin.

An treas cás, an tan ṫeagṁas níḋ ar biṫ i bfíon na cailíse do ċursaḋ toirmeasg fá n-a ċaiṫeaṁ, ag so an níḋ dliġṫear do ḋeunaṁ; teagṁaiḋ so, iomorro, ar trí ṁodaiḃ. An ċéad ṁoḋ díoḃ, dá gcurṫaoi go neiṁḟeasaċ do'n tsagart niḋ i ḃfuil na Cailíse naċ dliġfeaḋ do ċaiṫeaṁ, agus go ḃfaġaḋ sgeula sul do ċaiṫfeaḋ an ḟuil, is é dleaġṫear do ḋeunaṁ siú, a gcur 'san gcoisreacán—eaḋon, an "Sacrario," nó go ngeaḃaḋ aicíde an ḟíona truailleaḋ ċuca. 7 go dteilgṫear in a ḋiaiġ sin é 'san ġuiṫéar dárab ainm "piscina"; 7 dá dtuiteaḋ ainṁiḋe neiṁeaṁuil 'san gcailís, deuntar an niḋ ceudna sis. Dá dtuiteaḋ, fós, ainṁiḋe naċ biaḋ neiṁeaṁuil, 7 do ḃiaḋ déisteanaċ 'san gcailís, buaintear as an gcailís é, 7 niġṫear é, agus iḃeaḋ an sagart an niḋ le'r niġeaḋ é. agus loisgṫear an beaṫaḋaċ, agus cuirṫear an luaiṫ i gcuṁdaċ in ionad ċoisreacṫa. Giḋeaḋ, má's beaṫaḋaċ neiṁḋéisteanaċ é, mar atá cuil nó corrṁiolṫóg, sluigeaḋ an sagart é maraon ris an ḃfuil; 7 má's roiṁ an ḃfíon do ċoisreacaḋ ṫeagṁas aon niḋ ḋíoḃ so i gcás. doirtear an fíon as an gcailís, agus cuirṫear fíon eile in a áit.

An ceaṫraṁaḋ cás, dá smuainead an sagart ré'r na briaṫraiḃ coisreacṫa do ráḋ, naċar ċuir uisge i ḃfíon na cailíse, cuireaḋ ann é ré'r an gcoisreagaḋ. Giḋeaḋ, má's andiaiġ na mbriaṫar gcoisreacṫa ċuiṁneóċas gan an uisge do ċur ann, ná cuireaḋ ann é ar ċor ar biṫ; do ḃríġ naċ de ṡubstaint na Sacraiminte an t-uisge. Giḋeaḋ, dá dteagṁaḋ do'n t-sagart gan an fíon do ċur 'san gcailís go caiṫeaṁ na habluinne dó, dliġiḋ an fíon do ċur 'san gcailís, agus na briaṫra coisreacṫa do ráḋ ós a ċionn, agus a ċaiṫeaṁ mar sin, ar an aḋbar gurab éigean an íoḋbairt do ḃeiṫ iomlán, agus naċ féidir a ḃeiṫ iomlán gan an Corp do ċaiṫeaṁ fá ġnéiṫiḃ aráin agus fíona.

An cúigeaḋ cás, dá dteagṁaḋ go mioṙḃuileaċ de ċoṁaċtaiḃ Dé an aḃlann nó an fíon d'iompóḋ i gcruṫ Feóla nó Fola, is follus naċ fuil d'ḟiaċaiḃ ar an sagart a gcaiṫeaṁ 'sen ċruṫ sin, aċt a gcur i gcoiṁéad 'san gcoisreacán. Giḋeaḋ, ní ḃfuil d'ḟiaċaiḃ ar an sagart aṫċoisreacaḋ do ḋeunaṁ do ḃríġ go saorann an mioṙḃuil ó'n gceangal sin é.

An seiseaḋ cás, dá dteagṁaḋ le seaċmall nó de ṁainneaċtna an tsagairt braon de'n ḟuil do ḋortaḋ ar ċlár. feudaiḋ an clár do liġe agus a sgrios re sgin in a ḋiaiġ sin; agus dá dtuiteaḋ ar talṁain loisgṫear an úir, agus cuirṫear an luaiṫ in ionad ċoisreacṫa agus deunaḋ an sagart aiṫriġe ar feaḋ dá ḟiċeiḋ lá. Giḋeaḋ, dá dtuiteaḋ ar an altóir, suġaḋ an sagart le n-a ḃeul é, agus deunaḋ aiṫriġe ar feaḋ trí lá; 7 dá dtuitfeaḋ ar an mbrat uaċtaraċ, 7 go raċaḋ gus an dara brat. suġaḋ as é, agus deunaḋ aiṫriġe ċeiṫre lá 7 má ṫéiḋ gus an treas brat, deunaḋ an niḋ céadna 7 aiṫriġe naoi lá. Giḋeaḋ, ní ḃfuil an aiṫriġe so ar gnáṫuġaḋ anois, má tá go ndéin an sagart peacaḋ nuaḋ ró-ṫrom ann; agus is é orduiġṫear anois, an ċuid de'n líonḃrat le a mbeanann an ḟuil do losgaḋ, agus an luaiṫ do ċur i gcoiméad. Dá teagṁaḋ urrḟlugaḋ do ḋruim ċraois nó eugcumais do ḋuine ar biṫ andiaiġ na Sacraminte do ċaiṫeaṁ ḋó, má do bí i nguais urlaiġṫe do ṫeagṁáil ḋó rés an tSacraimint do ċaiṫeaṁ, nó gur b'eagal leis a ṫeagṁáil ḋó in a ḋiaiġ, do gníḋ peacaḋ ró-ṫrom ann, agus is é dliġṫear do ḋéunaṁ ris an urrḟlagaḋ, a ċur i gcoiméad 'san gcoisreacán.

An seaċtṁaḋ cás, dá dtuiteaḋ an tSacraimint 'san gcailís sul bristear í, ionnus naċ beiṫ aon ċuid dí gan beiṫ fliuċ, dliġiḋ an sagart dul ar a aġaiḋ 'san Aifrionn, gan aiṫḟriotal aon niḋ dá ndubairt roiṁe, do ḃríġ naċ de substaint na híoḋbarṫa an briseaḋ. Giḋeaḋ dá n-anaḋ aon ċuid de'n aḃlainn gan fliuċaḋ dliġiḋ an roinn gnáṫaċ de ḋéunaṁ uirṫe.

An t-oċtṁaḋ cás, dá dteagṁaḋ do'n tsagart aonḟocal do ṫabairt i ndearmad ionnus naċar ḋeaġċuiṁin leis go ndubairt é, ní ruiġṫear a leas aiṫḟriotal do ḋéunaṁ air, aċt dul ar a aġaiḋ, aċt munab focal de na briaṫraiḃ coisreacṫa é. Giḋeaḋ dá raiḃ i gcontabairt aon focail díoḃ sin, dliġiḋ a aiṫḟriotal, ar coinġioll muna ndubairt roiṁe sin iad.

An naoṁaḋ cás, dá dteagṁaḋ do'n tsagart go mbeiṫ an teaċ ag tuitim ar ra ráḋ an Aifrinn ḋó, nó go mbeiṫ a naṁaid ar tí ṫoiġeaċt d'á ṁarḃaḋ, 7 gur roiṁ na briaṫraiḃ coisreacṫa do ṫeagṁaḋ sin ḋó, feudaiḋ dul ar teiṫeaṁ, agus an ċuid eile do'n Aifrionn do leigeann de; nó má's andiaiġ na mbriaṫar coisreacṫa ṫeagṁas aon ġáḃaḋ díoḃ sin ḋó, feudaiḋ an tSacraimint do ċaiṫeaṁ do láṫair, nó a breiṫ leis mar aon ris an gcorporás. Giḋeaḋ, dá mbeiṫ aon duine ar tí a ṁarḃṫa, mar ṫáir nó mar ṫarċuisne ar an gCreideaṁ, aċt muna leigeaḋ ḋó an t-Aifrionn do ċríoċnuġaḋ, dliġiḋ sé bás d'ḟulaing níos taosga ioná do leigfeaḋ ḋé an t-Aifrionn do ċríoċnuġaḋ, dá mbeiṫ gur roiṁ na briaṫraiḃ coisreacṫa ṫeagṁaḋ an ġuais sin ḋó, agus is é Toletus ċuireas na cáis so síos go soiċe so.

Ag so Cás eile Theagṁas do'n tSagart.

Bíoḋ a fios agat, a léiġṫeóir, gurab de plúr cruiṫneaċta agus d'uisge nádúrṫa dliġṫear an aḃlann do ḋéunaṁ d'á ndeuntar Corp Chríost; agus gurab d'ḟíon do ġeibṫear i ḃfíneaṁuin dliġṫear Fuil Chríost do ḋéunaṁ, 7 go ndliġṫear uisge nádúrṫa do ċur 'san ḃfíon, re linn beiṫ 'san gcailís ḋó, roiṁ na briaṫraiḃ coisreacṫa do ráḋ, agus a ċur ann i gcainndiġeaċt is ró luġa ioná an fíon, dliġiḋ na neiṫe so beiṫ gan truailleaḋ. Is éigean fós a beiṫ d'aigneaḋ ag an sagart a mbeannuġaḋ go speisialta, agus is uime sin, dá mbeiṫ bursa na habluinneaḋa nó cuirḃéad an ḟíona ar an altóir, naċ ġaḃaid na hablanna ná an fíon bíos ionnta coisreacaḋ ċuca, do ḃriġ naċ bí d'aigneaḋ ná d'inntinn ag an sagart a ċoisreacaḋ do'n ċor sin.

Dá dteagṁaḋ i gcás go ḃfuadóċaḋ an ġaoṫ an ablann ċoisreacṫa ó'n tsagart, má do ġeiḃ arís í, cuireaḋ ar an altóir í, 7 caiṫeaḋ í aṁail mar is gnáṫ; nó, dá dteagṁaḋ naċar ḃféidir a fáġail, gaḃaḋ ablann eile ċuige agus tionnsgnaḋ na briaṫra coisreacṫa do ráḋ, agus abraḋ roiṁe an tAifrionn do réir ġnáṫuiġṫe na h-Eaglaise.

Dá dteagṁaḋ uisge 'san gcailís i riocṫ an ḟíona, agus gan an sagart dá ṁoṫuġaḋ nó go n-ibeaḋ é, dliġiḋ fíon arís do ċur innte, agus na briaṫra coisreacṫa do ráḋ ós a ċionn, agus a ċaiṫeaṁ mar sin, tar ċeann go mbriseann an ceudlongaḋ, do réir an reasúin tugamar ṫuas 'san gcéad ċás.

Dá dteagṁaḋ do'n tsagart iomad ablann do ċur ar an gcorporás le haġaiḋ an ṗobail do riar, 7 gurab é sa rún dó a gcoisreacaḋ uile maraon ris an ablainn is mian leis féin do ċaiṫeam, bíḋ ar na gcoisreacaḋ maraon ris an ablainn gceudna, tar ċeann naċ cuiṁneóċaḋ an sagart orra re linn na mbriaṫair coisreacṫa do ráḋ dó.

Is follus náċ féidir do'n tsagart Aifrionn do ráḋ in a aonar, aċt munab angcaire nó diṫreabaċ é, agus ní ceadaiġṫeaċ do ṁnaoi ar biṫ Aifrionn do ḟrioṫólaṁ. Dá ndeaċaiḋ an cléireaċ re gnóṫaiḃ nó re toisg éigeantaiġ i n-am an Aifrinn do ráḋ, dliġiḋ an sagart an ċuid eile de'n Aifrionn do ḟrioṫólaṁ dó féin, dá raiḃ an cléireaċ gan filleaḋ ċuige i dtráṫ ċóir.

Dliġiḋ an iomaltóir beiṫ do ċloċ, agus a ḃeiṫ d'ḟaid agus do leiṫead inte go dtuillfeaḋ bonn na cailíse agus an ablann uirre.

Dá mbeiṫ an sagart gan aṁarc, ionnus naċ feudfaḋ níḋ do léiġeaḋ, nó coṁ balb sin, i gcruṫ naċ feudfaḋ na briaṫra do ċantainn; nó dá mbeiṫ i n-easbuiḋ na méar le a dtaḋallann an tSacraimint; nó coṁ bacaċ, agus sin i gcruṫ naċ feudfaḋ seasaṁ ná sleaċtan do ḋeunaṁ gan maide do ḃeiṫ in a láiṁ; nó dá mbeiṫ ar buile, nó i ngalar na sliġeaḋ, i gcruṫ go gcuirfeaḋ cubar tar a ḃeul, nó iaċtaċ ṡraḃarṫa ar, re linn beiṫ 'san teiḋm sin dó, ní dliġṫear dó Aifrionn do ráḋ.

Is leór a ndubramar ar na cásaiḃ teagṁaiseaċa in a mbí conntaḃart ag na sagartaiḃ re linn an Aifrinn do ráḋ; agus gaċ cás eile ḃeanas ris an níḋ ceudna feudtar a léiġeaḋ ag Navar, nó ag na huġdaraiḃ eile ṫráċtas ar na cásaiḃ coguais.

FINIS.

CORRECTIONS AND VARIANTS.

Page 1, line 7, for fait ċiallaċ read faitċiallaċ; line 18, for sgríoḃaḋ read sgríoḃ; line 20, for ḋeiġionaċ read ḋeiġionaiġ.

Page 2, line 4, for ar connluġaḋ read ar na connluġaḋ; line 25, for ḟinnsearḋa read finnsearḋa; line 34, for ollṁuġaḋ some copies have follaṁnuġaḋ; line 37, for brod read bruid.

Page 3, line 3, some copies read—Fa córaide gan aon toil do ṫabairt dóiḃ, gan aontuġaḋ do neaṁġloine an tsil do, ⁊c.; line 7, for loċt read luċt; line 17, for an ṁearsarḋaċta read na mearsarḋaċta; line 24, for dtáiṅig read dtáinig; line 30, some copies read thus—atáid trí ċoinġil agus coṁarṫaiḋe ar an, ⁊c.

Page 4, line 3, for aoin-ċinn. D'ḟágaḋ Peadar. ⁊c., read aoin-ċinn d'ḟág Peadar, ⁊c.; line 16, for naoṁṫa read neaṁḋa; line 17, for do réir Eoin 'san 6 caib. read do réir Máṫa 'san 16 caib., mar a n-abair; line 18, for is do read is duit; line 19, for flaiṫeas naoṁṫa read flaiṫeas neaṁḋa; line 20, for flaiṫeas naoṁṫa read flaiṫeas neaṁḋa.

Page 5, line 1, for follamnuġaḋ read follaṁnuġaḋ; line 10, reads thus in another copy—"Creideaṁ Pheadair ar gcúlaiḃ 'san Eaglais go bráṫ." agus neartuiġṫear sinne na, ⁊c.; line 16, a ċruṫuġaḋ truail-eaḋ should read a ċruṫuġaḋ gur truailleaḋ; line 31, for ionaṁail read ionṡaṁail. Third line from bottom in one copy reads—agus fós is uaisle an Eaglais Soiḃsgeulta so againne ioná Eaglais na tSeinreaċta.

Page 6, line 4, after fiċead read i bḟlaiṫeas; line 23, for sioṙruiḋ read siorruiḋe.

Page 7, line 7, after bPápa read is coṁarba coitċeann ag Peadar i dtalṁain. aṁuil adubramar ṡuas. In fourth line from bottom, some copies have after Eaglais aṁáin the following words—agus dá réir sin naċ bfuil ann aċt aon árdḟlaiṫeas aṁáin. The last line in some MSS. reads—An dara coinġil atá 'san Eaglais.

Page 8, line [illegible], after ionann, to the end of the sentence, in one copy, reads thus—Ní hé an focal úd, "do ċuaiḋ," do réir na nEabraċ, aċt an focal "raċaiḋ," óir cuireaḋ an aimsir do ċuaiḋ ṫarainn go minic ar son na haimsire atá ag teaċt.

Page 10, the passage commencing Beannóċaḋ, line 20, and ending with measaḋ, line 25, reads thus in another copy—Beannóċar ad' ṡíol uile ṫreaḃa na talṁan, agus do ḋéan do ṡíol coiṁlíonṁar le gaiṅiṁ mara, nó re réaltan an aeir: agus ar eagla, ⁊c.

Page 11, line 17, after dá dtáinig to the end of the sentence reads thus in one MS.—Rómpa ó aimsir Chríost go dtángadar féin.

Page 12, line 27, before Leiġtear—the following passage has been omitted from the MS. in Trinity College—Léiġṫear 'san 13 caibidil ag Máṫa, gur ġabaḋ éisg maiṫe agus droiċ-éisg leis na hapstolaiḃ in aon líon amháin ; ionann sin le ráḋ agus go ngabṫar peacaiġ agus fíréin in aon ċarcair amháin an Chreidimh. Léiġtear fós 'san 22 caibidil ag an ḃfear céadna, go dtéid drong go teaċ na bainse ar a raḃadar earraiḋ ion-aonaiġ, agus drong eile air naċ raiḃ. Is ionann sin re ráḋ agus go mbíoḋ drong de'n taoḃ istiġ de'n Eaglais ag á mbí grása Dé ag a n-anmannaiḃ, agus droing eile ag naċ bí. Mar an gceudna 'san 13 caibidil mar a n-abair go mbí cruinnéaċt agus roiġle in aon iṫir na hEagluise. Last line, after do, reads thus in one copy—ḋeunaṁ críoċnuiġṫe.

Page 13, line 6, for caṫraċ some copies have cruinne. Line 29 reads—tré gan a ḃeiṫ 'san mbíobla, agus go ḃfuil an níḋ ċiallaiġṫear leis ann. One MS. has in every instance beóloideas sinnsear, instead of sean-ċuiṁne sinnsear.

Page 14, line 13, after iad the following passage occurs in some copies—Is iontuigṫe as na briaṫraiḃ so naċ é amháin do ḋeonaiġ Dia an reaċt do ṫabairt sgríoḃṫa do na cineaḋaiḃ, aċt fós gur ṫoil leis, maille re comhráḋ beoil, a ḟiolċur in a gcroiḋṫiḃ. Line 22, reads—gCríostuiġṫe do láṫair ċéasda tré na gcreideaṁ, 7c.

Page 15, line 7, for foillseaċa read foillsiġeaċa ; line 10, for ro-ġlórṁar read ro-ġaolṁar ; line 38, the passage commencing with Soisgeul Lúcais, and ending in the last line of page with Lá Cásga, reads thus in some copies—Soisgeul Lúcáis agus Mharcuis do ḃeiṫ in a Sgriopṫúir, agus gan Soisgeul Nicodemuis ná Thomáis do ḃeiṫ in a Sgriopṫúir ; Lá Cásga, 7c.

Page 16, line 1, should read thus—ḋeunaṁ Lá Nollag, agus Lá Féile Coille, agus Lá Chinn an Dá Lá Dheug, agus Féile na nAbstal, 7c. ; line 5, after airiġṫe, some MSS. read—An méid buaineas ris an níḋ nDeiġionaċ so.

Page 17, line 27, for broid read bruide.

Page 19, line 4, instead of ar, read ag á ; line 8, for uirre, some copies have is inṁeasta gur ar an airrion ; line 14, for do noċtaḋ some MS. have do ḃeiṫ noċt. Fourth line from bottom, after Máṫa, read go minic.

Page 22, line 25, for collaiċ read colaiġ.

Page 35, twelfth line from bottom—Iuḋil. The meaning of the word (Iuḋil), according to O'Reilly's Dictionary, is *Jews*. The form given in the MSS. was Iobail *or* Iubail, but O'Reilly's mode of spelling seems preferable.

Page 49, line 2, for ċroinn read ċrainn.

www.ingramcontent.com/pod-product-compliance
Lightning Source LLC
Chambersburg PA
CBHW020055170426
43199CB00009B/289

* 9 7 8 3 7 4 3 3 0 9 0 2 9 *